Galileo 科學大圖鑑系列

VISUAL BOOK OF THE ANCIENT RUINS

古代遺跡大圖鑑

人人出版

前　言

有些人知道埃及有金字塔存在，
卻不見得知道馬雅文明也有金字塔。

對於在位時期就稱霸地中海到印度的亞歷山大大帝、
歷經無數王朝更迭的伊斯蘭帝國等等，
自認「多少知道一些，但不清楚具體細節」的人，
特別推薦本書給您。

追溯遺留在世界各地的古代遺跡，
即可從中了解歷史脈絡的縱軸與橫軸。

在某地有國家誕生、衰亡的時間縱軸，
遭受他國攻打入侵、異族王朝掌控的跨大陸勢力橫軸。

本書會盡可能地介紹該國家及其文化
是如何與後來興起的國家及鄰國互相影響，
並講解殘存在各地區的相關遺跡。

起源自西亞的波斯帝國文物透過絲路傳到東方；
在阿拉伯半島誕生的伊斯蘭帝國經過北非對歐洲帶來影響。
各個國家及其文化並非獨自發展成形，
而是在彼此互相影響之下構築而成。
遺跡當中即留有前人的歷史痕跡。

從未留下任何文字的遠古遺跡
到至今仍持續發展的國家及文化遺跡，
翻開此書，盡情徜徉在不絕如縷的世界歷史之中吧。

VISUAL BOOK OF THE ANCIENT RUINS 古代遺跡大圖鑑

0 何謂遺跡

1 非洲的古代遺跡

2 歐洲的古代遺跡

3 西亞與中亞的古代遺跡

4 東亞的古代遺跡

5 南亞的古代遺跡

6 東南亞與大洋洲的古代遺跡

7 美洲的古代遺跡

【石谷（瑪甸沙勒）】
沙烏地阿拉伯的古代都市遺跡。應為西元前 1 世紀左右納巴泰人所建。「石谷」（Al-Hijr）原文意指多岩之地，遺跡中有古墓群（照片）。巨大的砂岩上有神廟風格的雕刻。

0

何謂遺跡

What are Ancient Ruins?

遺跡就是人類歷史的痕跡

古埃及、波斯帝國及羅馬帝國等文明的歷史，都反覆經歷過了好幾個國家的興衰。

自古以來，就有許多人從事調查這些歷史的工作。在世界各地進行考古挖掘，進而發現古都及古建築，並試圖將其復原。藉由調查遺跡，我們得以了解古代人過著什麼樣的生活。此外，以遺留下來的文書等物為線索，更一步步揭開了古代文化、政治、技術及信仰的神祕面紗。

有些是人類開始使用文字以前留下的遺跡。遺留在世界各地的岩石壁畫描繪了動物及人類生動鮮活的模樣，不僅能藉此推測當時的生活情景，那充滿感性和想法的畫面至今看來也令人著迷。

自地球誕生算起長達46億年的歷史當中，能透過人類留下的遺跡來推估的歷史，也不過短短數千年至數萬年左右而已。話雖如此，遺跡卻是窺探人類走過的昔日軌跡的重要線索。

遺留在非洲的岩石壁畫

位於非洲南部的辛巴威共和國擁有世界遺產「馬托博山丘」（Matobo Hills）。在花崗岩受到風雨侵蝕而形成的洞窟內，留有至少繪於１萬3000年前、超過3000處的岩石壁畫。上面描繪的人物及動物栩栩如生，可能從石器時代早期開始就陸續有人類在此生活。

展現波斯帝國繁華的大門

波斯帝國阿契美尼德王朝在西元前550～前330年統治著「東方」一帶。伊朗的法爾斯省擁有當時首都波斯波利斯的遺跡（詳見第94頁）。遺跡內殘留的「萬國之門」（Gate of All Nations）是大流士一世（Darius I，在位：前522～前486）之子薛西斯一世（Xerxes I）所建，故又稱為「薛西斯之門」（Gate of Xerxes）。照片中以門為意象的公牛像，頭部已遭到禁止偶像崇拜的伊斯蘭教徒毀壞。波斯帝國阿契美尼德王朝在西元前330年遭希臘的亞歷山大大帝（Alexander the Great）所滅。

追溯歷史①

西元前4000年前起國家開始誕生

若問到人類是從什麼時候開始建立「國家」(country)，並沒有一個明確的答案。話雖如此，一般認為是人們組成群體共同生活以後，最終演變成都市國家（city state，城邦）的形式。在非洲大陸，早在古埃及王國誕生前的西元前4000年左右起，或許就已經有多個都市國家（諾姆）在尼羅河流域興起（詳見第22頁）。

下圖所示為西元前5世紀左右起，各時代有哪些國家興起及其概略的勢力範圍。回顧過去的時代，即可知曉增加勢力擴張領土，進而併吞周邊國家的過程，或是有新國家誕生的模樣。滅亡的諸國雖然大多遭到毀滅或因為風化而消失，但仍有一些遺跡保有往昔風貌留存到了現代。

從不同時代來審視世界

圖為概略的勢力範圍分布。此外，此處省略了難以標示的小國以及在短期內消亡的勢力。

西元前5世紀左右

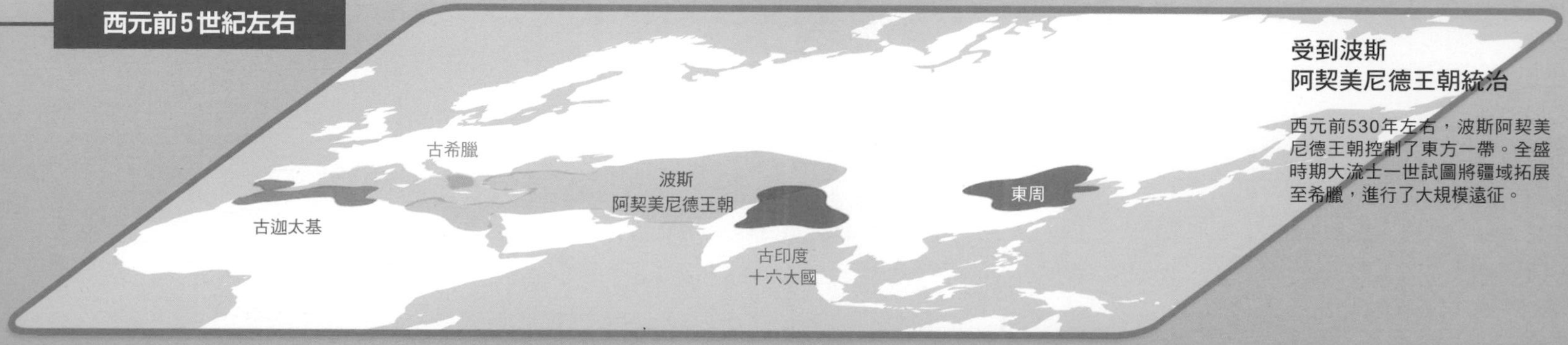
古希臘
波斯
阿契美尼德王朝
東周
古迦太基
古印度
十六大國

受到波斯阿契美尼德王朝統治

西元前530年左右，波斯阿契美尼德王朝控制了東方一帶。全盛時期大流士一世試圖將疆域拓展至希臘，進行了大規模遠征。

西元前4～前3世紀左右

古羅馬
古迦太基
亞歷山大帝國
孔雀王朝
戰國時代

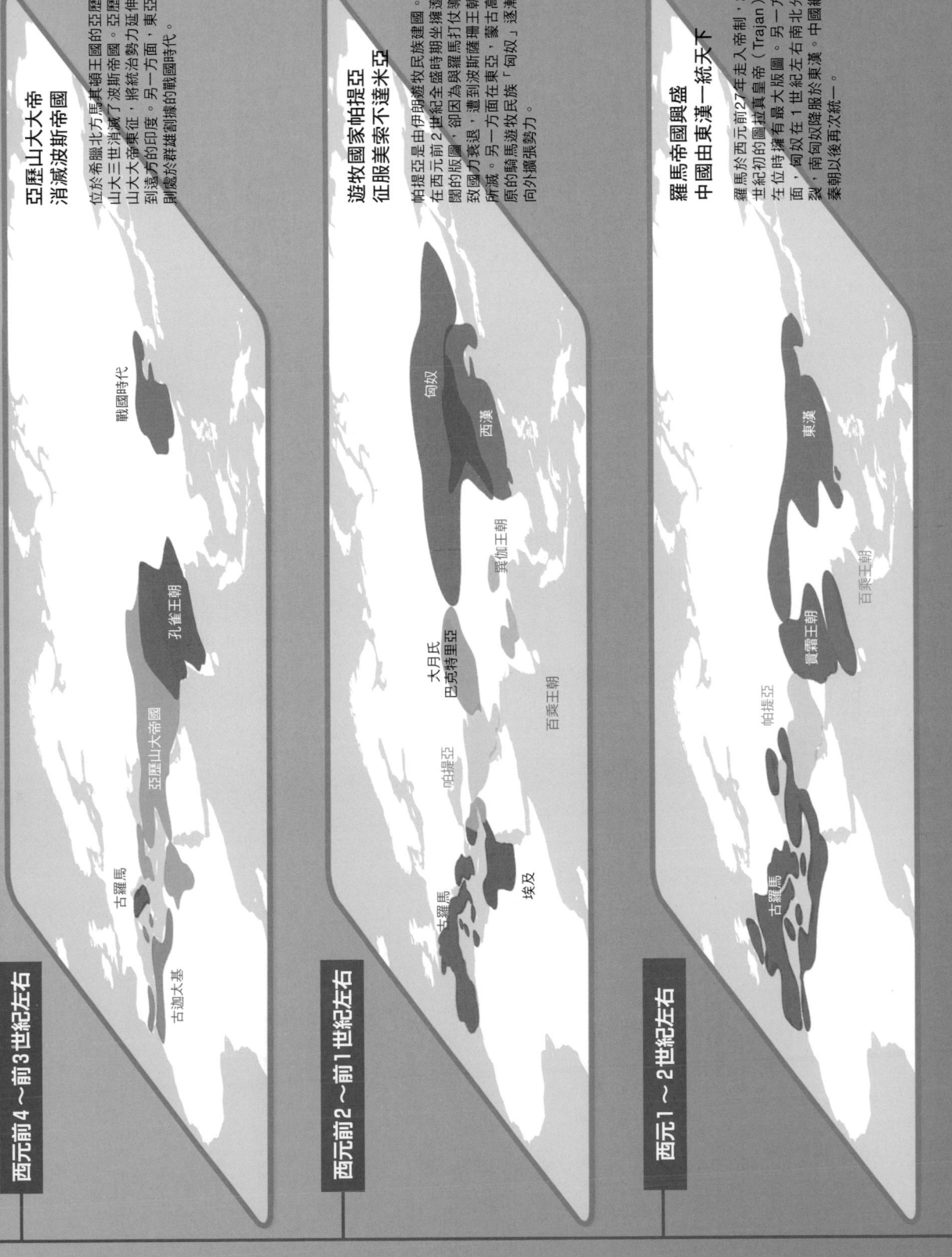

亞歷山大大帝
消滅波斯帝國

位於希臘北方馬其頓王國的亞歷山大三世消滅了波斯帝國。亞歷山大大帝東征，將統治勢力延伸到遠方的印度。另一方面，東亞則處於群雄割據的戰國時代。

西元前2～前1世紀左右

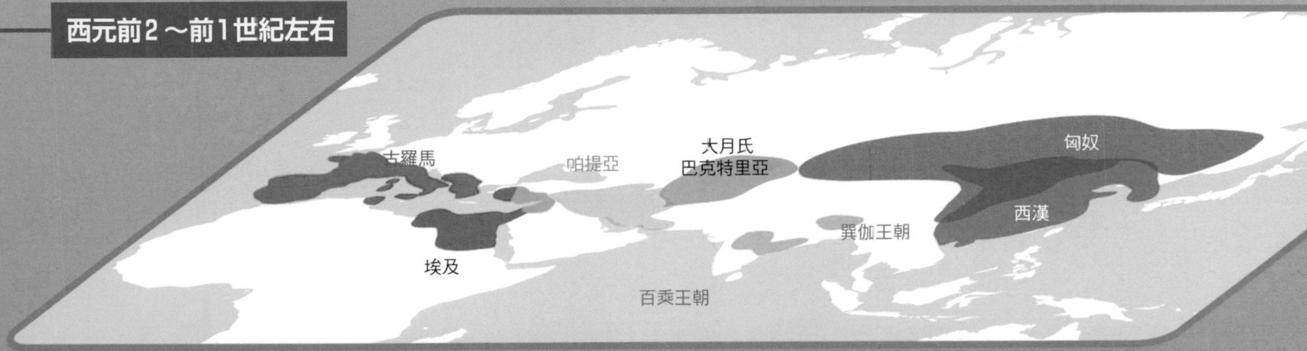
古羅馬
帕提亞
大月氏
巴克特里亞
匈奴
西漢
巽伽王朝
埃及
百乘王朝

遊牧國家帕提亞
征服美索不達米亞

帕提亞是由伊朗遊牧民族建國。在西元前2世紀全盛時期坐擁遼闊的版圖，卻因為與羅馬打仗導致國力衰退，遭到波斯薩珊王朝所滅。另一方面在東亞，蒙古高原的騎馬遊牧民族「匈奴」逐漸向外擴張勢力。

西元1～2世紀左右

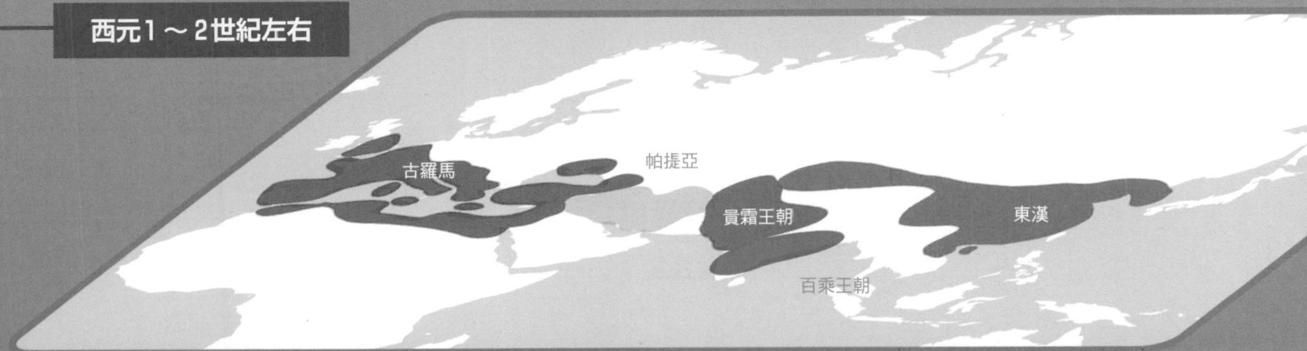
古羅馬
帕提亞
貴霜王朝
東漢
百乘王朝

羅馬帝國興盛
中國由東漢一統天下

羅馬於西元前27年走入帝制，2世紀初的圖拉真皇帝（Trajan）在位時擁有最大版圖。另一方面，匈奴在1世紀左右南北分裂，南匈奴降服於東漢。中國繼秦朝以後再次統一。

追溯歷史②
政權更迭不斷

歷史年表是採用西元來表示特定年分。紀年法包括伊斯蘭文化使用的伊斯蘭曆（回曆）、日本的神武紀元（日本皇紀）等，此處則是採用「西曆紀元」（Common Era，又稱公元、西元）。西曆紀元是以耶穌基督出生年為基準的紀年法，符號以AD（*Anno Domini*，拉丁語意指「主之年」）表示，西元前則是以BC（*Before Christ*，意指「基督前」）表示。

西元3～6世紀左右

西哥德
拜占庭帝國
波斯
薩珊王朝
嚈噠
笈多王朝
帕拉瓦王朝
高車
柔然
北魏
宋

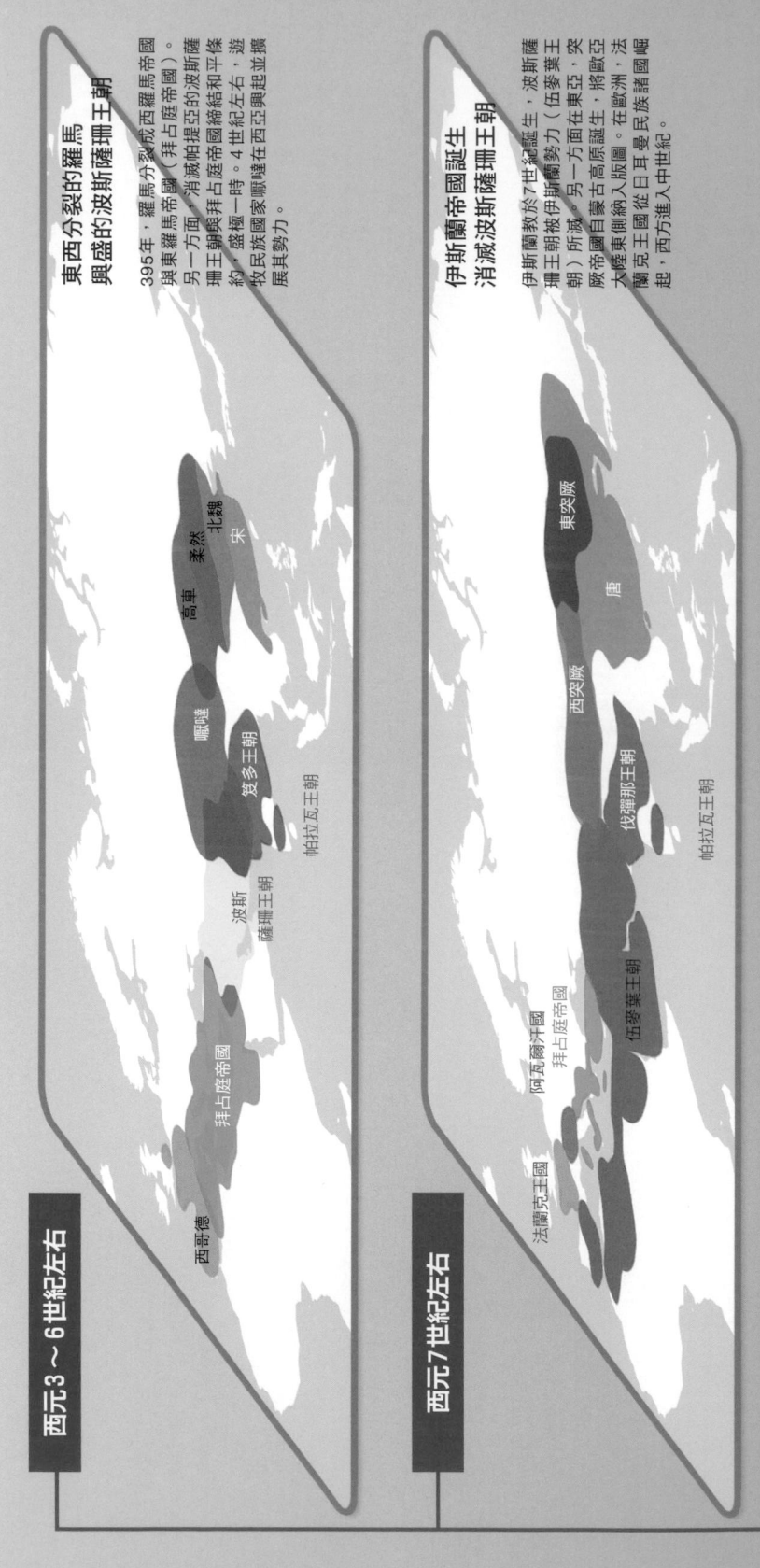

東西分裂的羅馬 興盛的波斯薩珊王朝

395年，羅馬分裂成西羅馬帝國與東羅馬帝國（拜占庭帝國）。另一方面，消滅帕提亞的波斯薩珊王朝與拜占庭帝國締結和平條約，盛極一時。4世紀左右，遊牧民族國家嚈噠在西亞興起並擴展其勢力。

西元7世紀左右

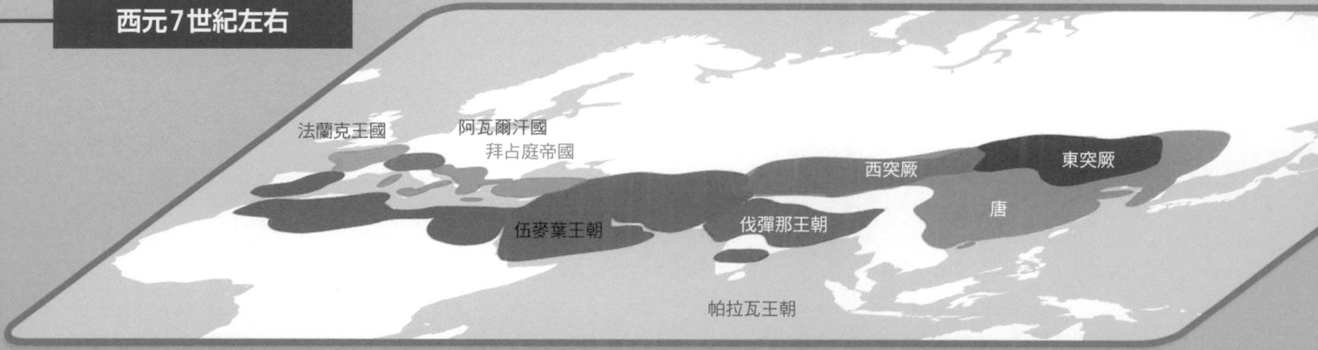
法蘭克王國
阿瓦爾汗國
拜占庭帝國
伍麥葉王朝
伐彈那王朝
帕拉瓦王朝
西突厥
東突厥
唐

伊斯蘭帝國誕生 消滅波斯薩珊王朝

伊斯蘭教於7世紀誕生，波斯薩珊王朝被伊斯蘭勢力（伍麥葉王朝）所滅。另一方面在東亞，突厥帝國自蒙古高原誕生，將歐亞大陸東側納入版圖。在歐洲，法蘭克王國從日耳曼民族諸國崛起，西方進入中世紀。

西元8～9世紀左右

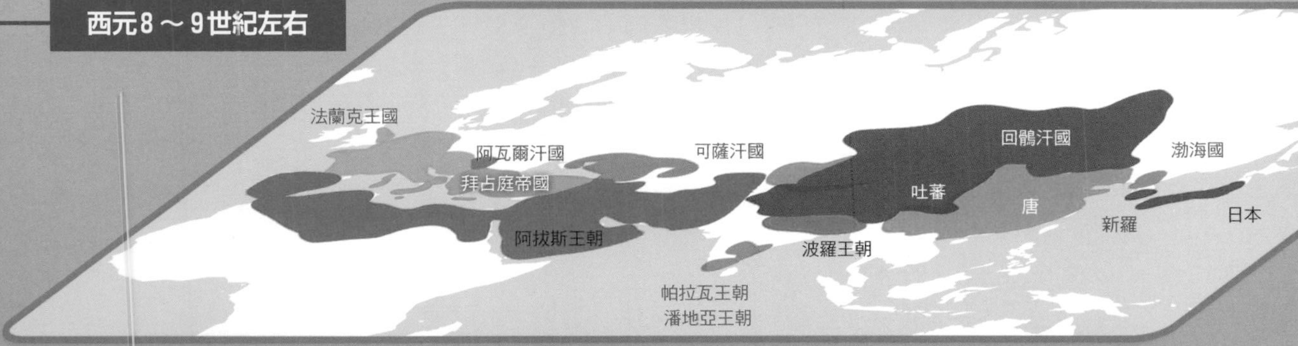
法蘭克王國
阿瓦爾汗國
拜占庭帝國
阿拔斯王朝
可薩汗國
帕拉瓦王朝
潘地亞王朝
波羅王朝
吐蕃
回鶻汗國
唐
渤海國
新羅
日本

伊斯蘭世界欣欣向榮

伊斯蘭帝國最為強盛。在西方，以基督教為根基發展的西歐世界誕生。另一方面在東亞，於8世紀強盛的土耳其遊牧民族國家維吾爾消滅了突厥。吐蕃（西藏）於7世紀建國。

西元9～10世紀左右

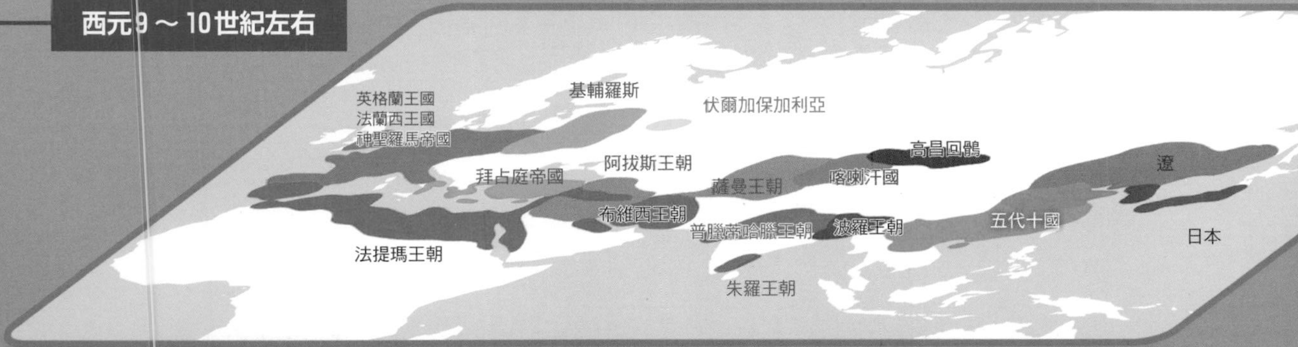
英格蘭王國
法蘭西王國
神聖羅馬帝國
基輔羅斯
伏爾加保加利亞
拜占庭帝國
阿拔斯王朝
薩曼王朝
布維西王朝
普臘蒂哈臘王朝
法提瑪王朝
朱羅王朝
高昌回鶻
喀喇汗國
波羅王朝
五代十國
遼
日本

多個伊斯蘭王朝建立

伊斯蘭勢力有法提瑪王朝、布維西王朝等多個王朝興起。中國北方由於天災、內亂等，維吾爾解體。遊牧民族各部結盟，遼（契丹）建國。唐滅亡，開啟五代十國時代序幕。

西元11世紀左右

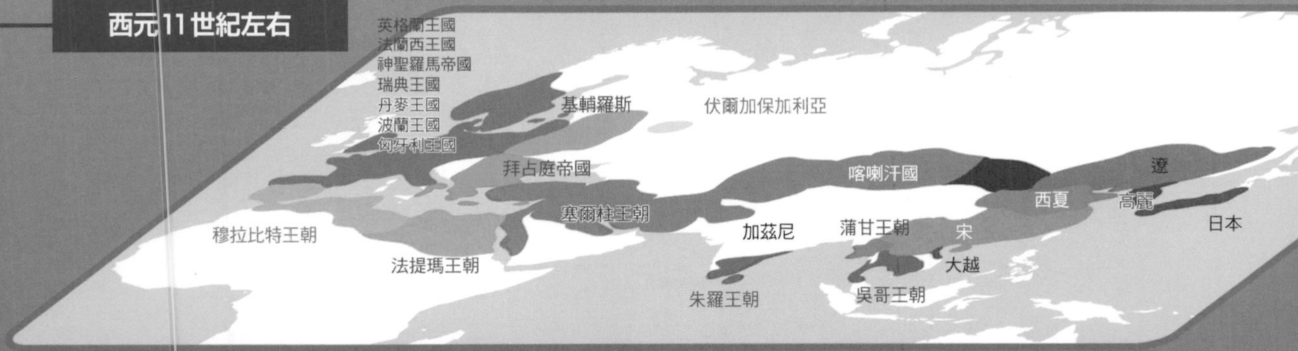
英格蘭王國
法蘭西王國
神聖羅馬帝國
瑞典王國
丹麥王國
波蘭王國
匈牙利王國
基輔羅斯
伏爾加保加利亞
拜占庭帝國
塞爾柱王朝
穆拉比特王朝
法提瑪王朝
加茲尼
朱羅王朝
喀喇汗國
蒲甘王朝
吳哥王朝
宋
大越
西夏
遼
高麗
日本

土耳其伊斯蘭王朝，以及基督教勢力

塞爾柱王朝等土耳其伊斯蘭勢力逐漸壯大。另一方面在歐洲世界，十字軍東征、收復失地運動（復國運動）等試圖重掌基督教勢力的活動愈發活躍。

追溯歷史③

一座都市經歷過眾多歷史的洗禮

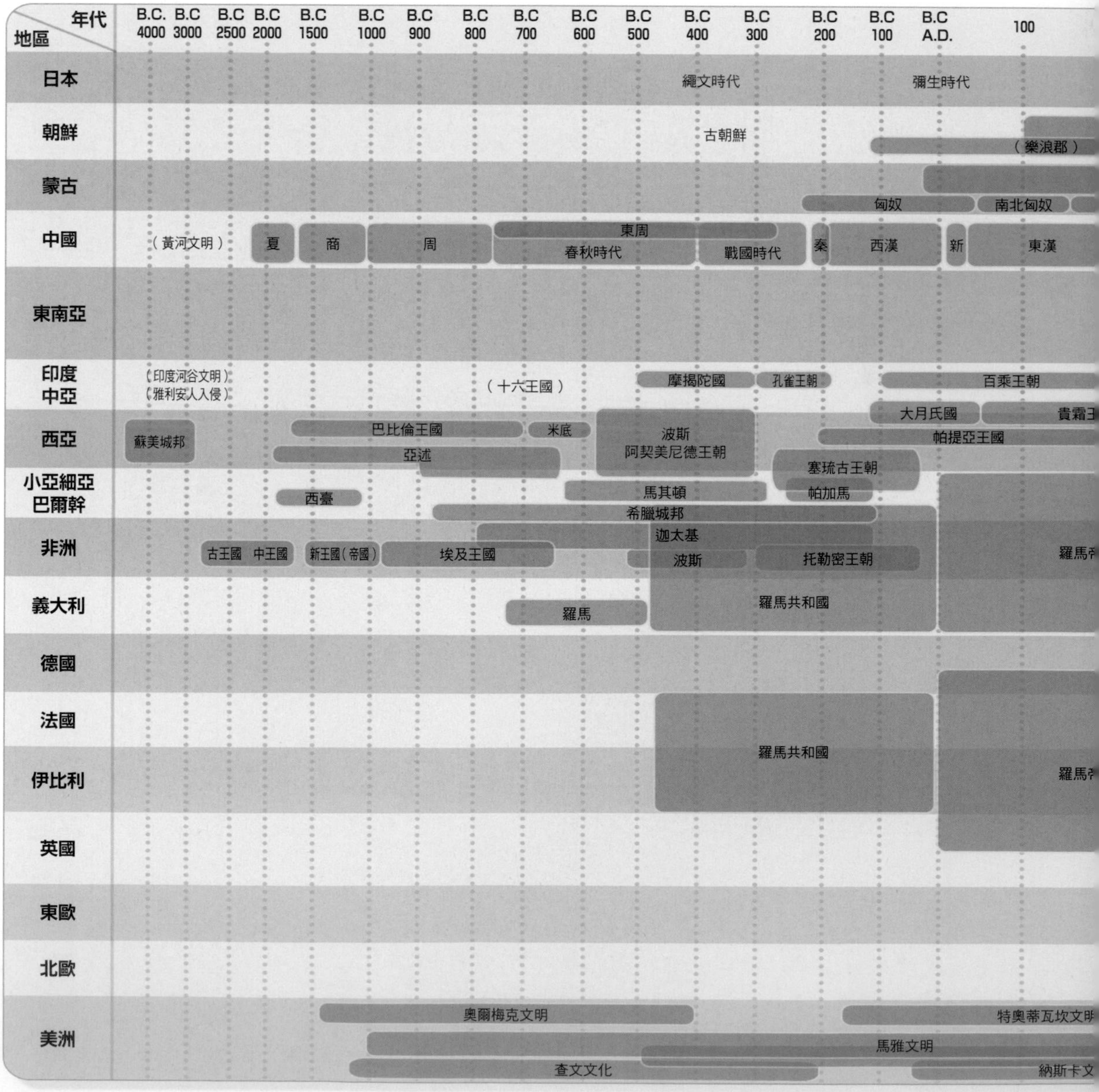
年代
地區
B.C. 4000
B.C 3000
B.C 2500
B.C 2000
B.C 1500
B.C 1000
B.C 900
B.C 800
B.C 700
B.C 600
B.C 500
B.C 400
B.C 300
B.C 200
B.C 100
B.C A.D.
100
日本
繩文時代
彌生時代
朝鮮
古朝鮮
（樂浪郡）
蒙古
匈奴
南北匈奴
中國
（黃河文明）
夏
商
周
東周
春秋時代
戰國時代
秦
西漢
新
東漢
東南亞
印度
中亞
（印度河谷文明）
（雅利安人入侵）
（十六王國）
摩揭陀國
孔雀王朝
百乘王朝
大月氏國
貴霜王
西亞
蘇美城邦
巴比倫王國
米底
亞述
波斯
阿契美尼德王朝
帕提亞王國
塞琉古王朝
小亞細亞
巴爾幹
西臺
馬其頓
帕加馬
希臘城邦
非洲
迦太基
古王國
中王國
新王國（帝國）
埃及王國
波斯
托勒密王朝
羅馬帝
義大利
羅馬
羅馬共和國
德國
法國
伊比利
羅馬共和國
羅馬帝
英國
東歐
北歐
美洲
奧爾梅克文明
特奧蒂瓦坎文明
馬雅文明
查文文化
納斯卡文

下表根據概略的年代加以統整，列出各個地區曾經受到哪些國家統治。由此可知，一個地區在不同時代經歷過各式各樣的國家統治。

在歷史的洪流當中，一個國家經歷過好幾次不同國家的掌控並非罕事。

以北非為例，位處交通要衝的迦太基（第46頁）在西元前5世紀左右盛極一時。然而，西元前2世紀與羅馬交戰落敗後，便成了他國的殖民地。西元5世紀時，改由汪達爾人占領這片土地，建立了汪達爾王國（Vandal Kingdom）。但之後被東羅馬帝國收復，再度回歸羅馬帝國的掌控。到了7世紀，又受到伍麥葉王朝（Umayyad dynasty）、阿拔斯王朝（Abbasid dynasty）等伊斯蘭勢力控制。

現在的迦太基仍留有古時建國的腓尼基人墓地及住宅遺址，不過多為羅馬式建築，能一窺昔日遭到統治的歷史。

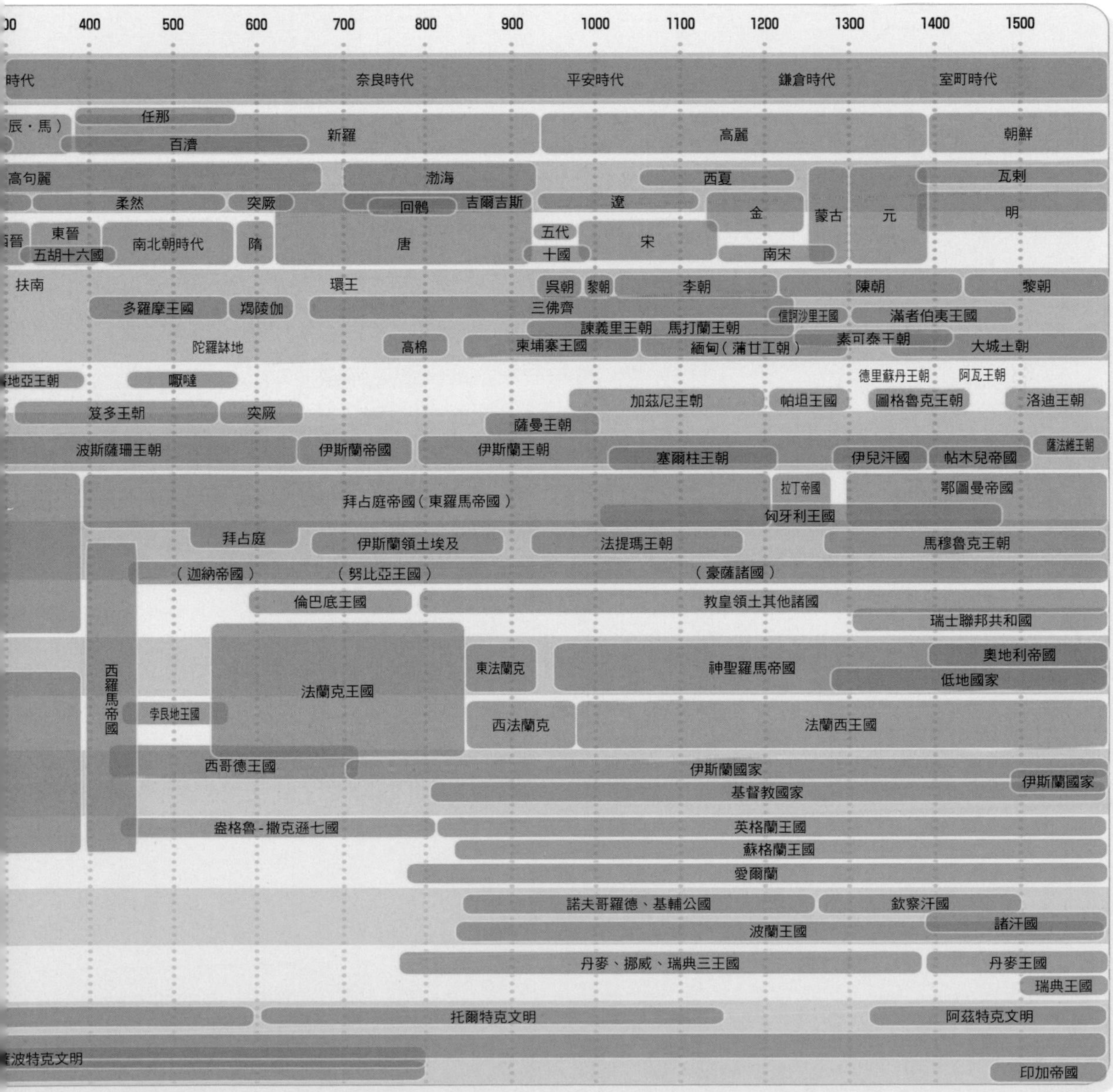

00
400
500
600
700
800
900
1000
1100
1200
1300
1400
1500
時代
奈良時代
平安時代
鎌倉時代
室町時代
辰・馬）
任那
百濟
新羅
高麗
朝鮮
高句麗
渤海
西夏
瓦剌
柔然
突厥
回鶻
吉爾吉斯
遼
金
蒙古
元
明
晉
東晉
五胡十六國
南北朝時代
隋
唐
五代
十國
宋
南宋
扶南
環王
吳朝
黎朝
李朝
陳朝
黎朝
多羅摩王國
羯陵伽
三佛齊
信訶沙里王國
滿者伯夷王國
諫義里王朝
馬打蘭王朝
陀羅缽地
高棉
柬埔寨王國
緬甸（蒲甘王朝）
素可泰王朝
大城王朝
德里蘇丹王朝
阿瓦王朝
地亞王朝
嚈噠
加茲尼王朝
帕坦王國
圖格魯克王朝
洛迪王朝
笈多王朝
突厥
薩曼王朝
波斯薩珊王朝
伊斯蘭帝國
伊斯蘭王朝
塞爾柱王朝
伊兒汗國
帖木兒帝國
薩法維王朝
拉丁帝國
鄂圖曼帝國
拜占庭帝國（東羅馬帝國）
匈牙利王國
拜占庭
伊斯蘭領土埃及
法提瑪王朝
馬穆魯克王朝
（迦納帝國）
（努比亞王國）
（豪薩諸國）
倫巴底王國
教皇領土其他諸國
瑞士聯邦共和國
東法蘭克
神聖羅馬帝國
奧地利帝國
低地國家
西羅馬帝國
法蘭克王國
李民地王國
西法蘭克
法蘭西王國
西哥德王國
伊斯蘭國家
伊斯蘭國家
基督教國家
盎格魯-撒克遜七國
英格蘭王國
蘇格蘭王國
愛爾蘭
諾夫哥羅德、基輔公國
欽察汗國
波蘭王國
諸汗國
丹麥、挪威、瑞典三王國
丹麥王國
瑞典王國
托爾特克文明
阿茲特克文明
波特克文明
印加帝國

遺留在世界各地的眾多遺跡

西元前3000年左右出現的四大古文明分別為：美索不達米亞文明、埃及文明、印度河谷文明、中國文明（黃河文明）。有各式各樣的國家依傍這些地區而生，各王朝繁盛一時。

除了上述四大古文明之外，還有邁諾安文明（或稱邁諾斯、米諾斯、克里特文明）、中美洲文明、安地斯文明等諸多文明興起。

有關各地區有什麼樣的王朝興起、留下了什麼樣的遺跡，將在後續的章節詳細介紹。

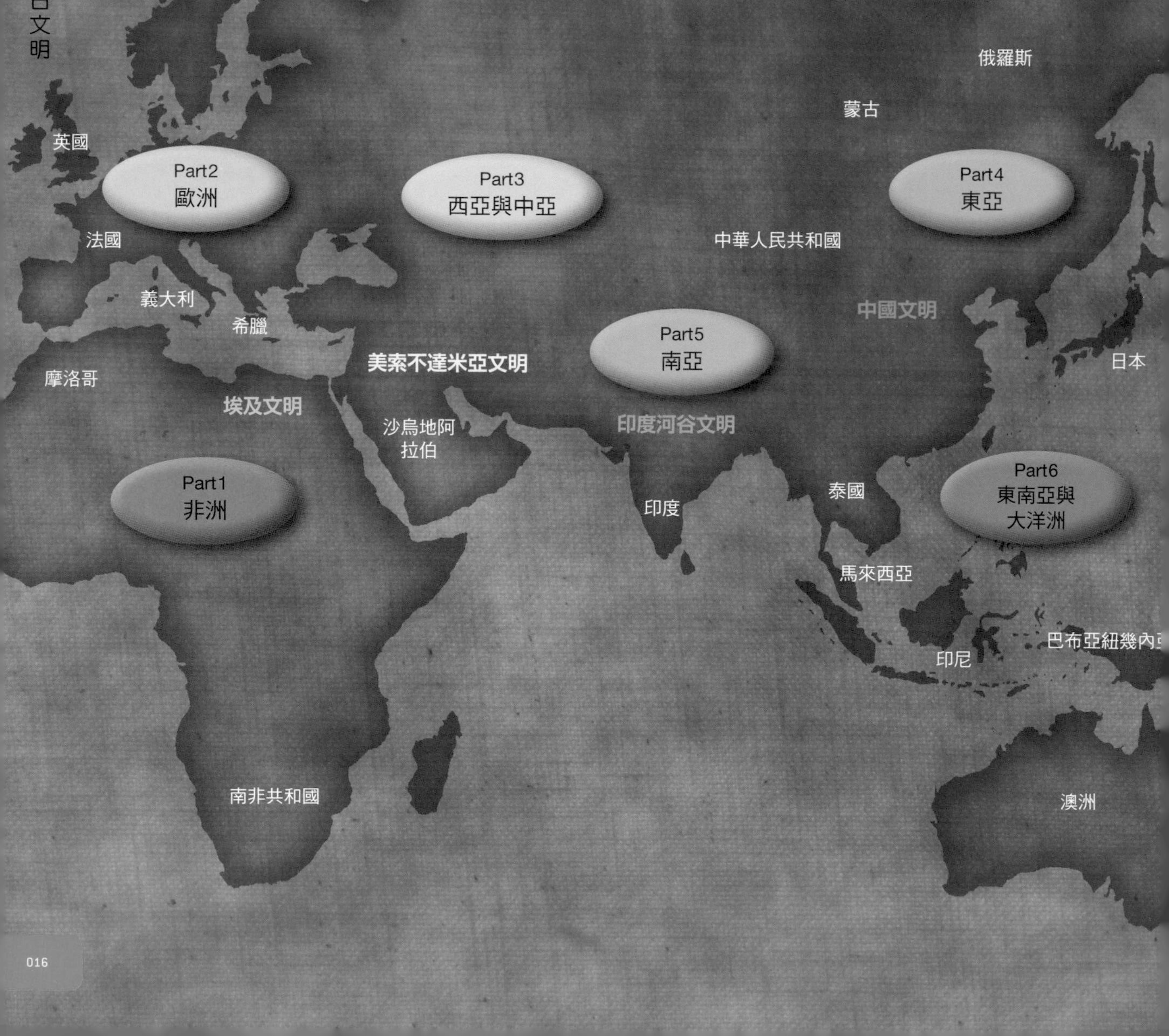
俄羅斯
蒙古
英國
Part2
歐洲
Part3
西亞與中亞
Part4
東亞
法國
中華人民共和國
義大利
希臘
中國文明
Part5
南亞
美索不達米亞文明
日本
摩洛哥
埃及文明
沙烏地阿拉伯
印度河谷文明
Part1
非洲
Part6
東南亞與大洋洲
泰國
印度
馬來西亞
巴布亞紐幾內亞
印尼
南非共和國
澳洲

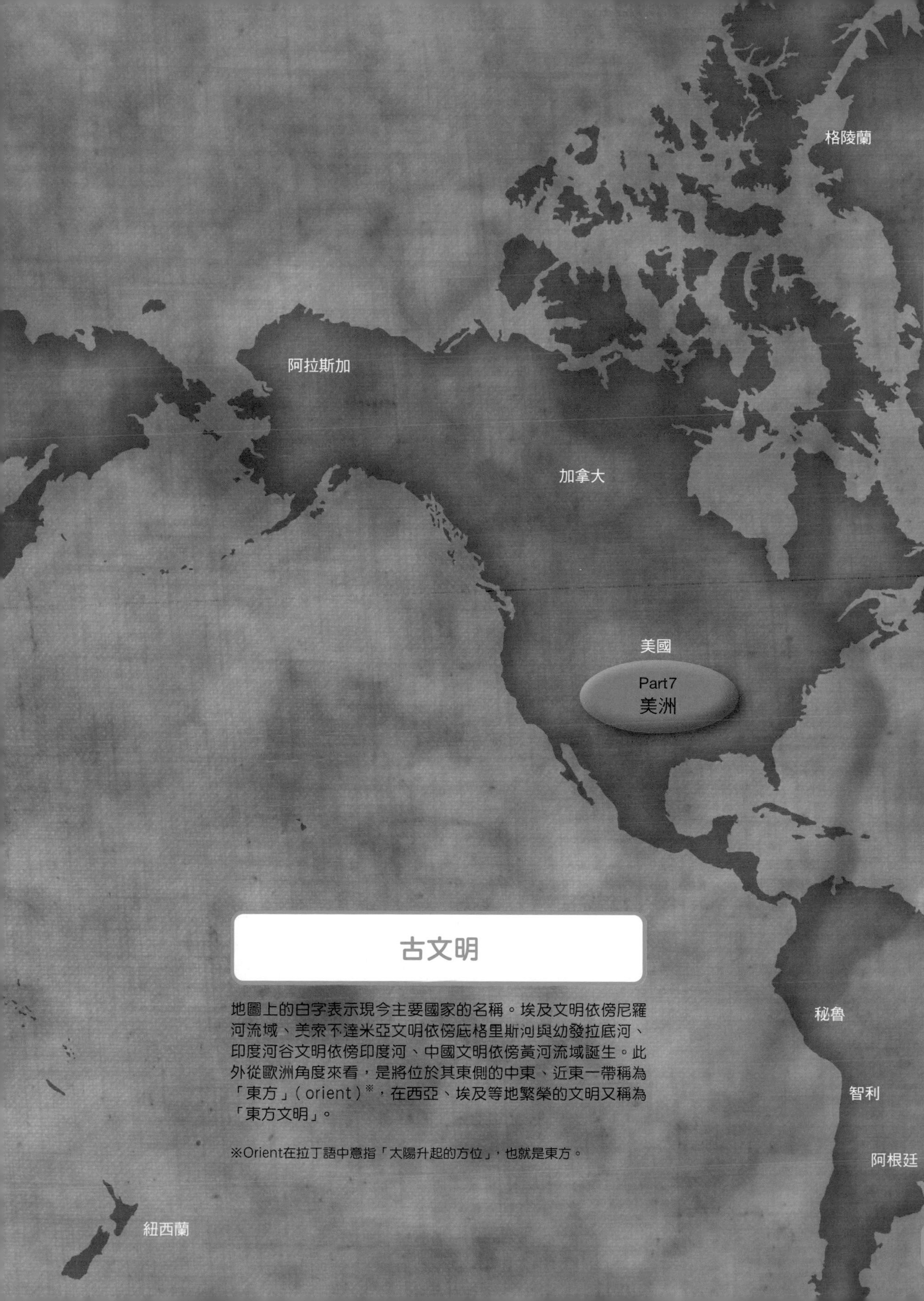
格陵蘭
阿拉斯加
加拿大
美國
Part7
美洲
秘魯
巴西
智利
阿根廷
紐西蘭

古文明

地圖上的白字表示現今主要國家的名稱。埃及文明依傍尼羅河流域、美索不達米亞文明依傍底格里斯河與幼發拉底河、印度河谷文明依傍印度河、中國文明依傍黃河流域誕生。此外從歐洲角度來看，是將位於其東側的中東、近東一帶稱為「東方」（orient）※，在西亞、埃及等地繁榮的文明又稱為「東方文明」。

※Orient在拉丁語中意指「太陽升起的方位」，也就是東方。

【麥羅埃的金字塔】
位於蘇丹中東部。近前方有祭殿，墓室建於地底。西元前8世紀左右，兵力強盛的「庫施王國」(Kingdom of Kush)自該地崛起，征服了埃及。曾作為第25王朝埃及的法老君臨天下，不過在西元前7世紀遭到亞述攻打而退出舞台。話雖如此，庫施王國本身依舊延續了近千年左右。

1

非洲的
古代遺跡

Ancient Ruins in African

非洲曾經有過各式各樣的古王國

非洲作為「人類」誕生地而聞名。南非的人類化石遺址，就曾出土約260萬年前的「南方古猿」（*Australopithecus*）化石。

古文明之一的「埃及文明」也是在這塊大陸上誕生。古埃及王國是在尼羅河流域興起。同樣地，諸如誕生自林波波河、尚比西河肥沃土地的穆塔帕王國（Kingdom of Mutapa），起源於尼日河流域的馬利帝國（Mali Empire）、迦納帝國（Ghana Empire）、桑海帝國（Songhai Empire）等等，河川附近往往有各式各樣的王國或聚落誕生。

鄰接地中海的北非自從古埃及時代落幕以後，便成為羅馬、伊斯蘭帝國、鄂圖曼帝國等的一部分，屢屢登上歷史舞台。此外，透過葡萄牙的紀錄還可以窺見，剛果王國（Kingdom of Kongo）從15世紀左右起、穆塔帕王國在16世紀中葉左右對外進行黃金及象牙貿易的歷史。

許多被消滅的王國充滿未知，還有待後世深入調查，不過像「大辛巴威」（第50頁）這樣作為遺跡保存下來的文物也不在少數。

本章將以埃及文明為中心，細數遺留在非洲的多座遺跡。

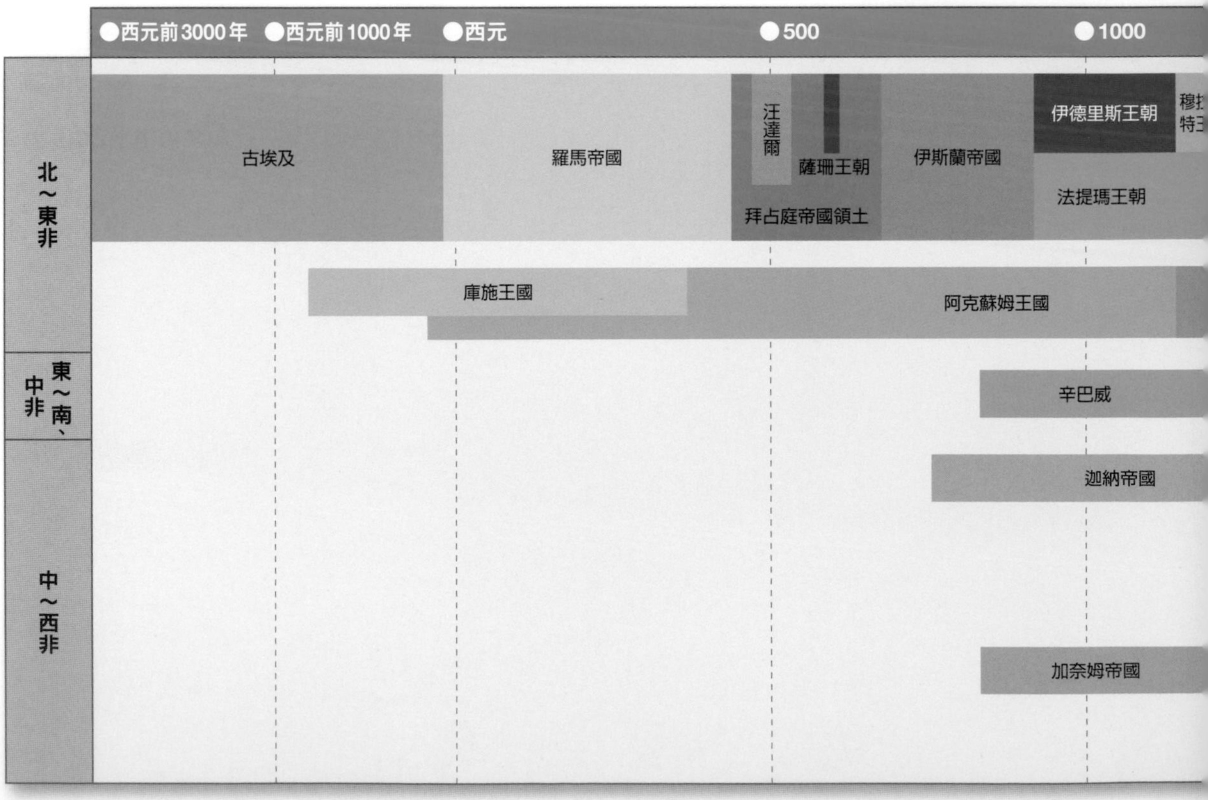
西元前3000年
西元前1000年
西元
500
1000
北～東非
古埃及
羅馬帝國
汪達爾
薩珊王朝
拜占庭帝國領土
伊斯蘭帝國
伊德里斯王朝
法提瑪王朝
庫施王國
阿克蘇姆王國
東～南、中非
辛巴威
迦納帝國
中～西非
加奈姆帝國

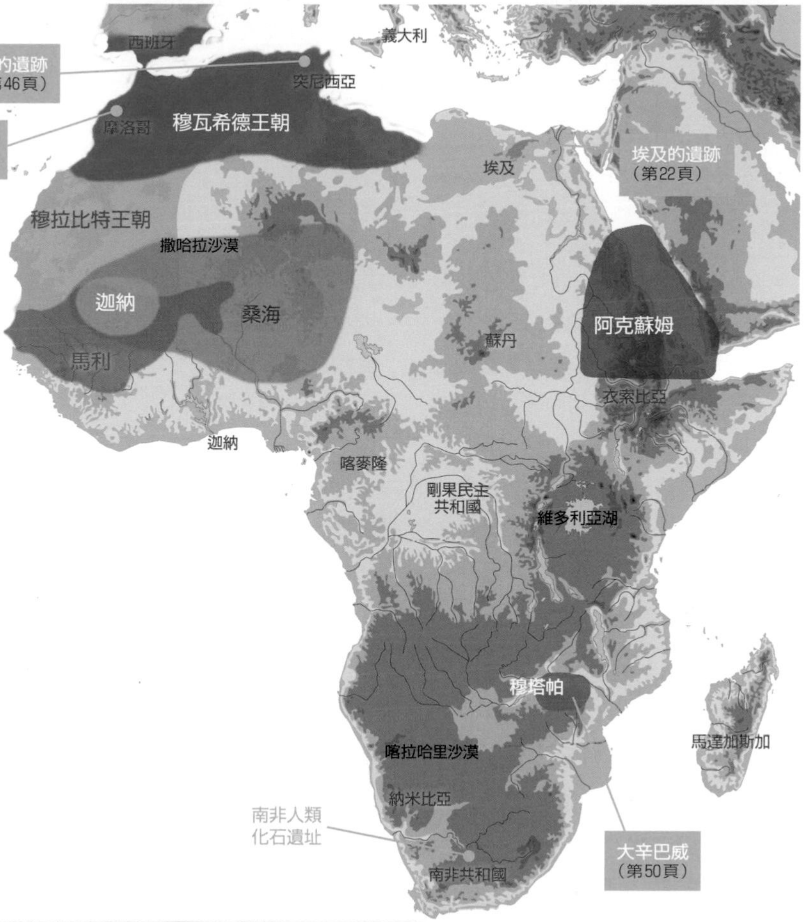
義大利
西班牙
迦太基的遺跡
（第46頁）
突尼西亞
伊斯蘭王朝時代的遺跡
（第48頁）
摩洛哥
穆瓦希德王朝
埃及
埃及的遺跡
（第22頁）
穆拉比特王朝
撒哈拉沙漠
迦納
桑海
馬利
蘇丹
阿克蘇姆
衣索比亞
迦納
喀麥隆
剛果民主
共和國
維多利亞湖
穆塔帕
馬達加斯加
喀拉哈里沙漠
納米比亞
南非人類
化石遺址
南非共和國
大辛巴威
（第50頁）

19世紀以前
非洲的主要王國

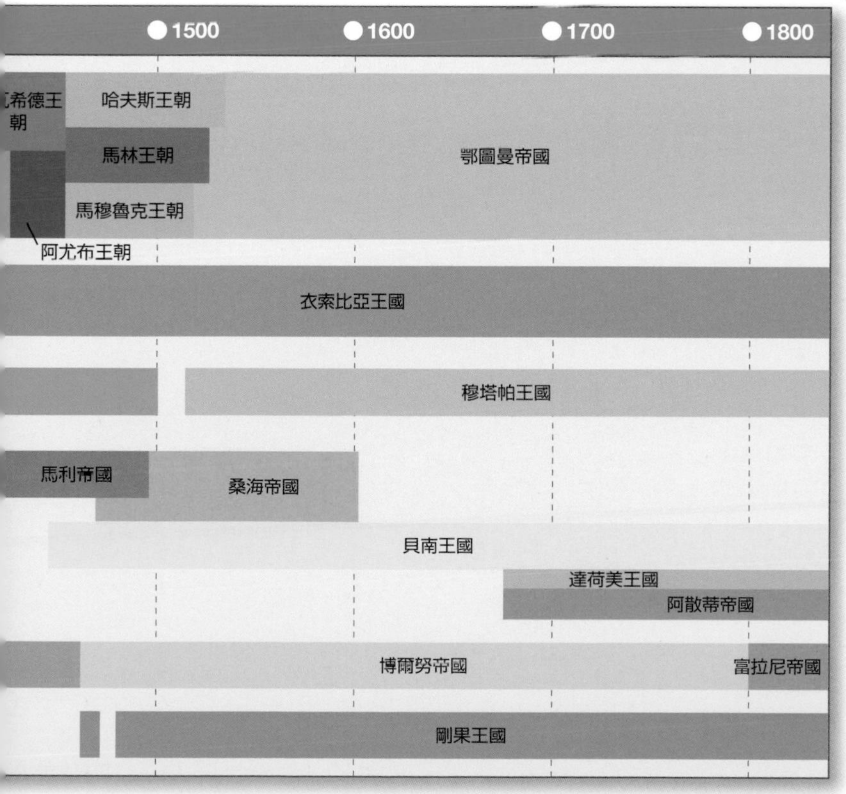
1500
1600
1700
1800
瓦希德王朝
哈夫斯王朝
馬林王朝
鄂圖曼帝國
馬穆魯克王朝
阿尤布王朝
衣索比亞王國
穆塔帕王國
馬利帝國
桑海帝國
貝南王國
達荷美王國
阿散蒂帝國
博爾努帝國
富拉尼帝國
剛果王國

非洲與王國

繪於地圖上的是16世紀以前的非洲主要國家。棕色文字為現在的國家名稱。

非洲的地理劃分

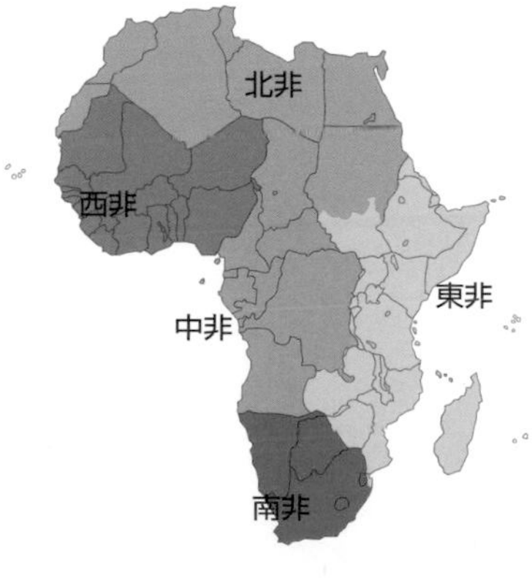
北非
西非
東非
中非
南非

西元前3000年左右 埃及
古埃及王國

古埃及王國在北非地區繁榮昌盛長達3000年之久。

西元前4000年左右，隨著農耕及畜牧業的發展，尼羅河流域出現了許多聚落，後來名為「諾姆」（nome）的地方行政區域單位誕生。以現在的開羅附近為中心，在南尼羅河河谷地區的上埃及與北尼羅河三角洲地區的下埃及，形成了兩大勢力範圍（第24頁）。

最終這兩股勢力趨於統一。在西元前3000年左右，上埃及的那爾邁王（Narmer，在位：約前31世紀）統一上下埃及，自此揭開古埃及王朝悠久歷史的序幕。

古埃及的國王稱為「法老」（pharaoh）。如果將始自那爾邁的時代視為第1王朝，則埃及在那之後歷經了長達31個王朝的統治（第27頁）。握有強權的法老下令興建金字塔及莊嚴的神廟，將其榮華傳承至今。

尼羅河與人們的生活

下圖所示為西元前2500年左右埃及的生活樣貌。據說當時尼羅河滿是載著貨物的商船來來去去。可以看到對岸的建築從右開始依序為完工的古夫金字塔、卡夫拉金字塔，以及尚在建設階段的孟卡拉金字塔。

尼羅河是交通要道

倘若少了尼羅河的水上交通，埃及文明不可能發展起來。上方照片為現代的尼羅河（亞斯文附近）。下方插圖為航行於尼羅河上的國王及其同行隊伍，與前來迎接的停泊所模樣想像圖。

尼羅河是連接埃及南北超過1000公里的交通要道。每年7月中旬至11月中旬左右為洪水期。從底比斯到開羅大約900公里的水路航程，遇上洪水期的話差不多約需2週；若是在乾旱時期，由於河水流速變慢，會花上將近2個月的時間。此外，人們在洪水期也會使用船隻作為橫渡水道的「踏板」。供巨大船隻停泊的停泊所及港口是古埃及的主要景觀。

古埃及分成上埃及與下埃及

古埃及王國在尼羅河流域繁榮昌盛。尼羅河全長約6700公里，是世界上最長的河川，上游有以維多利亞湖為源頭的白尼羅河、以衣索比亞高原為源頭的藍尼羅河，兩條河流在蘇丹的首都喀土穆匯流。豐水期時，藍尼羅河將肥沃的土壤運至下游，孕育了古埃及文明。

古埃及分成上埃及與下埃及。上埃及由尼羅河上游的河谷地帶構成，地形狹長，河谷的寬幅為8～25公里左右。在尼羅河沿岸的耕地之外，是一片沙漠與岩山遍布的荒蕪低地。另一方面，下埃及是指尼羅河注入地中海的河口所形成的尼羅河三角洲地帶。

古王國的首都為下埃及的孟斐斯（Memphis，位於現在的開羅以南約20公里處），在中王國時期則是以底比斯（Thebes，現在的路克索）為首都。話雖如此，在歷代王朝更迭中，首都的選址有幾次在孟斐斯與他處之間輪替。托勒密王朝（Ptolemaic dynasty，西元前305～前30）是以亞力山卓（Alexandria）為首都。

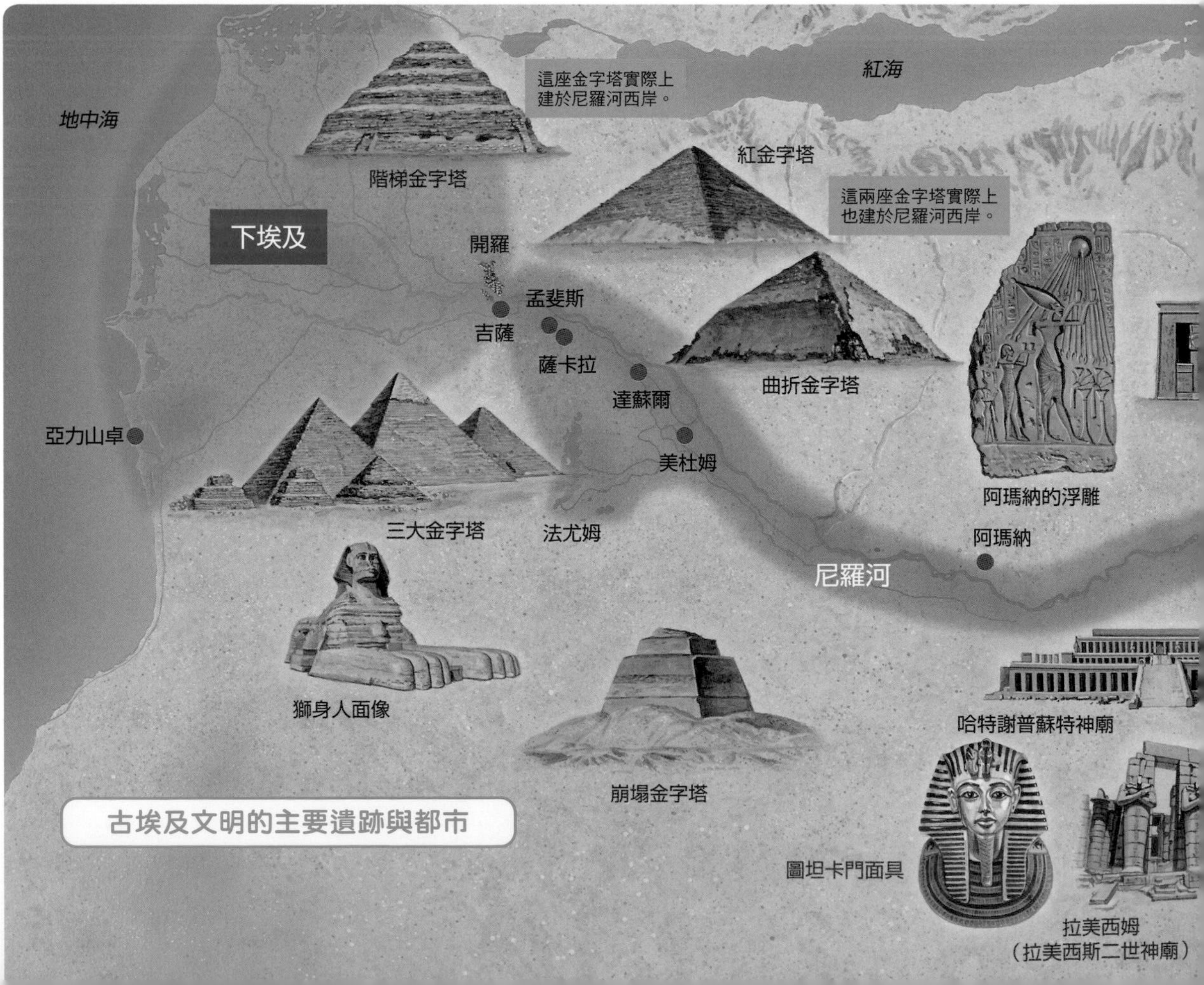
地中海
紅海
這座金字塔實際上建於尼羅河西岸。
階梯金字塔
紅金字塔
這兩座金字塔實際上也建於尼羅河西岸。
下埃及
開羅
孟斐斯
吉薩
薩卡拉
達蘇爾
曲折金字塔
亞力山卓
美杜姆
阿瑪納的浮雕
三大金字塔
法尤姆
阿瑪納
尼羅河
獅身人面像
哈特謝普蘇特神廟
崩塌金字塔
古埃及文明的主要遺跡與都市
圖坦卡門面具
拉美西姆
（拉美西斯二世神廟）

為何尼羅河沿岸繁榮昌盛

「埃及是尼羅河的贈禮」這句話出自希臘歷史學家希羅多德（Herodotus，約前484～約前425）。非洲的北側與南側（右方地圖的上側與下側）多為乾燥地區（草原氣候、沙漠氣候），但是尼羅河下游的三角洲地帶卻是肥沃的溼地。這是受到衣索比亞高原在夏季產生的季風影響，造成尼羅河氾濫帶來土壤所致。有了這些泥土滋潤土壤，人們得以培育農作物。埃及農業的興旺可歸功於尼羅河。此外，右圖標示的各國為西元前4～3世紀左右的局勢。

7月中旬～11月中旬的尼羅河氾濫期進行播種，2月至6月期間收割穀物。若氾濫期水位偏低恐使耕作地區受限，往往會造成飢荒或災害。此外，當水位過高時也會有潰堤的風險。

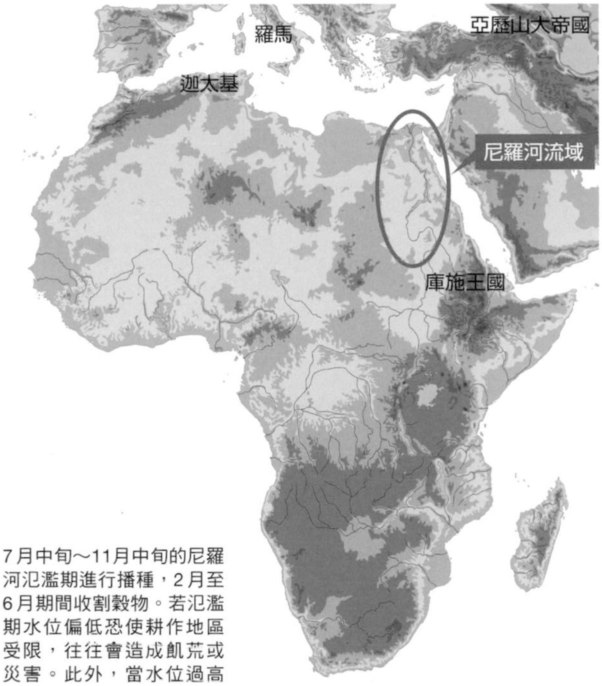
羅馬
亞歷山大帝國
迦太基
尼羅河流域
庫施王國

路克索神廟
卡納克神廟
康翁波神廟
路克索
丹達臘
帝王谷
哈索爾神廟
上埃及
亞斯文
菲萊島
納賽爾湖
伊西斯神廟
（菲萊島）
門農巨像
荷魯斯神廟的浮雕
阿布辛貝神廟
阿布辛貝

王朝反覆統一與分裂延續了3000年

古埃及的歷史可以分成王國時期與中間期。王國時期是指古埃及繁盛的時代，依序為古王國時期（Old Kingdom，又稱金字塔時期）、中王國時期（Middle Kingdom）、新王國時期（New Kingdom）這三個時代。中間期（intermediate period）則是指政治上並未統一，有多個勢力並存的時代。

始於西元前2680年左右的古王國時期，也是個勤於建造金字塔的時代，以吉薩三大金字塔最具代表性。古王國時期從第3王朝一直延續到第6王朝。其後，又經歷了南北分裂的第一中間期，到了第11王朝，埃及才再次統一。從此開啟了中王國時期，但是這樣的穩定局勢並未持續很久。第18王朝至第20王朝是另一個古埃及的繁盛期，稱作新王國時期。

之後，受到異族的侵略及支配，西元前30年克麗奧佩托拉女王（Cleopatra VII，在位：前51～前30，即著名的埃及豔后）敗給羅馬後自殺，古埃及的歷史亦隨之落幕。

繼羅馬統治之後，這片土地又受到伊斯蘭帝國諸王朝的控制。經過英國統治、王權復辟到成為現在的「埃及阿拉伯共和國」，已經是20世紀（1952年）的事情了。

古埃及的歷史

古埃及王朝不盡然都是血脈相傳。諸如第二中間期的西克索人國王、馬其頓王朝時代的亞歷山大大帝等，古埃及也經歷過入侵者國王成為法老的時期。照片為從上空俯瞰吉薩三大金字塔（詳見第28頁）的樣子，金字塔是建在「吉薩高原」（Giza Plateau）的巨大岩盤上，並非沙漠之中。金字塔的東側鄰近市區。

		重大事件	王朝 （）內為主要的國王名
西元前4000年左右		尼羅河流域隨著農耕、畜牧發展有聚落誕生。形成上埃及與下埃及這兩大勢力範圍。	
西元前3000年左右	初期王朝時期	上埃及的那爾邁王統一上下埃及。	第1王朝（那爾邁） （登） 第2王朝（卡塞凱姆威）
西元前2680年左右	古王國時期	第3王朝左塞爾王建造階梯金字塔。 以第4王朝古夫王為首，歷代國王在吉薩建造金字塔。	第3王朝（左塞爾） 第4王朝（斯尼夫魯） （古夫） （卡夫拉） 第5王朝（烏納斯） 第6王朝（特提）
西元前2145年左右	第一中間期	統一國家瓦解，北方的赫拉克利奧波利斯與南方的底比斯交戰。 西元前21世紀由曼圖霍特普二世再次統一埃及。	第7～10王朝
西元前2025年左右	中王國時期	阿蒙涅姆赫特三世對西奈半島的礦山進行開採。	第11王朝（曼圖霍特普二世） 第12王朝（阿蒙涅姆赫特一世）
西元前1795年左右	第二中間期	西元前18世紀王權衰弱，中王國滅亡。亞洲民族西克索人占領埃及，建立第15王朝。 西元前17～前16世紀，埃及人建立第17王朝以對抗西克索人。	第13～17王朝
西元前1550年左右	新王國時期	阿赫摩斯從西克索人手中奪回埃及的統治權，建立第18王朝。 西元前14世紀迎來埃及的全盛時期。 建造了許多如路克索神廟等的巨像及神廟。	第18王朝（阿赫摩斯） （圖特摩斯一世） （哈特謝普蘇特） （圖特摩斯三世） （阿蒙霍特普三世） （阿肯那頓） 第19王朝（拉美西斯一世） （塞提一世） （拉美西斯二世） （麥倫普塔） 第20王朝（拉美西斯三世）
西元前1069年左右	第三中間期	上埃及底比斯的阿蒙大祭司握有強權。下埃及有多個政治勢力林立。	第21王朝（普蘇森尼斯一世） 第22王朝（舍順克一世） 第23、24王朝
西元前746年左右	末期王朝時期	努比亞（庫施王國）的皮耶王成為上下埃及的國王。 西元前7世紀敗給亞述帝國。埃及被納入亞述的統治之下。 普薩美提克一世讓埃及脫離亞述掌控，建立第26王朝。	第25王朝（皮耶） 第26王朝（普薩美提克一世） 第27～29王朝 第30王朝（內克塔內布一世） 第31王朝
西元前332年左右	馬其頓王朝時期	前332年馬其頓王國的亞歷山大大帝占領埃及，成為法老。	（亞歷山大大帝）
西元前305年左右	托勒密王朝時期	亞歷山大大帝死後，托勒密將軍建立王朝。 西元前48年羅馬政治家凱撒與克麗奧佩托拉七世聯手。後來凱撒遭到暗殺。 西元前31年埃及敗給羅馬。翌年托勒密王朝滅亡。	（托勒密一世） （克麗奧佩托拉七世）
西元前30年		納入羅馬帝國的統治之下，成為行省。	

西元前2500年左右 埃及
展現法老權威的金字塔

古埃及建造了許多金字塔、神廟等巨大建築，用於展現法老的權威。位處乾燥地區的埃及樹木稀少，主要使用石頭及日曬磚作為建材。也因此，即使經過數千年以上，至今仍能見識到這些古蹟保有不遜於往昔的雄偉英姿。

西元前2500年前左右積極興建的金字塔，多集中在埃及北部吉薩高原至法尤姆地區一帶。這是因為在河谷地區並沒有足以建造巨大金字塔的廣闊堅硬岩盤。在上埃及地區，陵墓是採用深鑿岩山建成的岩窟墓（第33頁），而非巨大金字塔。

金字塔並非單一建築，而是由河岸神廟、參道、祭殿、金字塔本體所構成的複合建築。再者，現今的金字塔多為茶褐色且表面呈階梯狀，但是早在建造之初，其表面是由純白色石灰石所覆蓋，而且打磨到幾乎看不見接縫。

在所有金字塔當中，最大者為西元前2550年左右所建的古夫金字塔（Pyramid of Khufu，又稱吉薩大金字塔）。古夫王是第4王朝的第二代法老。卡夫拉金字塔（Pyramid of Khafre）的參道旁有一尊巨大的獅身人面像（sphinx，又稱斯芬克斯）。

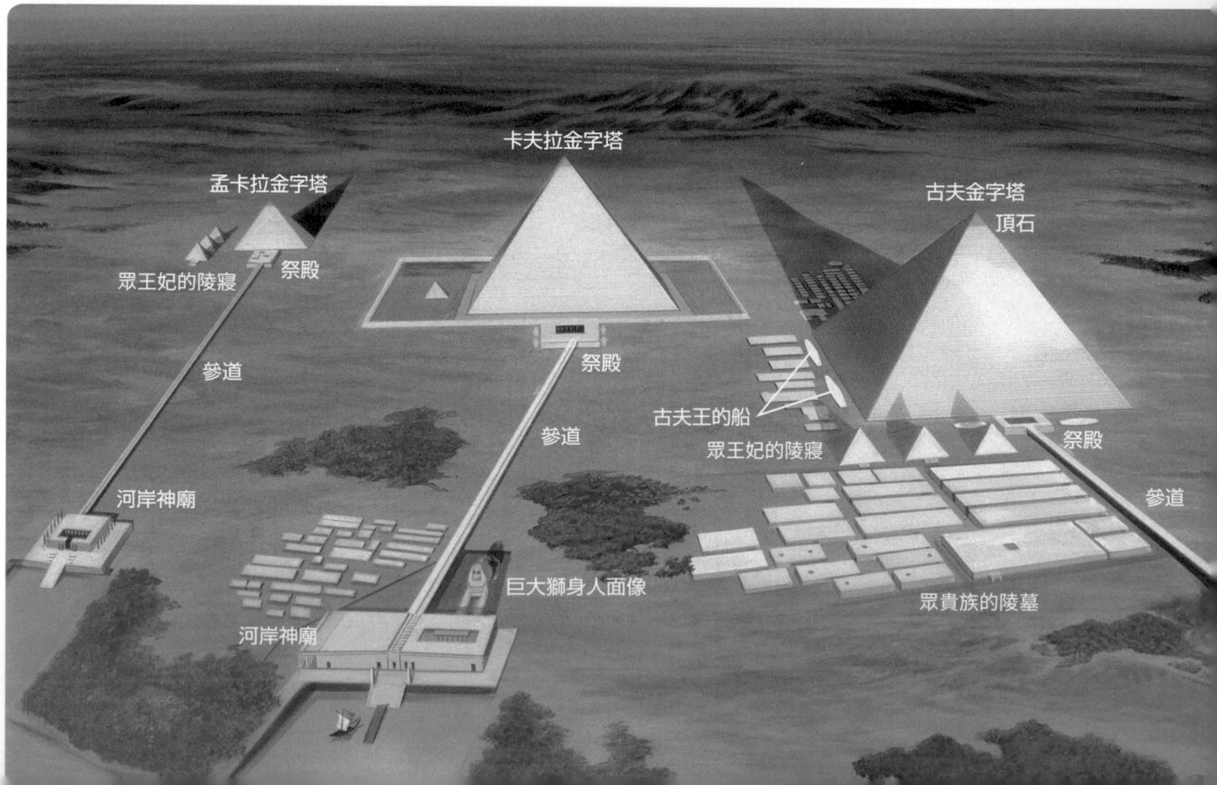
卡夫拉金字塔
孟卡拉金字塔
古夫金字塔
頂石
眾王妃的陵寢
祭殿
祭殿
參道
古夫王的船
參道
眾王妃的陵寢
祭殿
河岸神廟
參道
巨大獅身人面像
眾貴族的陵墓
河岸神廟

吉薩三大金字塔

由後至前依序是古夫王、卡夫拉王、孟卡拉王的金字塔。近前方的小型金字塔為孟卡拉王眾王妃的金字塔。

法老葬入金字塔的過程

以插圖重現金字塔當時的模樣。金字塔周邊的箱型建築是名為馬斯塔巴（mastaba）的貴族墳墓，地底有墓室。所有建築都有在表面裝飾化妝石或塗上灰泥，因此看起來潔白光亮。頂石（pyramidion）是裝飾在金字塔頂部的石頭，如今佚失。法老死後的遺體會放在小船上，從尼羅河運送至河岸神廟安置，並在此製成木乃伊。接著通過參道送往祭殿，舉辦過儀式才會葬在墓室（又稱玄室，安置棺材的地方）。

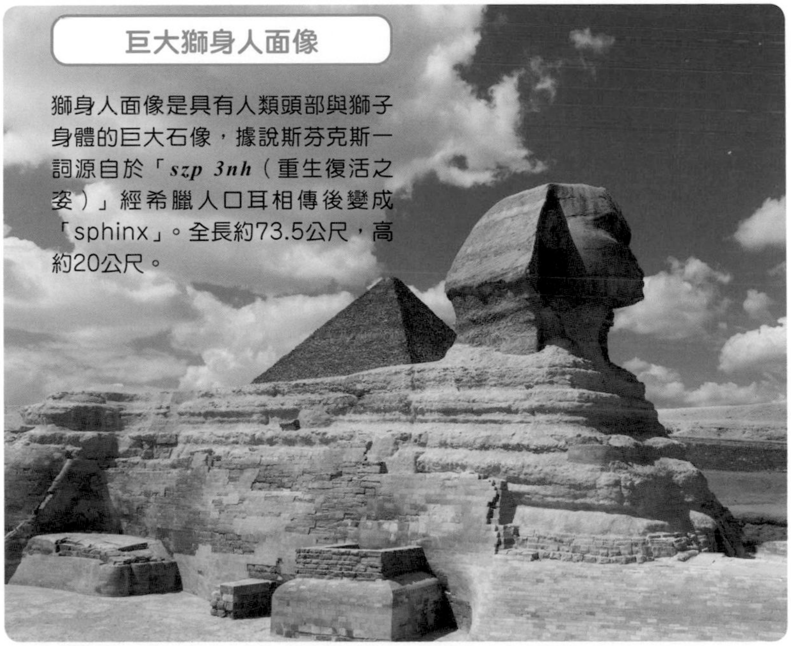

巨大獅身人面像

獅身人面像是具有人類頭部與獅子身體的巨大石像，據說斯芬克斯一詞源自於「*szp 3nh*（重生復活之姿）」經希臘人口耳相傳後變成「sphinx」。全長約73.5公尺，高約20公尺。

金字塔是如何建造的

在距今超過5000年前、建築技術遠不如現在的時期，像金字塔這樣的巨大建築是如何建造的呢？學界對此提出了各種說法，不過多認為是透過下述的方法建造而成。

首先要選定建地，利用挖鑿水道等方式打造地基，做出水平的岩盤。

金字塔各面幾乎都是準確地朝向東西南北。透過觀察北極星與拱極星（circumpolar stars）得以測量方位。

建造大金字塔需要250萬個以上的石材。主要使用從吉薩附近的圖拉（Tura）開採而來的石灰岩，也有部分使用亞斯文產的花崗岩。以青銅製鑿子與楔子切割石塊，再用木橇運送至現場修整形狀。

一般認為，古埃及人是利用日曬磚構成的「坡道」來搬運石材，一步步蓋起金字塔。坡道的斜度常保固定，隨著高度漸增，坡道的長度也會跟著延伸。

內部構造也是在堆疊石塊的過程中建成。右圖為古夫金字塔的內部。從外側無法一眼看出金字塔的入口在何處，不過已知位於從地面算起高約17公尺處。設有通風孔道，有向上的通道與向下的通道，從上升通道穿過大走廊，即可抵達安置石棺的「國王墓室」。

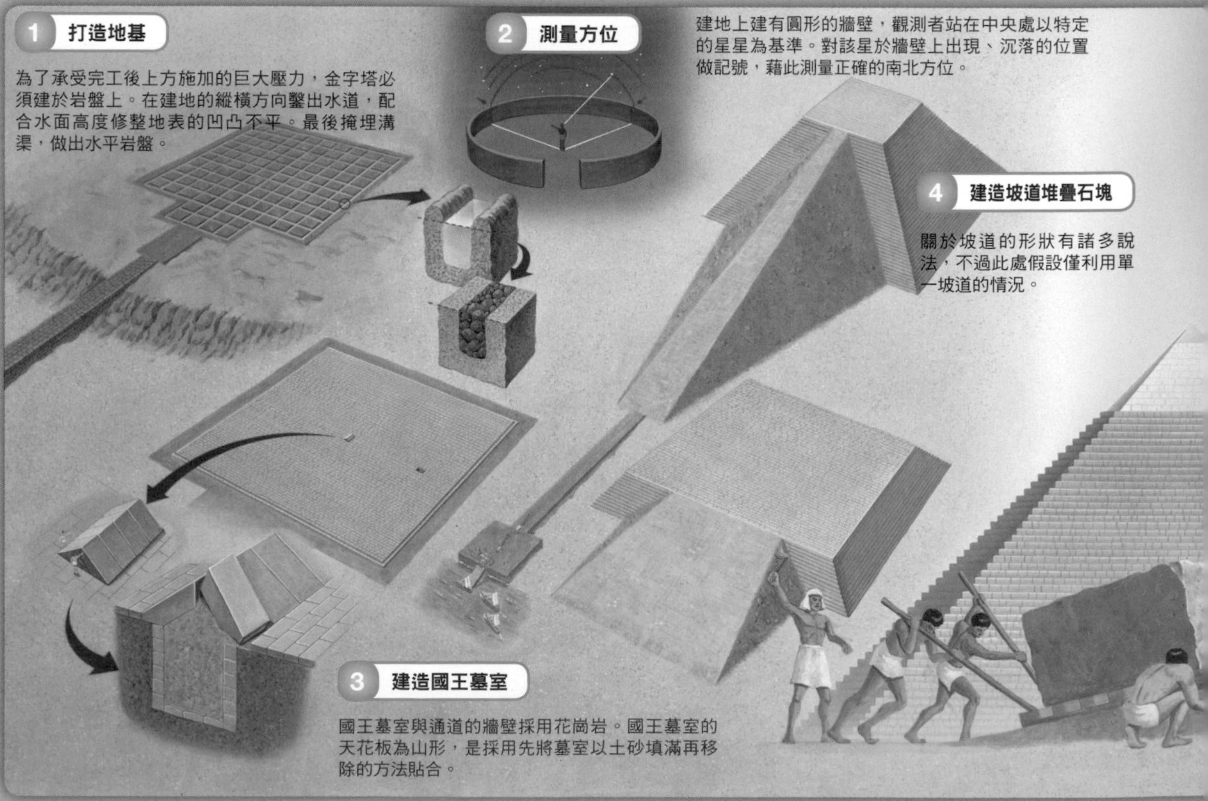
1 打造地基
為了承受完工後上方施加的巨大壓力，金字塔必須建於岩盤上。在建地的縱橫方向鑿出水道，配合水面高度修整地表的凹凸不平。最後掩埋溝渠，做出水平岩盤。
2 測量方位
建地上建有圓形的牆壁，觀測者站在中央處以特定的星星為基準。對該星於牆壁上出現、沉落的位置做記號，藉此測量正確的南北方位。
4 建造坡道堆疊石塊
關於坡道的形狀有諸多說法，不過此處假設僅利用單一坡道的情況。
3 建造國王墓室
國王墓室與通道的牆壁採用花崗岩。國王墓室的天花板為山形，是採用先將墓室以土砂填滿再移除的方法貼合。

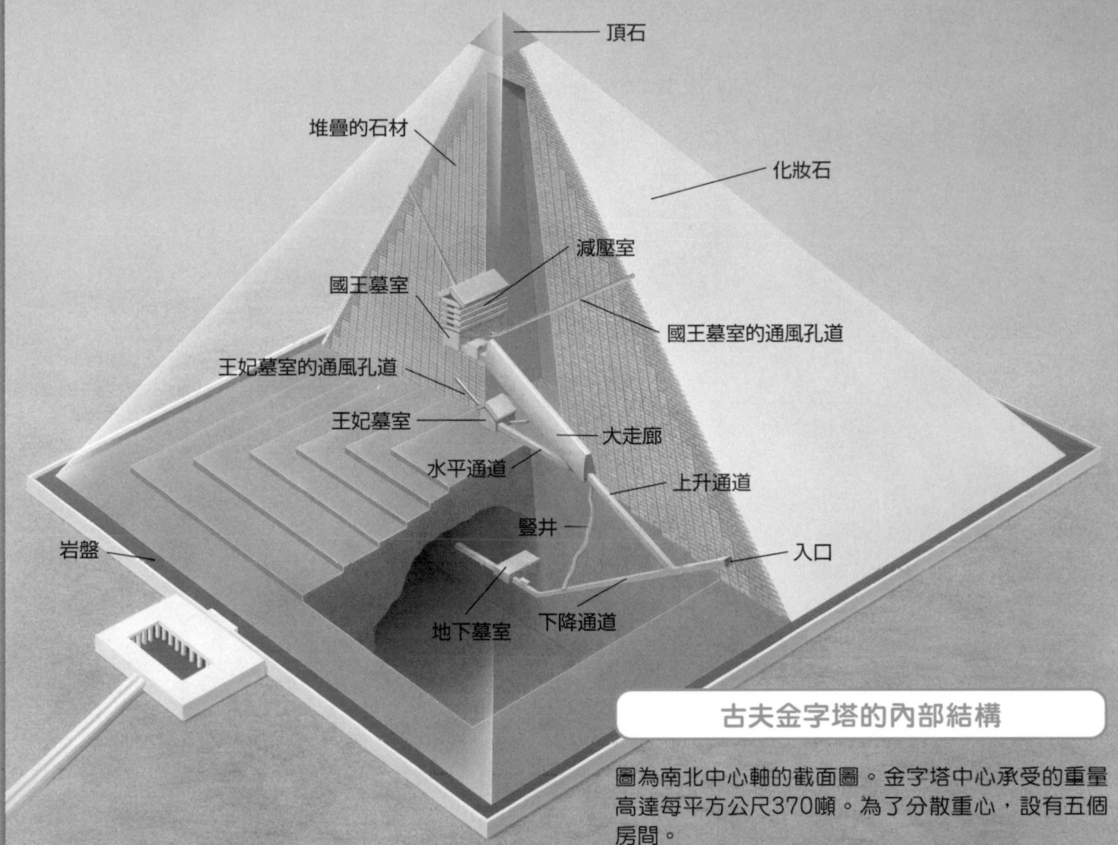
頂石
堆疊的石材
化妝石
減壓室
國王墓室
國王墓室的通風孔道
王妃墓室的通風孔道
王妃墓室
大走廊
水平通道
上升通道
豎井
岩盤
入口
地下墓室
下降通道

古夫金字塔的內部結構

圖為南北中心軸的截面圖。金字塔中心承受的重量高達每平方公尺370噸。為了分散重心，設有五個房間。

5 嵌入頂石

6 打磨化妝石後完成

將化妝石由上而下依序打磨，發出耀眼光輝的美麗金字塔就完成了。

單個石塊重約2.5噸

古夫金字塔為單邊約230公尺的正方形，高約147公尺。堆疊的石塊重量平均下來為每個約2.5噸。這座金字塔約由230～250萬個石塊堆疊而成。

建造金字塔

希臘歷史學家希羅多德曾言，建造金字塔需要耗費20年的歲月。此外，估算需要10萬人參與建設工程才能如期完成。從事的人應該不是奴隸，而是自願投入建設工程的民眾。

西元前1500年左右 埃及
埋葬法老的形式改變

中王國時期以前的陵寢通常採用金字塔形式來建造，但是進入新王國時期以後，上埃及地區改以岩窟墓形式的陵寢為主，也就是「帝王谷」(Valley of the Kings，或稱國王谷)。除了圖特摩斯二世（Thutmose II，在位：約前1493～約前1479）以前的第18王朝初期諸王、第18王朝末期的阿瑪納時期（Amarna period）諸王的陵寢之外，幾乎所有新王國時期（第18～20王朝）的陵寢都在帝王谷。

帝王谷位於沿著尼羅河而上的古都底比斯西岸的乾涸河谷，如今這個地方名為路克索（Luxor）。

底比斯（路克索）被尼羅河切分成東西兩岸。東岸為生者與神祇居住的地方；西岸是在亡者死後，為其舉辦葬禮、興建安置木乃伊的墳墓所在。也因此，西岸地帶名為「死者之城」(necropolis，又稱大墓地)。東岸作為神祇的居所，留有卡納克神廟與路克索神廟。

最先在該地興建陵寢的人，是新王國時期第18王朝第五代法老哈特謝普蘇特女王（Hatshepsut，在位：約前1479～約前1458)，她與父王圖特摩斯一世（Thutmose I，在位：約前1506～約前1493）合葬在一起。帝王谷分成東谷與西谷，東谷有60座、西谷有4座，共有64座岩窟墓。

方尖碑

東岸的神廟

卡納克神廟（照片下）是供奉底比斯神明阿蒙神的神廟。卡納克神廟和路克索神廟（照片左）之間以「獅身人面大道」相連，大道兩側有成排的獅身人面像綿延約2.7公里。這條參道於2021年修復完成。路克索神廟是作為卡納克神廟中心阿蒙大神廟的附屬神廟而建。神廟的左右側各立有一根方尖碑，不過其中一根送給了法國，如今位於巴黎的協和廣場。

帝王谷

正面所見的岩山名為庫爾恩（El Qurn）。以天然的金字塔之姿矗立於此。

位於帝王谷的主要陵墓群

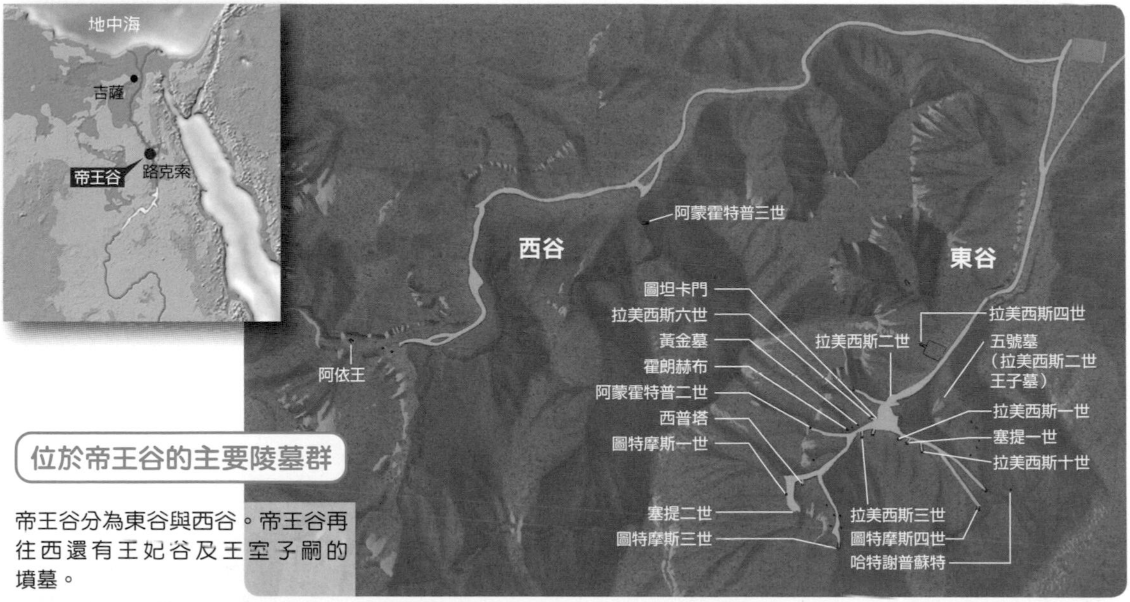
地中海
吉薩
帝王谷
路克索
西谷
東谷
阿蒙霍特普三世
阿依王
圖坦卡門
拉美西斯六世
黃金墓
霍朗赫布
阿蒙霍特普二世
西普塔
圖特摩斯一世
塞提二世
圖特摩斯三世
拉美西斯二世
拉美西斯三世
圖特摩斯四世
哈特謝普蘇特
拉美西斯四世
五號墓
（拉美西斯二世
王子墓）
拉美西斯一世
塞提一世
拉美西斯十世

帝王谷分為東谷與西谷。帝王谷再往西還有王妃谷及王室子嗣的墳墓。

專欄 COLUMN

在帝王谷發現的圖坦卡門之墓

1922年，英國的埃及學家卡特（Howard Carter，1874～1939）在帝王谷發現了新王國時期第18王朝的法老圖坦卡門（Tutankhamun）之墓。大多數陵寢由於盜墓而遭到破壞，不過圖坦卡門之墓在拉美西斯六世的陵寢建設之際，因其上方蓋有工人小屋使入口被遮蔽，故有3000年左右未遭到盜墓者入侵。從陵寢當中出土了超過2000件燦爛耀眼的黃金陪葬品。照片為覆於法老木乃伊上的黃金面具，重約11公斤。

埃及的神祇與生死觀

古埃及為多神信仰的國家，存在各式各樣的神祇與創世神話。其中最具影響力的創世神話，是以太陽信仰為人所知的赫利奧波利斯（Heliopolis）。

根據赫利奧波利斯創世神話，這個世界最初是無天無地的純粹黑暗，只有名為「努恩」（Nun）的混沌之海存在。後來，相當於太陽神的「亞圖姆」（Atum）憑一己之力從這片大海中現身，「原始之丘」（奔奔石：Benben）亦隨之誕生。亞圖姆吐出唾液，生出空氣之神「舒」（Shu）與濕氣女神「泰芙努特」（Tefnut）。這兩位神祇的結合創造了大地之神「蓋布」（Geb）與天空女神「努特」（Nut），而蓋布與努特又誕下了男神「歐西里斯」（Osiris）、女神「伊西斯」（Isis）、男神「賽特」（Set）、女神「奈芙蒂斯」（Nephthys）。上述九位神祇合稱為「埃及的九柱神」（Ennead）。

最終，這位亞圖姆神與赫利奧波利斯的古太陽神「拉」（Ra）融合，成為創世神，而且在進入新王國時期以後，阿蒙拉（Amen-Ra）信仰更為普及。法老被視為拉神之子。

此外，古埃及人相信人死後會在來世復活，得到永恆的生命。為此必須保留肉身，而有製作木乃伊的習俗。並非只有法老才會被做成木乃伊，市井小民之間也流行這種做法。

拉美西斯二世的木乃伊

人型木棺

為了復活而製作木乃伊

根據希臘歷史學家希羅多德所述，木乃伊的製作過程如下。首先，由專家使用彎曲的利器從鼻孔將腦髓挖出。接著切開側腹，將內臟取出後用椰子油及香料清洗，再用天然蘇打水浸漬70天。70天後用繃帶包裹全身，塗上樹膠。接著將木乃伊放入人型木棺加封，安置於墓室埋葬。

拉美西斯二世
卡諾皮克罐
（存放內臟
的罈子）

專欄 COLUMN　底比斯守護神阿蒙與唯一神「阿頓」

新王國時期，對尼羅河中游都市底比斯的守護神「阿蒙」（Amen）信仰甚篤，神官也擁有更多權勢。為此，阿蒙霍特普三世（Amenhotep III）試圖借助太陽信仰中心赫利奧波利斯神官們的力量加以抗衡，改革成侍奉太陽神「阿頓」（Aten）的一神教。其子阿肯那頓（Akhenaten，即阿蒙霍特普四世）更嘗試名為「阿瑪納革命」（Amarna revolution）的宗教改革。然而，身為唯一神而非多神教太陽神的阿頓神並未受到人民青睞。另一方面，阿蒙神與赫利奧波利斯的拉神融合，以阿蒙拉的形象受到崇拜。拉的形象為隼頭人身，頭上頂著代表太陽的球體並冠有象徵王權的蛇（右圖左側）。

古埃及人使用的象形文字「聖書體」

古埃及王國使用的文字長得不像現代文字，而是一種圖形文字（象形文字），稱作「聖書體」（Hieroglyph）。

聖書體雕刻在神廟及陵墓這類建築物的牆面等處。約莫在西元前3100年左右誕生，一直使用到4世紀末。

聖書體根據文法上的差異可以分成五類：古埃及語（Old Egyptian）、中古埃及語（Middle Egyptian）、晚期埃及語（Late Egyptian）、世俗體（Demotic）、科普特語（Coptic）。一般最常看到的古埃及文字，便是以中古埃及語書寫的聖書體。

聖書體多為表音文字，像字母一樣一個字一個音，或是一個字具有複數音值。除此之外，還有不發音卻會限定意義的輔助符號。通常聖書體可以自由書寫，不限直式或橫式。

位於路克索神廟，亞歷山大大帝的王名框。

破譯國王的名字

在聖書體的字串中，以橢圓圈起的部分稱為「王名框」（cartouche，又稱象形繭、王名圈），用於表示國王的登基名或誕生名。破解聖書體的人是法國語言學家商博良（Jean-François Champollion，1790～1832）。為了解讀雕刻上的王名，他將刻在羅塞塔石碑上的托勒密五世（圖上）與刻在方尖碑上的克麗奧佩托拉三世（圖下）之名兩相比較，進行分析。首先，要推敲兩者名字中共通的「P」、「O」、「L」。代表「T」的符號雖然不同，但應該表示相同的發音。就是像這樣拆解剩餘的文字。

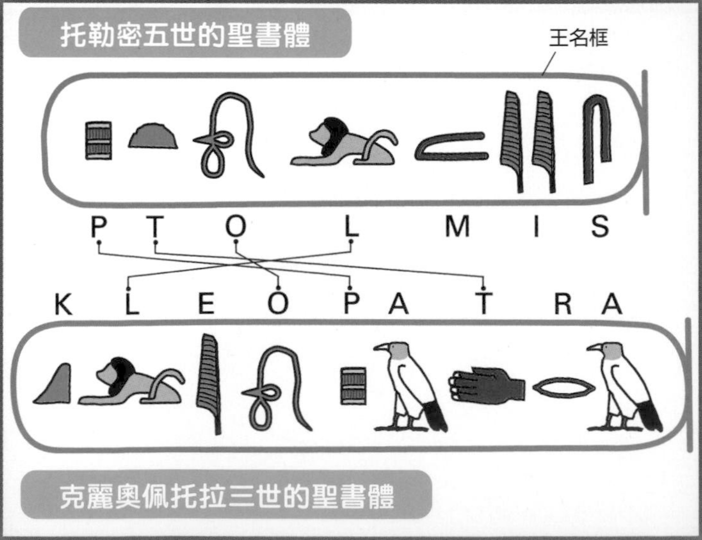
托勒密五世的聖書體
王名框
P T O L M I S
K L E O P A T R A
克麗奧佩托拉三世的聖書體

聖書體的讀法

聖書體中有如字母般，作為表音文字運用的一字一音文字有24個（上表）。各自對應的符號稱作「轉寫字母」，發音如括弧所示。聖書體沒有母音符號，皆以子音來表示。為方便理解各個發音大致為何，在此以相近的中文或注音符號來表示，實際上無從得知當時的人們是如何發音。再者，聖書體還有名為「限定符號」（determinative）的不發音文字（下表），作用是限定該詞語的意義。一般認為這是用來區隔同音不同義的狀況等。

24個表音文字

※表格左上起的頭5個文字比照母音，除此之外的子音連續出現時，不妨在文字與文字之間插入「e（せ）」會比較容易發音。

埃及禿鷲	ꜣ（阿）	西倉鴞	*m*（摸）	池塘	*š*（西）
蘆葦穗	*i*（衣）	水、漣漪	*n*（呢）	斜面	*ḳ*（古）
兩支蘆葦穗 或 斜線	*y*（意）	嘴巴	*r*（了）	有把手的編織籠	*k*（科）
手臂	ꜥ（ㄛ）	圍牆	*h*（賀）	陶器的底座	*g*（哥）
鵪鶉雛鳥	*w*（屋）	扭轉的繩	*ḥ*（喝）	半圓形麵包	*t*（ㄊ）
腳	*b*（剝）	胎盤？陽傘？	*ḫ*（斤）	繫繩	*ṯ*（踢）
沒有椅背的凳子	*p*（波）	雌性動物的腹部和尾巴	*ẖ*（區）	手	*d*（德）
有觸角的蝮蛇	*f*（夫）	門閂 或 布	*s*（斯）	蛇	*ḏ*（基）

主要限定符號

男性、男性的職業／身分	沙漠、外國	（裝有液體的）容器
女性、女性的職業／身分、女神	村、鎮	水、液體
神（男神）	鳥	腳在走動
抽象的概念（代表莎草紙卷軸）	船、大船	與嘴巴有關的動作

尼羅河的水位左右著王朝的興衰

位於尼羅河沿岸的康翁波神廟（Temple of Kom Ombo）設有一座名為「尼羅河水位計」（Nilometer）的水位測量設施。用來測量尼羅河的水位，以便預測河川氾濫與農作物的收成狀況。

直到現代，開羅以南法尤姆地區的加龍湖水位研究結果顯示，尼羅河在過去長達5000年的期間，水位每隔數十年至數世紀就會發生變動※（下圖）。

西元前3200年左右水位偏低的時期，恰逢統一埃及的王朝誕生。乾旱有利於一統天下，對王國的中央集權有推波助瀾之效。其後，在水位暫時性上升的時期，以吉薩三大金字塔為首的巨大金字塔陸續落成。相對地，在西元前約2200年水位偏低的時期，糧食收成欠佳、國家經濟出

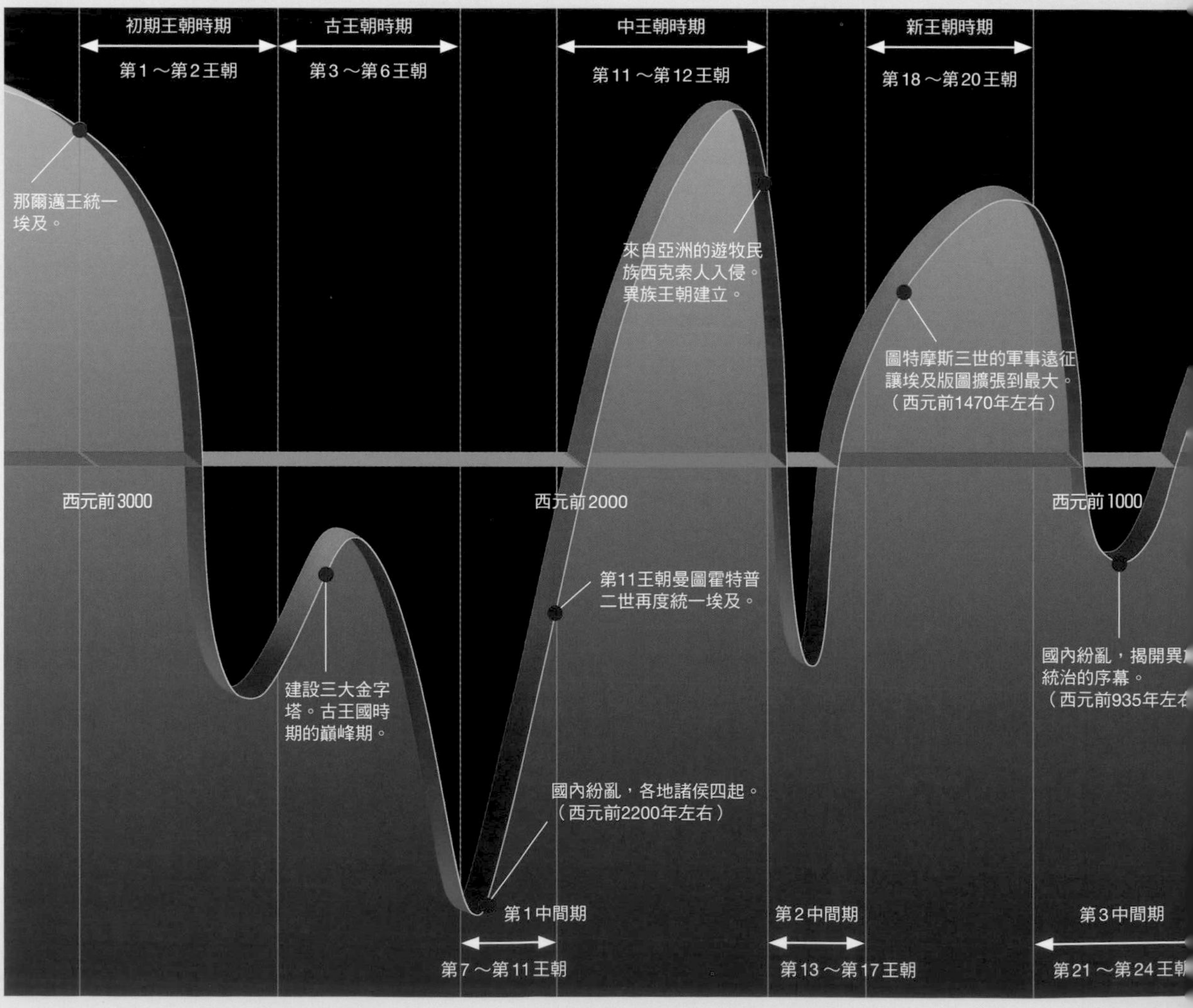

初期王朝時期
第1～第2王朝
古王朝時期
第3～第6王朝
中王朝時期
第11～第12王朝
新王朝時期
第18～第20王朝
那爾邁王統一埃及。
來自亞洲的遊牧民族西克索人入侵。異族王朝建立。
圖特摩斯三世的軍事遠征讓埃及版圖擴張到最大。（西元前1470年左右）
西元前3000
西元前2000
西元前1000
第11王朝曼圖霍特普二世再度統一埃及。
建設三大金字塔。古王國時期的巔峰期。
國內紛亂，揭開異
統治的序幕。
（西元前935年左
國內紛亂，各地諸侯四起。（西元前2200年左右）
第1中間期
第7～第11王朝
第2中間期
第13～第17王朝
第3中間期
第21～第24王

現破口 — 此時相當於「第1中間期」。當時的紀錄表明：「整個上埃及處於幾乎要以子為食的饑荒狀態，全國就像蝗蟲般飢餓難耐。人們向北或向南移動，只為尋求穀物充飢。」

埃及王朝在尼羅河的水位上升期繁盛一時，在水位低下期陷入天下大亂的時代。王朝繁盛與否與尼羅河水位的變動息息相關。

※加龍湖過去與尼羅河相連，會隨著尼羅河氾濫而漲水，故一般認為加龍湖的水位變動足以代表尼羅河的水位變動。

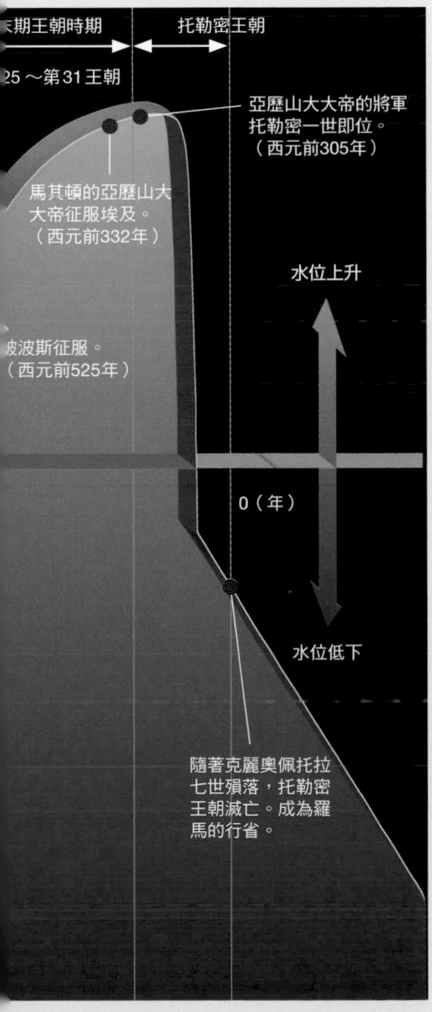

期王朝時期
托勒密王朝
25～第31王朝
亞歷山大大帝的將軍托勒密一世即位。（西元前305年）
馬其頓的亞歷山大大帝征服埃及。（西元前332年）
水位上升
波斯征服。（西元前525年）
0（年）
水位低下
隨著克麗奧佩托拉七世殞落，托勒密王朝滅亡。成為羅馬的行省。

康翁波神廟

位於亞斯文北部的康翁波神廟沿著尼羅河沿岸而建，供奉荷魯斯（隼頭的天空之神）與索貝克（鱷魚頭的水神）。神廟為了祭祀這兩位神祈而採用罕見的雙重構造，將祭壇等空間設計為成雙成對。亦設有尼羅河水位計，在此測量尼羅河的水位。

尼羅河水位計

菲萊島伊西斯神廟的尼羅河水位計，階梯式牆壁刻有測量水位的刻度。各地都有發現好幾座尼羅河水位計。一般認為，這些建築都是透過與尼羅河相連的水道或水井的水位，來預測尼羅河的氾濫狀況。水位也能用於預測農作物的收成好壞，如果農作物豐收，稅金就會定得比較高。

尼羅河水位計

尼羅河的水位變動與王朝的興衰

由此可知水位上升期為王朝繁盛的時代，反之，低下期就相當於動亂的時代。1970年代以後，開羅南方的亞斯文高壩竣工，達到抵禦尼羅河氾濫的效果。

西元前1500年左右 埃及
女法老君臨天下

古埃及王朝大多是由男法老統治。話雖如此，也曾有過女王即位、或攜手統治的罕見時期。

其中，又以哈特謝普蘇特是統治期最長的女法老。

始於西元前1550年左右的第18王朝至第20王朝稱為新王國時期，也是古埃及興盛的巔峰期。第18王朝驅逐了異國統治者西克索人，再次統一埃及。

哈特謝普蘇特是第18王朝第三代國王圖特摩斯一世的女兒。其夫圖特摩斯二世過世以後，她作為幼子圖特摩斯三世（Thutmose III，在位：約前1479～約前1425）的攝政者登上政治舞台。但是數年以後，她就逕自宣告即位，以埃及首位女法老的身分統治埃及長達22年。

哈特謝普蘇特經過一連串改革穩定了國內政治局面，並在路克索西岸建了一座美麗的祭殿，相當有名。

繼承強大王室血脈的哈特謝普蘇特

哈特謝普蘇特得以君臨天下的主要原因之一是她的王室血脈。在古埃及欲繼承王位，王室血脈至關重要。圖特摩斯一世與建立第18王朝的阿赫摩斯一世（Ahmose I）之女結婚，而哈特謝普蘇特是這兩人的女兒。另一方面，其夫圖特摩斯二世是圖特摩斯一世與側室所生的兒子。再者，幼年即位的圖特摩斯三世之母也出自側室。身為王室強大血脈的繼承者，哈特謝普蘇特藉此鞏固了她的權力。

哈特謝普蘇特神廟

哈特謝普蘇特神廟是埃及唯一的女王祭殿。位處路克索西岸的帝王谷東側，為背著斷崖而建的三層構造建築，每層都有柱廊露台。二樓為冥界之神阿努比斯與象徵太陽的荷魯斯之母（或其妻）哈索爾女神的祭祀所，三樓為至聖所。

西元前1200年左右 埃及
戰爭與建築之王拉美西斯二世

新王國時期第19王朝的第三代法老拉美西斯二世（Ramesses II，在位：約前1279～約前1213）被譽為「埃及歷史上最偉大的法老」。基於其生平興建的建築數量與規模，他也享有「建築王」的美譽。

這位國王在位期間，前半期致力於戰爭，後半期則埋首於興建巨大建築。

拉美西斯二世生於西元前1305年，是塞提一世（Seti I，在位：約前1294～約前1279）的次男。他的兄長在幼時便夭折了。

其父塞提一世在位12年期間進行過多次軍事遠征，拉美西斯二世身為其麾下的指揮官，也拿下了無數勝利。據說他在17歲左右時，就已經和父親共同治理埃及。父親過世以後，拉美西斯二世在26歲左右登基，從此統治埃及長達67年的歲月。

拉美西斯二世在位期間最有名的戰爭當屬「卡迭石戰役」（Battle of Kadesh）：西元前1286年左右，拉美西斯二世率領2萬大軍迎戰敵對的西臺帝國（Hittite Empire），凱旋而歸。與西臺締結和平條約以後，拉美西斯二世便把心力投注在興建神廟、雕像等巨大建築上。

如今遺留在埃及的歷史性建築，多半是在這個時期所建。

路克索神廟
約14公尺
卡納克阿蒙神廟
約15公尺
孟斐斯遺跡
約15公尺
人類
約1.7公尺

記載了卡迭石戰役後條約的黏土板（伊斯坦堡考古博物館）。

卡迭石戰役

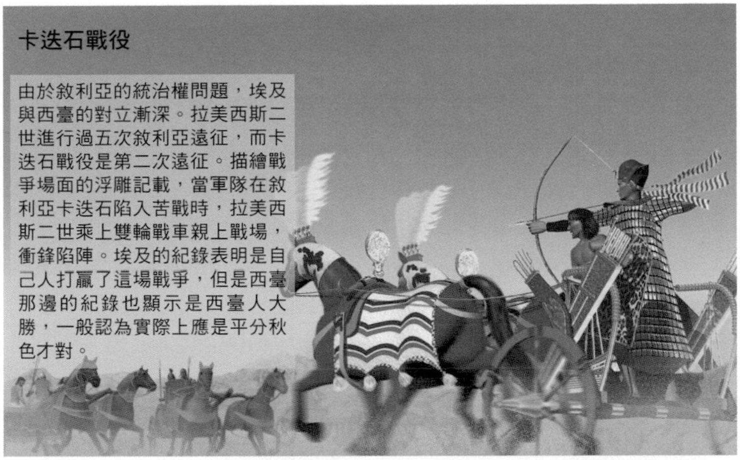

由於敘利亞的統治權問題，埃及與西臺的對立漸深。拉美西斯二世進行過五次敘利亞遠征，而卡迭石戰役是第二次遠征。描繪戰爭場面的浮雕記載，當軍隊在敘利亞卡迭石陷入苦戰時，拉美西斯二世乘上雙輪戰車親上戰場，衝鋒陷陣。埃及的紀錄表明是自己人打贏了這場戰爭，但是西臺那邊的紀錄也顯示是西臺人大勝，一般認為實際上應是平分秋色才對。

阿布辛貝神廟
約20公尺
拉美西姆
約17公尺

遺留在各地的巨大拉美西斯二世像

皆為埃及國內現存的拉美西斯二世像。與左下所繪的人類相互比較，即可明白雕像有多麼巨大。

西元前1200年左右 埃及
阿布辛貝神廟

建築王拉美西斯二世所建的巨大神廟為「阿布辛貝神廟」（Temple of Abu Simbel）。

阿布辛貝神廟位於努比亞地區，距離尼羅河河口約1500公里的上游左岸。這是一座鑿岩石而建的「岩窟神廟」，由紀念拉美西斯二世的大神廟、紀念王妃妮菲塔莉（Nefertari，約前1290～約前1254）的小神廟所構成。

這座神廟是不遜於吉薩金字塔的巨大建築，正面高33公尺、寬38公尺，落成當時有四尊高約20公尺（不含底座）的拉美西斯二世坐像。於神廟最深處至聖所的祭壇內還刻有四尊雕像。根據設計，每年只有兩次晨光會照進距離入口約60公尺處的至聖所，讓這些雕像在陽光下熠熠生輝。

大神廟
小神廟

至聖所

每年兩次，陽光會照亮至聖所

陽光穿過大列柱室及相連的前室，會抵達最深處的至聖所，照亮以下四尊雕像：拉哈拉胡提神（Ra-Horakhty）、拉美西斯二世、阿蒙拉神、孟斐斯主神卜塔。

大神廟的拉美西斯像

大神廟正面並列著四尊拉美西斯二世像。阿布辛貝神廟約莫在拉美西斯二世年屆49歲時落成，當時妮菲塔莉王妃已抱病在身，落成1年後便亡故。小神廟的天花板還殘留著獻給妮菲塔莉的碑文。

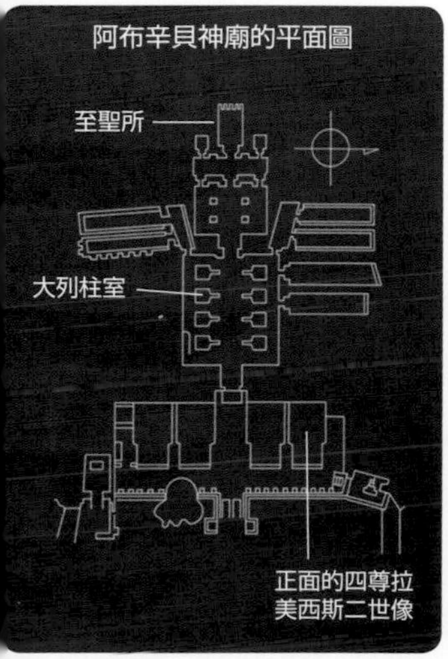
阿布辛貝神廟的平面圖
至聖所
大列柱室
正面的四尊拉美西斯二世像

專欄 COLUMN

促使世界遺產公約誕生的神廟

1960年代，埃及為了解決尼羅河氾濫等問題，開始建設亞斯文高壩。阿布辛貝神廟位於水壩蓄水池納賽爾湖畔邊。得知神廟會因為工程被水淹沒後，聯合國教科文組織決定與埃及政府合作，進行神廟的遷移作業。神廟最後移至距離原本場所64公尺高、以西110公尺處。以這項大工程為契機，世界遺產公約應運而生。

大神廟
小神廟
舊址
納賽爾湖

西元前150年左右 迦太基
羅馬帝國的支配

西元前6世紀，義大利半島上實施共和體制的羅馬共和國（第66頁）開始逐步擴張領土。其控制範圍跨過了地中海，一路延伸至非洲。

在現在突尼西亞首都突尼斯的東北方，從西元前9世紀左右起，就有腓尼基人在此建立殖民都市迦太基（Carthage）。迦太基因為海上貿易而繁榮，堪稱西地中海的霸主，卻在西元前264年與羅馬發生衝突。經過三次戰爭（布匿戰爭：Punic Wars※），迦太基最終於西元前146年滅亡，成為羅馬的行省。

另一方面，埃及在末期王朝時期（西元前746～前332）受到亞述帝國、波斯帝國阿契美尼德王朝的控制。西元前332年，馬其頓王國的亞歷山大大帝（第64頁）征服了埃及。

與羅馬打仗的埃及末代女王是托勒密王朝的克麗奧佩托拉七世。不過，在克麗奧佩托拉即位的西元前50年左右，整個埃及早已國勢衰弱。面臨羅馬威脅的克麗奧佩托拉女王尋求羅馬政治家凱撒（Julius Caesar，前100～前44）的支持，企圖救亡圖存。但是在西元前31年的亞克興戰役（Battle of Actium）敗給羅馬軍隊後，古埃及王國就退出歷史舞台了。

※該名稱源自羅馬人當時稱「腓尼基」（Phoenician）為「布匿」（Punic）。

稱霸地中海貿易的腓尼基人

腓尼基人是西元前30世紀中葉左右起，以地中海東岸（現在的黎巴嫩一帶）為據點進行海上貿易而興盛的民族。沿海地區有好幾個都市國家興起，沒有在政治上達成統一。迦太基便是其中一個都市泰爾（Tyre）將其作為地中海貿易據點而建的殖民都市。腓尼基人將東方諸民族的文字改良成由22個子音構成的獨特腓尼基文，此即英文字母的原型。歷經巴比倫尼亞、馬其頓的統治，最終被併入羅馬的版圖。

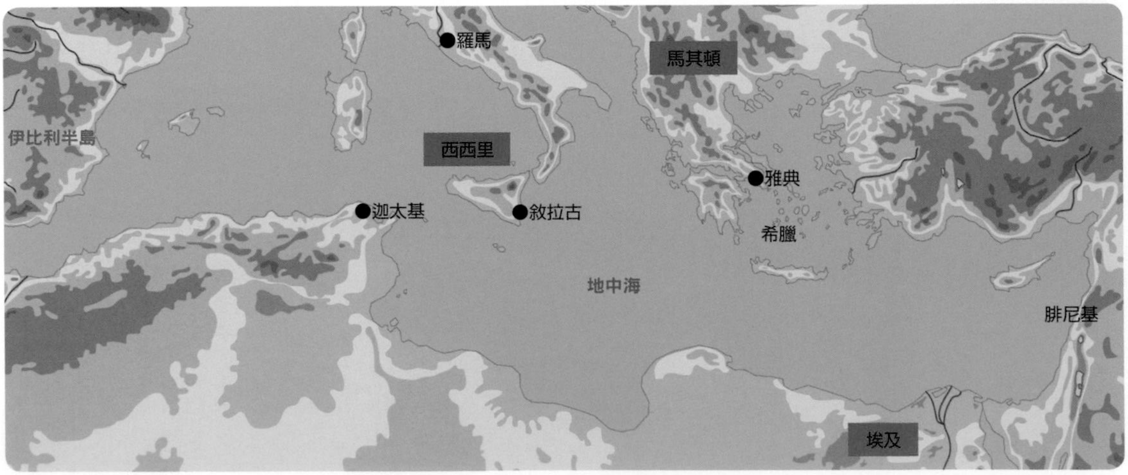
羅馬
馬其頓
伊比利半島
西西里
雅典
迦太基
敘拉古
希臘
地中海
腓尼基
埃及

海洋都市國家迦太基的覆滅

迦太基位於朝地中海突出的小三角形半島，因為海上貿易而繁榮，統治勢力遍及伊比利半島。迦太基對羅馬而言是產業與貿易上的競爭對手，經過三次布匿戰爭敗給羅馬後，城市遭到徹底摧毀，倖存者被當作奴隸買賣。現在遺留在迦太基的遺跡多為羅馬時代所建。照片下為羅馬人的住宅，上為羅馬時代的公共浴場遺址安東尼浴場。

古埃及的終結與末代女王克麗奧佩托拉

「如果她的鼻子再低1公分，或許歷史會因此改變。」其美貌無愧於此等盛譽的人，正是埃及最後的女王克麗奧佩托拉。克麗奧佩托拉並非徒有美貌，也具備極良好的教養，據說她通曉數種語言。依循「女王必須與手足國王結婚」的慣例，克麗奧佩托拉在17歲時與9歲的弟弟托勒密十三世（Ptolemy XIII）結婚，共同治理天下。但是宮廷卻分裂成支持姊姊或弟弟這兩派勢力，居於劣勢的克麗奧佩托拉只好尋求羅馬共和國政治家凱撒的協助。儘管贏得了這場戰爭，之後凱撒卻遭人暗殺，而敗給了凱撒養子屋大維的克麗奧佩托拉最後自殺身亡。

西元7世紀左右 摩洛哥
伊斯蘭王朝的支配

西元6世紀左右，先知穆罕默德（Muhammad，570～632）在阿拉伯半島誕生，伊斯蘭教蓬勃發展（第108頁）。自此之後，伊斯蘭國家在短短1世紀左右的期間擴張勢力，征服了以拜占庭帝國行省埃及為首的北非。

最初統治伊斯蘭國家的伍麥葉王朝滅亡以後，便迎來阿拔斯王朝的時代，法提瑪王朝（Fatimid dynasty）、穆拉比特王朝（Almoravid dynasty）、穆瓦希德王朝（Almohad dynasty）等數個王朝亦相繼崛起並統治北非。位於現在摩洛哥西部的馬拉喀什，是11世紀由北非原住民柏柏人所建的穆拉比特王朝新都（關於伊斯蘭王朝詳見第106頁）。

馬拉喀什作為橫越撒哈拉沙漠的商隊路線起點，在中世紀伊斯蘭世界大幅活躍起來。除了馬拉喀什之外，在摩洛哥也有許多由原住民柏柏人所建的聚落。艾特本哈杜（Ait-Ben-Haddou）就是這些商隊都市的其中之一。

馬拉喀什的清真寺

馬拉喀什是有「南方珍珠」美譽的都市。庫圖比亞清真寺是馬拉喀什最大的清真寺，由穆瓦希德王朝於12世紀中葉所建。

商隊都市艾特本哈杜

位於摩洛哥南部的聚落，過去作為商隊都市繁盛一時。建築是以日曬磚蓋成。由於聚落孤立一方，故呈現要塞般的獨特造型，以便抵禦土匪等惡徒劫財或攻擊。

阿拔斯王朝
（750～1258年）
繼伍麥葉王朝（661～750年）之後建立的王朝。以巴格達為中心繁榮。

法提瑪王朝
（909～1171年）
以伊斯蘭教教祖穆罕默德之女法提瑪（Fatimah，605～632）為名的王朝。在突尼西亞建立，征服埃及，與阿拔斯王朝對立。

穆拉比特王朝
（1056～1147年）
柏柏人建立的王朝。以淨化伊斯蘭教為目標發起宗教改革，與收復失地運動互相抗衡。最後被穆瓦希德王朝所滅。

伊斯蘭的統治

插圖所示為各個王朝掌控的大致範圍。1160年擊敗穆拉比特王朝的穆瓦希德王朝在1269年滅亡。其後，奈斯爾王朝、哈夫斯王朝、扎亞尼德王朝、馬林王朝等在各地分立。

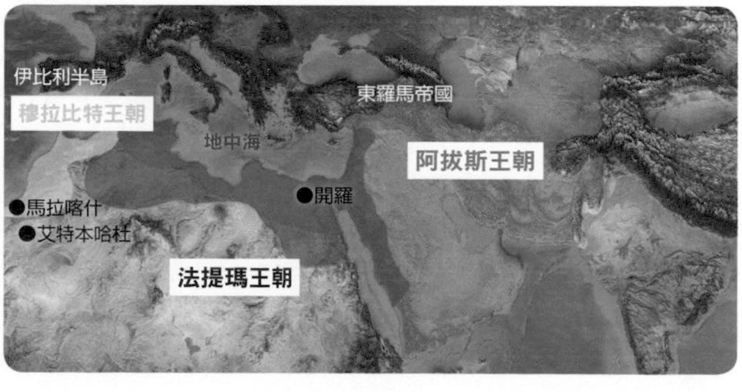

伊比利半島
穆拉比特王朝
東羅馬帝國
地中海
阿拔斯王朝
●開羅
●馬拉喀什
●艾特本哈杜
法提瑪王朝

對歐洲造成影響

穆拉比特王朝在11世紀征服伊比利半島，西班牙–撒哈拉沙漠–北非之間的貿易因此興盛。不僅促進文化交流，當時興起的伊斯蘭文化也傳入歐洲並造成影響。但是到了11世紀末，基督教國家的「收復失地運動」（復國運動）高漲，1492年西班牙的格拉納達陷落。至今仍遺留在格拉納達的阿爾罕布拉宮是伊斯蘭王朝時代興建的古城，裝飾等帶有濃厚的伊斯蘭特色。

阿爾罕布拉宮（格拉納達）

西元11世紀左右 辛巴威
大辛巴威

伊斯蘭帝國進軍非洲，不僅是對埃及等國所在的北非，也對馬利帝國等西非諸國帶來影響。

另一方面，在撒哈拉沙漠以南地區的文明獨自發展。話雖如此，東非南部的辛巴威高原地帶出產黃金，至少在9世紀左右就興起了由伊斯蘭商人主導的印度洋貿易。

林波波河河谷的馬蓬古布韋王國（Kingdom of Mapungubwe）大約在西元700年誕生。據說馬蓬古布韋的權貴死後，黃金工藝品會一同陪葬。

紹納語中有「石屋」之意的大辛巴威（Great Zimbabwe），可能是西元1000年左右由聚落所造。在王國全盛期的14世紀，人口突破1萬8000人，而統治階級應是住在有石牆環繞的內側。大辛巴威遺跡出土了許多來自其他國家的進口文物，像是中國製陶器、基爾瓦（Kilwa）的貨幣等。由此可知興盛的印度洋貿易，為當時帶來富足的生活。

辛巴威王國在15世紀衰弱，繼而由穆塔帕王國與布圖阿王國（Kingdom of Butua）取而代之。這些國家從16世紀左右起就與葡萄牙進行貿易。

東非的王國

插圖所示為東非的主要王國及其位置。據說在洛茲維帝國（Rozvi Empire）滅亡以後，有超過200個小國分立。19世紀末，歐洲列強將東非作為殖民地加以控制。

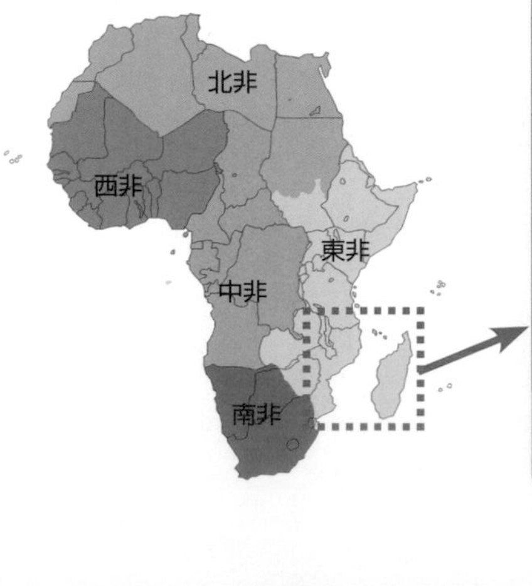
北非
西非
東非
中非
南非

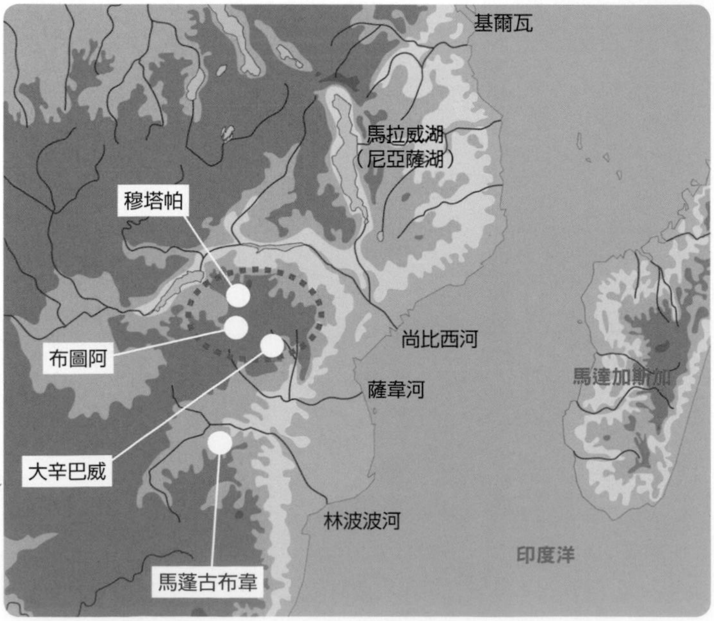
基爾瓦
馬拉威湖
（尼亞薩湖）
穆塔帕
布圖阿
尚比西河
薩韋河
大辛巴威
林波波河
馬蓬古布韋
馬達加斯加
印度洋

大辛巴威

大辛巴威遺跡位於辛巴威高原。這座遺跡分成三個部分：山丘上的廢墟群、散布在山谷中的遺跡群，以及照片中離山丘稍遠的高地上的衛城（The Great Enclosure）。

馬蓬古布韋王國（12世紀～13世紀）
廣布於林波波河中游流域的都市。繁榮了約100年。

辛巴威王國（11世紀～15世紀）
13世紀馬蓬古布韋沒落以後，取而代之興盛起來。

穆塔帕王國（15世紀～19世紀）
17世紀左右，與往來貿易的葡萄牙交戰。由於內亂、乾旱、來自其他部族的侵略等，在19世紀滅亡。

布圖阿王國（15世紀～16世紀）
身為「非洲的黃金國」在歐洲廣為人知。16世紀末，遭到洛茲維攻打而滅亡。

洛茲維帝國（16世紀～19世紀）
在高原東北部興起，消滅了布圖阿王國的托瓦王朝。

進行過黃金貿易的遺跡

呈現美麗橢圓造型的衛城，周長約240公尺、高約11公尺、厚約6公尺。照片為與大神廟圍牆並列的道路。兩旁都是以花崗岩堆砌的石塊。居民多半使用紹納語溝通。除了黃金之外，也有交易象牙、鹽、鐵等商品。

【斯皮什城堡】

斯皮什城堡（Spis Castle）位於斯洛伐克東部。這座矗立在海拔約634公尺高原的巨大堡壘建於12世紀初，卻因為地基鬆弛而崩壞，其後為了抵禦韃靼人來襲而重建。由於經過多次修建，摻雜了仿羅馬式、哥德式、文藝復興、巴洛克式等多種建築風格。

2

歐洲的
古代遺跡

Ancient ruins in Europe

致力於文明發展與侵略的地中海

西元前20世紀左右，據信歐洲最古老的克里特文明（邁諾安文明）在地中海誕生。其後，亞該亞人從巴爾幹半島南下進入希臘本土，成為所謂的古希臘人。

到了西元前8世紀左右，希臘發展成名為城邦（polis）的都市國家。也差不多從這個時期開始，為了祭神而舉辦古代奧林匹克運動會（ancient Olympic Games）等活動，古希臘文明遍地開花。自然科學、哲學等作為現今科學根基的學問也隨之蓬勃發展。

不過，到了西元前490年，卻遭到來自東方的強大勢力波斯帝國進攻。儘管希臘擊退敵軍並守住自治權，之後仍在西元338年被北方的馬其頓王國征服。然而，如此強大的馬其頓王國卻也不敵義大利半島強盛的羅馬帝國，在西元前2世紀為帝國所掌控。

西元前750年左右，在義大利半島誕生的羅馬歷經共和體制後成為帝國，征服了整個地中海。卻在西元395年的時候，分裂為東羅馬帝國（Eastern Roman Empire）與西羅馬帝國（Western Roman Empire）。在5世紀左右誕生的西哥德王國（Kingdom of the Visigoths）、法蘭克王國（Kingdom of the Franks）等勢力日益漸大，西元476年滅了西羅馬帝國。

本章將以地中海為中心，細數歐洲殘存至今的遺跡。

以地中海為中心的歐洲世界

圖為西元前700年至西元前400年左右的勢力分布。

巴爾幹半島
義大利半島
黑海
馬其頓
羅馬
希臘
伊比利半島
愛琴海
波斯帝國
斯巴達
雅典
迦太基
地中海
克里特島
西奈半島
埃及
非洲

以地中海為中心的重大事件

本表統整了以古希臘與羅馬為中心的重大事件。照片為建於希臘首都雅典山丘上（衛城：Acropolis）的帕德嫩神廟，於波希戰爭後所建。

	古希臘	羅馬	其他
西元前1900年左右	邁諾安文明在克里特島發源。		
	西元前1700年左右，亞該亞人（最早的希臘人）進入希臘本土。		
西元前1500年左右	邁錫尼文明在希臘本土發源。征服克里特島。		
西元前1200年左右	多利安人帶著鐵器入侵希臘。		
西元前1100年左右	許多希臘人移居小亞細亞（現在的土耳其）。與多利安人發生衝突。		
西元前776年	舉辦第一屆奧林匹克運動會。		
西元前753年		小型都市國家羅馬在七丘（現在的羅馬市中心）建國。	
西元前750年左右	希臘各地城邦（都市國家）四起。		
西元前509年		羅馬改為共和體制。	
西元前490年	波斯與希臘開戰（波希戰爭）。前478年，以雅典為中心的城邦組成「提洛同盟」。		
西元前431年	以斯巴達為中心的城邦組成「伯羅奔尼撒同盟」，與提洛同盟發生戰爭（伯羅奔尼撒戰爭）。		
西元前338年	希臘受到北方的馬其頓王國控制。		
西元前272年		征服義大利半島。	
西元前264年		與迦太基開戰（布匿戰爭）。	
西元前146年	希臘受到羅馬帝國的控制。	消滅迦太基。	
西元前51年		稱霸歐洲內陸地區。	
西元前27年		進入帝國時期。統一地中海世界。	
西元100年左右		羅馬治世（羅馬和平時期）。	
西元395年		羅馬帝國東西分裂。	
西元400年左右			西哥德王國、法蘭克王國、孛艮地王國、汪達爾王國等興起。
西元476年		西羅馬帝國被日耳曼民族傭兵將領消滅。	東哥德王國誕生（493～555）。
西元1096年			第一次十字軍東征。

西元前1900年左右 克里特島

歐洲最古老的克里特文明

西元前1900年左右於克里特島興起的文明，稱為克里特文明※或邁諾安（邁諾斯、米諾斯）文明。米諾斯（Minos）是克里特傳說中的國王名諱。

克里特島上建有好幾座大規模宮殿。一般認為宮殿不光具備政治方面的用途，也有作為神廟的功能。

這座克諾索斯宮殿（Knossos Palace）遺跡在1900年由英國考古學家埃文斯（Arthur Evans，1851～1941）所發現。宮殿為三至四層樓的建築，呈現由許多房間及走廊包圍中庭（60公尺×26公尺）的構造。支撐建築的梁柱下側偏細，是不曾見於希臘建築的特色。

克諾索斯藉由海上貿易而繁榮，在其全盛時期可能是人口數破萬的大都市。然而，在西元前1600年～前1400年左右的期間，因為受到強盛的邁錫尼（第58頁）控制而逐漸衰退。宮殿之所以倒塌，可能肇因於異族入侵破壞或是地震所致。

※克里特文明屬於愛琴海域的古文明「愛琴文明」（Aegean civilization）之一。愛琴文明中的三大文明分別是克里特文明、特洛伊文明與邁錫尼文明。

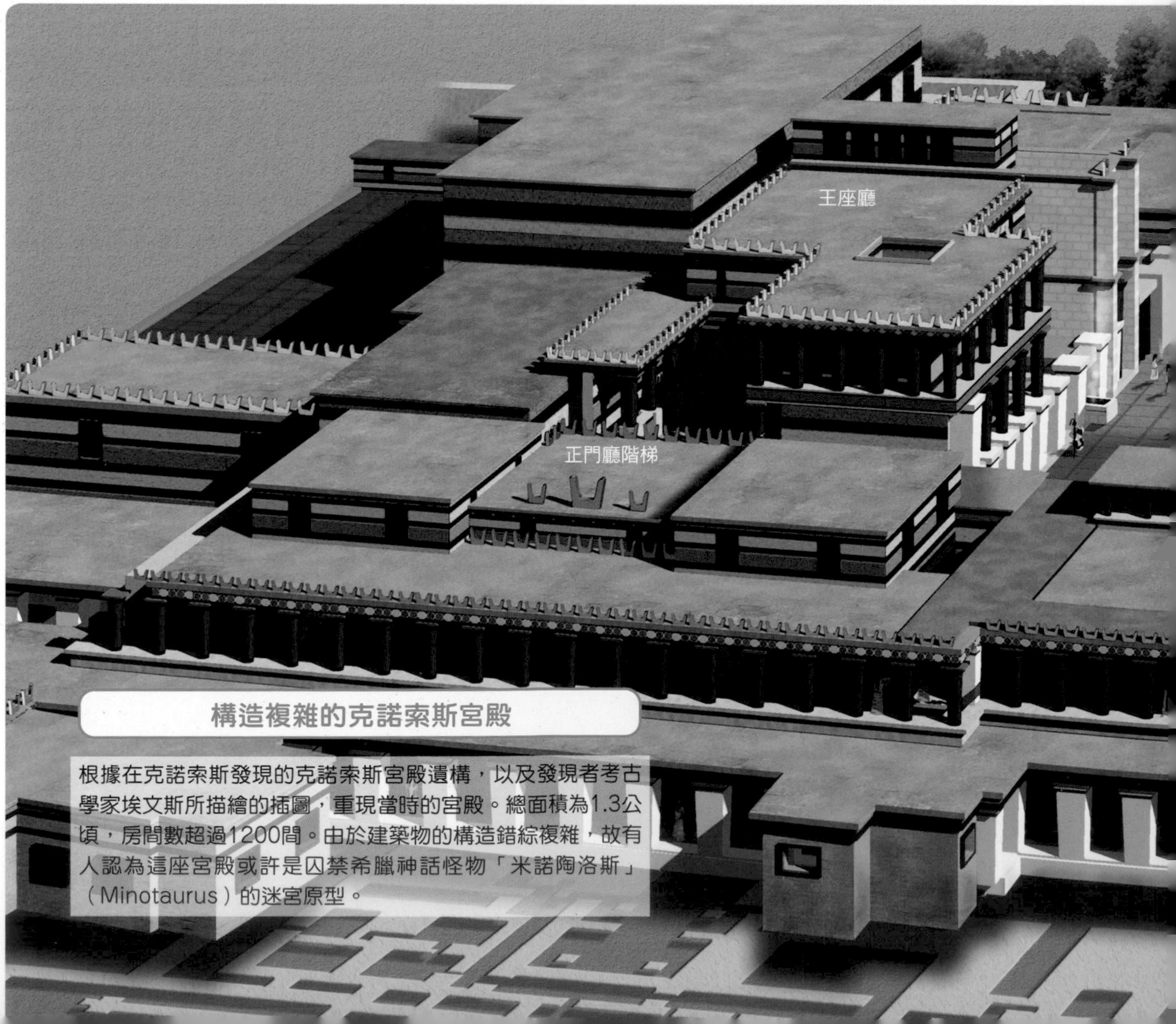
王座廳
正門廳階梯

構造複雜的克諾索斯宮殿

根據在克諾索斯發現的克諾索斯宮殿遺構，以及發現者考古學家埃文斯所描繪的插圖，重現當時的宮殿。總面積為1.3公頃，房間數超過1200間。由於建築物的構造錯綜複雜，故有人認為這座宮殿或許是囚禁希臘神話怪物「米諾陶洛斯」（Minotaurus）的迷宮原型。

克諾索斯宮殿遺跡

克里特島殘存至今的克諾索斯宮殿北入口。壁畫上描繪的是公牛。

柱廳
大階梯室
中庭

希臘神話中的怪物米諾陶洛斯

米諾斯國王承諾要為海神波賽頓獻上祭品卻食言，導致王妃受到詛咒而誕下牛頭人身的怪物米諾陶洛斯。名工匠代達羅斯為國王打造了一旦進入就無法離開的迷宮，將米諾陶洛斯關在裡面。照片為在克諾索斯宮殿發現的牛頭造型儀式用酒杯「來通」（rhyton）。

西元前750年左右 希臘
自治都市國家城邦的誕生

邁錫尼文明（Mycenaean civilization）在西元前16世紀～前12世紀左右，以位於希臘本土伯羅奔尼撒半島的邁錫尼為中心繁榮一時。邁錫尼文明深受征服的克里特文明影響，再加上會使用融化銅和錫進行鑄造的「青銅」技術，故這段時期的文明也稱作「青銅器文明」※。邁錫尼在全盛時期的勢力一度擴及小亞細亞（現在的土耳其）。

一般認為，邁錫尼文明是在西元前1100年左右，遭到手持鐵器入侵希臘的多利安人所滅。

多利安人定居在伯羅奔尼撒半島。希臘所在的地中海有多個小島遍布，而半島多為山脈。也因此在西元前8世紀左右，形成眾多小型都市國家（城邦）而非幅員遼闊的國家。其中，國力最強的城邦又以雅典與斯巴達為最。

西元前8世紀左右的詩人荷馬（Homer）的敘事詩《伊里亞德》（Iliad）中，就有描述希臘軍隊攻入特洛伊的光景。許久以來世人都認為特洛伊是虛構的國度，但是在1873年發現了真實的特洛伊遺跡（右頁下）。

※青銅技術於西元前3000年左右在西亞誕生，從美索不達米亞傳到愛琴文明，之後遍及整個歐洲。

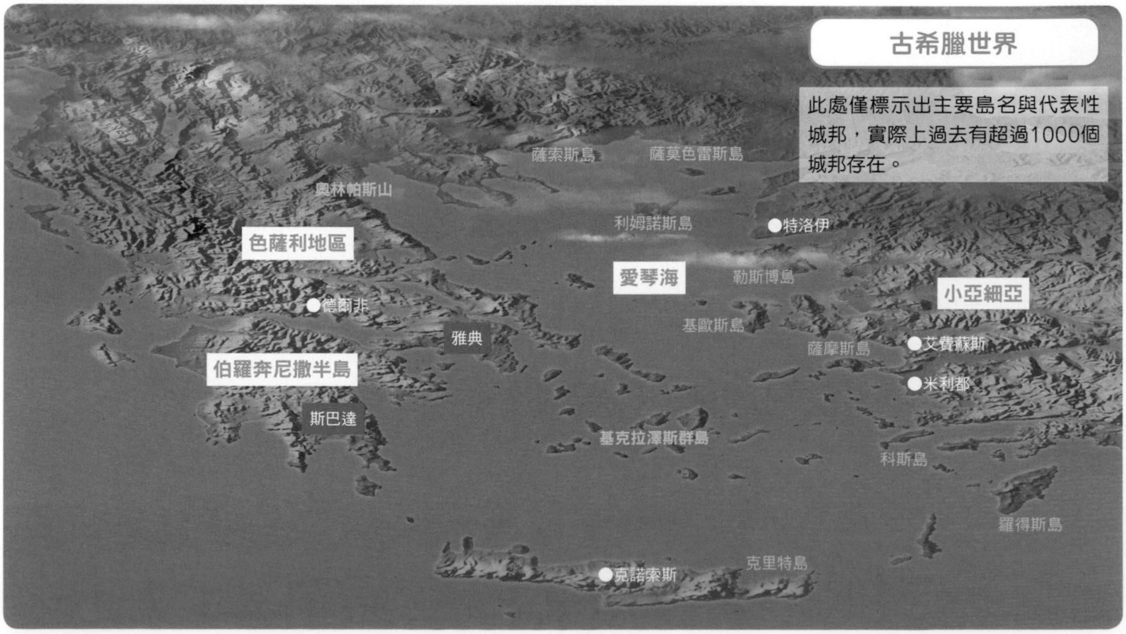
古希臘世界
此處僅標示出主要島名與代表性城邦，實際上過去有超過1000個城邦存在。
薩索斯島
薩莫色雷斯島
奧林帕斯山
利姆諾斯島
特洛伊
色薩利地區
愛琴海
勒斯博島
小亞細亞
德爾非
基歐斯島
雅典
薩摩斯島
艾費蘇斯
伯羅奔尼撒半島
米利都
斯巴達
基克拉澤斯群島
科斯島
羅得斯島
克諾索斯
克里特島

都市國家雅典

在古希臘的代表性城邦 — 雅典，全民皆可參政，此即民主政治。民主（democracy，民主主義）代表由民眾（demos）統治。照片為建於衛城（山丘）的雅典帕德嫩神廟。以衛城為中心，山腳下有名為「阿哥拉」（agora）的廣場，人們在這裡舉辦集會、開設市集。

根據敘事詩復原的特洛伊木馬

出土的「特洛伊木馬」

根據敘事詩，傳說中希臘使用「特洛伊木馬」一夜攻陷特洛伊。據說希臘人以木材打造巨大木馬並讓士兵埋伏在內，趁特洛伊人將木馬拉回城內後，由內部的伏兵發動奇襲。德國考古學家施里曼（Heinrich Schliemann，1822～1890）相信特洛伊是真實存在的國度而潛心挖掘，1873年於希沙利克土丘（Hisarlik，現在的土耳其西北部）發現遺跡。

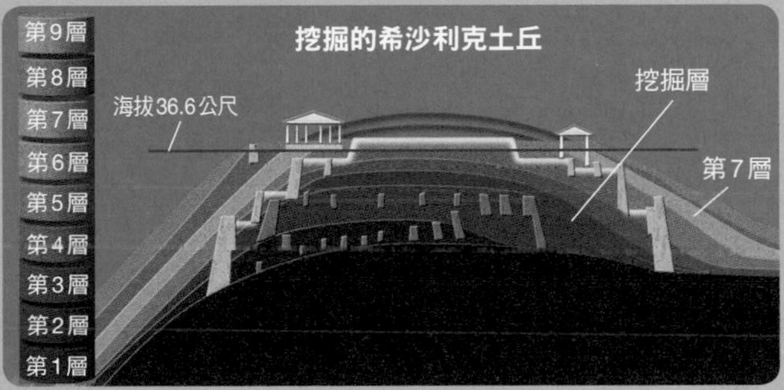
挖掘的希沙利克土丘
第9層
第8層
第7層
第6層
第5層
第4層
第3層
第2層
第1層
海拔36.6公尺
挖掘層
第7層

特洛伊城遺跡依年代分成9層。施里曼挖掘的是第2層，但實際上發生的特洛伊戰爭可能位於第7層。施里曼不顧一切的挖掘方式讓第7層的考古工作面臨困難，無法掌握正確位置。

西元前447年 希臘
城邦締結同盟團結一致

都市國家（城邦）雅典全盛時期有4萬人，斯巴達有1萬人左右的公民（成年男性）。

保衛城邦的工作由一般公民擔任，而非採用徵兵制度或職業軍人。手持武器的公民會化身重裝步兵（hoplites），參與各種國防事務。其中，斯巴達的重裝步兵又被譽為最強武力，以嚴格的軍事訓練及體能訓練著稱。

諸城邦過去各自為政，後來決議締結同盟，以便在非常時期團結起來對抗敵襲。其中最有名的「提洛同盟」（Delian League），就是以始於西元前490年的波希戰爭為契機成立。經歷過兩次戰爭，為了應對波斯帝國再次攻打，城邦各都市奉雅典為盟主而團結起來。

不過，握有提洛同盟主導權的雅典與奉斯巴達為盟主的「伯羅奔尼撒同盟」（Peloponnesian League）※勢力相互對立，在西元前431年爆發了伯羅奔尼撒戰爭（Peloponnesian War）。這場戰爭在西元前404年以雅典的失敗告終。

諸如此類城邦之間的爭鬥，是讓希臘日漸衰敗的主要原因。

※伯羅奔尼撒同盟是西元前6世紀左右，以斯巴達為中心組成的同盟。

奠基強大海戰力的「三列槳座戰船」

雅典的勢力起源自海軍戰力，擁有名為「三列槳座戰船」（trireme）的船隻。180名槳手配置在船的左右側，當上下三層同時划槳即可產生強大的推進力，用於猛撞敵方船隻。照片為依照原尺寸復原的三列槳座戰船。

專欄 COLUMN 流傳千古的「斯巴達教育」

「斯巴達教育」（agoge）一詞源自於軍事強國斯巴達的教育方式。斯巴達規定男性長到7歲就要離開雙親，履行接受軍事訓練的義務，這種訓練與集體生活的模式在成年以後仍會持續。他們之所以能夠專注於軍事訓練，是因為居民有七成為奴隸，代為承擔了生活所需的勞動力。順帶一提，雅典的居民則是公民與奴隸各占一半。照片為第二次波希戰爭戰死的斯巴達國王列奧尼達斯一世（Leonidas I，在位：前488～前480）雕像。

提洛島

這座島被視為太陽神阿波羅與月亮女神阿提米絲的誕生地（照片左）。之所以將此地作為同盟地，是基於該島為各都市共同信仰阿波羅神的聖地。整座提洛島都是世界遺產。上方照片為據傳是西元前7世紀供奉的獅子像仿製品，真品典藏在博物館。

提洛同盟

西元前478年組成的同盟，參加的城邦至多達到200個。由於存放作戰資金的同盟金庫位於提洛島，因而得名。

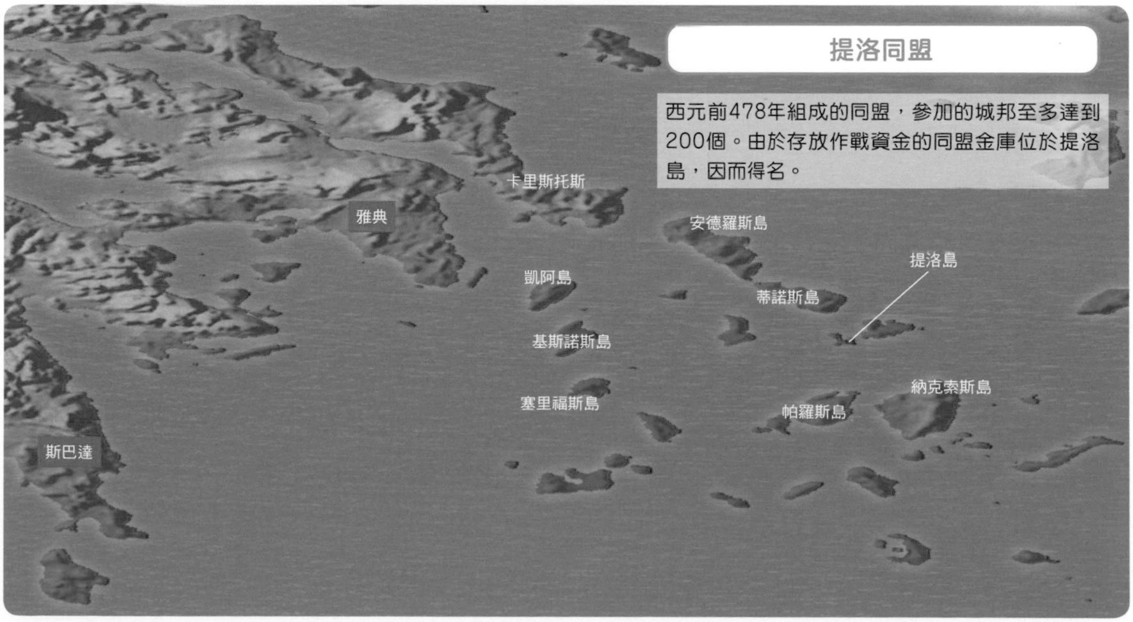
卡里斯托斯
雅典
安德羅斯島
提洛島
凱阿島
蒂諾斯島
基斯諾斯島
納克索斯島
塞里福斯島
帕羅斯島
斯巴達

古希臘神祇與奧林匹克運動會

希臘社會屬於多神教信仰，諸城邦各自供奉特有的守護神。雅典正如其名，供奉的是智慧、技藝和戰鬥的女神雅典娜。雅典每年都會舉辦頌揚守護神雅典娜的「泛雅典娜節」（Panathenaia），而每四年又會舉辦一次更盛大的祭典。

而現代的奧林匹克起源──古代奧林匹克運動會，也是在希臘舉辦。該賽事最初是作為獻給萬能之神宙斯的競技活動，在奧林匹亞的聖域展開。希臘各國在舉辦期間會締結和平條約，暫時休止戰事。

西元前8世紀左右的詩人荷馬所作的《伊里亞德》及《奧德賽》（Odyssey）等敘事詩中，亦有描述希臘眾神的故事並流傳至今。為數眾多的神祇當中，主要以奧林帕斯十二神（Twelve Olympians）最受尊崇。

據說奧林匹克運動會之所以如此盛行，除了作為獻給希臘共同信奉的眾神之王宙斯的競技賽事，一方面也是由於強盛城邦斯巴達的公民積極參加而催生出許多冠軍。在運動會拔得頭籌，也是為自己代表的城邦爭光。

運動場
柱廊
宙斯神廟
祭壇
赫拉神廟

獻給宙斯神的賽事「奧林匹克」

在伯羅奔尼撒半島西北部的奧林匹亞，每四年會舉辦一次古代奧林匹克運動會。奧林匹亞遺跡除了運動場（下圖）之外，還包括在1829年發現的宙斯神廟等（左下圖）。古代奧林匹克運動會始自西元前776年，直到西元393年的第293屆，總共持續了千年以上。古代奧林匹克運動會中斷與希臘成為羅馬行省有關。羅馬在西元392年奉基督教為國教，此後奧林匹亞就被視為異教的運動會而沒落。而現在的奧林匹克運動會，則是1896年時由法國教育家古柏坦男爵（Pierre de Coubertin，1863～1937）復興，且第一屆在雅典舉辦。

波賽頓
馬
橄欖枝
雅典娜
帕德嫩神廟
潘狄翁聖殿
雅典娜大階梯
雅典娜．普羅馬科斯像
阿提米絲．布勞羅尼亞聖殿
厄瑞克忒翁
雅典娜勝利神廟
大門

雅典娜與波賽頓的神話

雅典所在的阿提卡地區流傳著波賽頓與雅典娜競爭該地的神話。當眾神說「誰能賜給人類最好的禮物就能得到阿提卡之地」，雅典娜帶來了橄欖樹，波賽頓帶來了馬匹（或海水）。眾神認為橄欖樹更有幫助，因此雅典娜便成了這個地方的守護神。爭奪守護神寶座的場所名為「厄瑞克忒翁」（Erechtheion）。

供奉國家的守護神

將雅典的衛城加以重現。神廟不只供奉守護神雅典娜，還有與其相爭卻落敗的波賽頓神，以及宙斯神等眾多神祇。此外，雅典娜．普羅馬科斯就是武裝的雅典娜神像，高度可能有將近9公尺，如今只剩下台座的部分。

奧林帕斯十二神

奧林帕斯山是真實存在於希臘北部的山（海拔2917公尺）。過去人們相信以眾神之王（也被稱為萬能之神）宙斯為首的12位神祇住在山上，如今仍可以在某些地方看到這些神祇的名字，例如行星的命名等。此外，雖然不屬於奧林帕斯十二神，不過冥界之神黑帝斯（Hades）也很有名。

奧林帕斯十二神	希臘的稱呼	羅馬的稱呼
眾神之王	宙斯	朱比特
宙斯之妻	赫拉	朱諾
智慧、技藝與戰略的女神	雅典娜	密涅瓦
光與音樂之神	阿波羅	阿波羅
愛與美的女神	阿芙蘿黛蒂	維納斯
戰神	阿瑞斯	馬爾斯
月亮女神（狩獵女神）	阿提米絲	狄安娜
大地女神	狄蜜特	克瑞斯
鍛冶之神	赫菲斯托斯	武爾坎努斯
眾神使者	荷米斯	墨丘利
海神	波賽頓	涅普頓
豐收之神、酒神	戴歐尼修斯	巴克斯

西元前334年左右 馬其頓
亞歷山大大帝的遠征

西元前338年，當希臘因為城邦相爭而國力衰退之際，於北方崛起的馬其頓王國征服了斯巴達以外的希臘全境。

馬其頓王國是以希臘北方平原為中心發展的古王國。將希臘納入版圖的馬其頓國王腓力二世（Philip II，在位：前359～前336）向諸城邦提議，要征討全希臘的共同敵人波斯帝國。然而，這位國王卻在進攻之前遭到近身護衛暗殺。於是，正值20歲的少王亞歷山大三世（Alexander III，在位：前336～前323）便繼承了父親的遺志。

亞歷山大大帝率領4萬名步兵與6千名騎兵進軍波斯，與波斯帝國阿契美尼德王朝的大流士三世（Darius III，在位：前336～前330）交戰。接著，又南下占領受到波斯控制的埃及，作為解放者的亞歷山大大帝受到人民擁戴，以法老的身分即位。

之後，他在第二次決戰中擊敗大流士三世，占領了內陸的古都巴比倫（Babylon）與首都波斯波利斯（Persepolis）。大流士三世被親信殺死，波斯帝國滅亡。

亞歷山大大帝在極短的時間內擴張了統治版圖。他不僅尊重當時征服地原有的習俗，廣泛採納其優點長處，在行政方面也積極採用當地人才。也因此，當時的亞洲文化與希臘文化互相影響、融合，史稱「希臘化時代」（Hellenistic period）。

亞歷山大大帝在西元前323年猝逝，廣大的領土分裂成了好幾個國家。

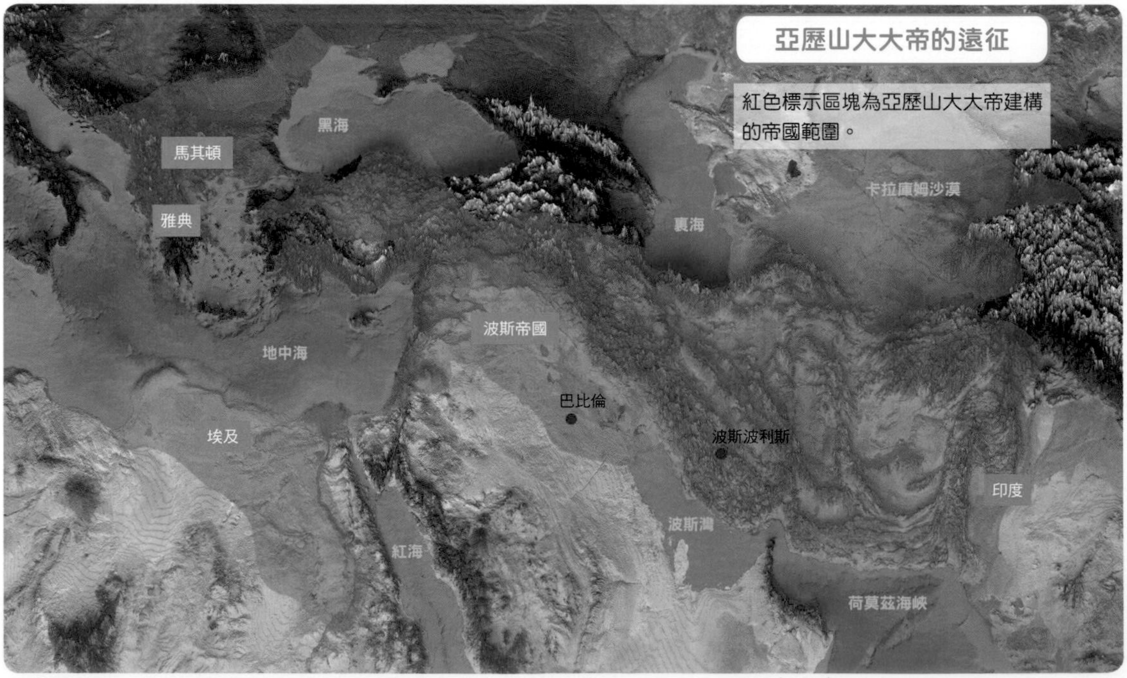
亞歷山大大帝的遠征
紅色標示區塊為亞歷山大大帝建構的帝國範圍。
黑海
馬其頓
雅典
卡拉庫姆沙漠
裏海
波斯帝國
地中海
巴比倫
埃及
波斯波利斯
印度
波斯灣
紅海
荷莫茲海峽

馬其頓王國

平定希臘本土北方馬其頓平原的初代國王，是西元前640年左右的佩爾狄卡斯一世（Perdiccas I）。亞歷山大大帝建構的大帝國版圖廣及印度河流域。大帝過世以後，作為繼業者（Diadochi）的將領們互相爭權導致國家分裂。馬其頓王國的土地雖然由安提柯那王朝（Antigonid dynasty）治理，卻在西元前146年成為羅馬的行省。照片為亞歷山大大帝出生的馬其頓王國首都佩拉遺跡（Pella）。

馬其頓憑藉豐富的森林資源對外出口木材。希臘採購的木材用於打造船隻與木槳。

位於維爾吉納（艾加伊城）的亞歷山大大帝之父腓力二世的陵寢。

四處征戰的一代帝王

亞歷山大三世消滅了波斯第一帝國阿契美尼德王朝，在位期間就創下建立大帝國的豐功偉業，因而享有「大帝」（the Great）的美稱。亞歷山大大帝延請希臘哲學家亞里斯多德（Aristotle，前384～前322）為家庭教師，受其薰陶長大。16歲以後便開始輔佐父王處理國事，20歲出頭即繼承王位。

搶在騎兵前頭進攻的大帝深具領導者魅力而廣受愛戴。在位短短13年期間他多次征戰，甚至將版圖擴及至印度，最後是在疲憊不堪、不願繼續行軍的士兵要求下才撤軍歸國。大帝最後於巴比倫驟逝。其嫡子亞歷山大四世（Alexander IV）遭到暗殺，直系血脈至此絕嗣。

西元前27年左右 羅馬
從共和到帝國體制的羅馬

據說羅馬是在西元前753年，於現在的義大利羅馬市中心「七丘」（Seven hills）周邊建國。西元前509年，由國王獨攬大權的王政時期結束以後，羅馬轉變成由元老院與公民大會一同執政的「羅馬共和國」（Roman Republic）。

繁盛的羅馬在西元前2世紀左右稱霸了整個地中海。另一方面，也是從這個時期開始，元老院貴族與民眾之間產生對立，動搖了共和體制。這正是讓羅馬深陷權力鬥爭、捲入內戰時代的導火線。

最後是屋大維（Gaius Octavius，在位：前27～14）平息了這場爭鬥。屋大維是政治家凱撒的養子，凱撒在埃及內亂時曾幫助過克麗奧佩托拉女王。西元前27年，屋大維獲得元老院加封有「神聖、至尊」之意的「奧古斯都」（Augustus）稱號，成為羅馬的首任皇帝。由此開啟帝國時代（羅馬帝國）的序幕。

羅馬共和國的想像圖

一般認為該地區在建國之初還是濕地，適合居住的地方只有七丘。不過，在共和體制開始施行前後，以砂礫、泥土等鋪設而成的公共廣場「古羅馬廣場」（Foro Romano）已經完工。

朱比特神廟
卡比托利歐山
奎里納萊山
台伯河
維米那勒山
埃米利烏斯橋
古羅馬廣場
阿文提諾山
埃斯奎利諾山
巴拉丁諾山
西里歐山

古羅馬廣場的遺跡

左方大理石門是為了紀念羅馬波斯戰爭，於西元203年所建的「塞維魯凱旋門」（Arch of Septimius Severus），右方是「農神廟」（Temple of Saturn）遺跡。

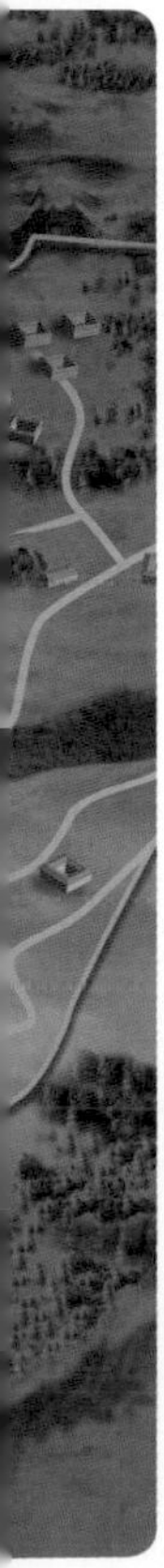

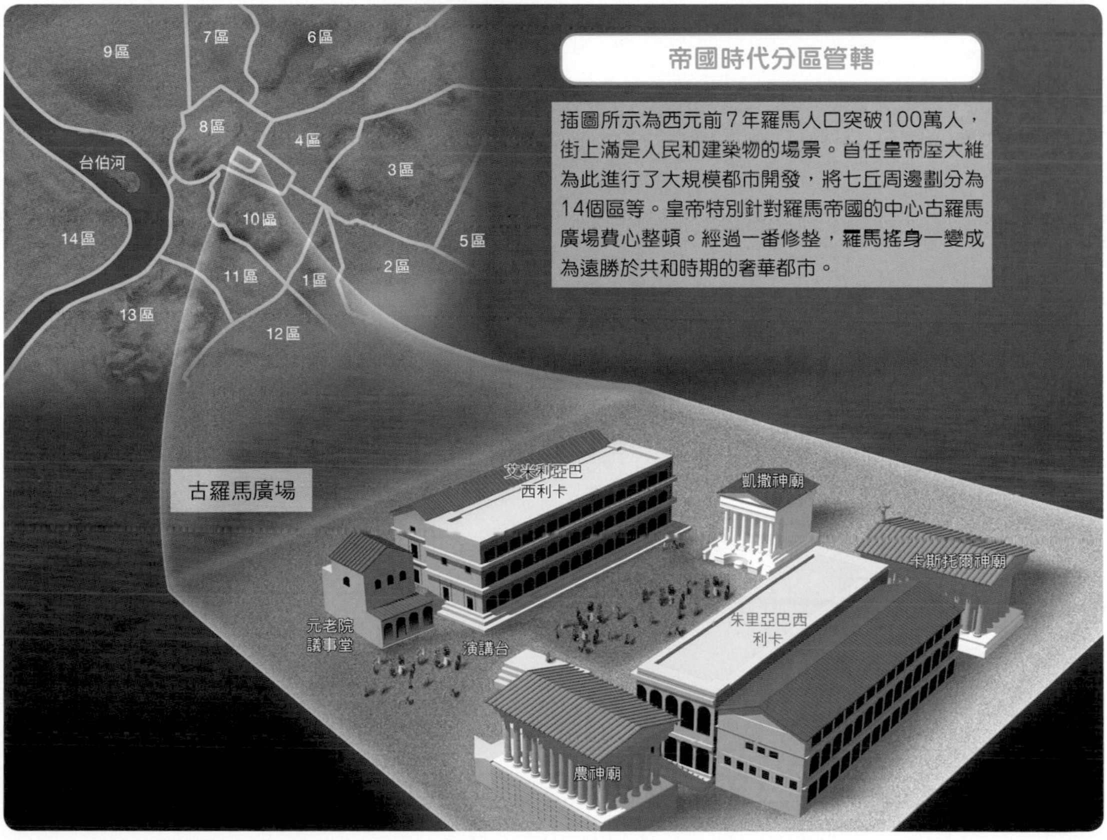
9區
7區
6區
8區
4區
台伯河
3區
10區
14區
5區
11區
1區
2區
13區
12區
古羅馬廣場
艾米利亞巴西利卡
凱撒神廟
卡斯托爾神廟
元老院議事堂
演講台
朱里亞巴西利卡
農神廟

帝國時代分區管轄

插圖所示為西元前7年羅馬人口突破100萬人，街上滿是人民和建築物的場景。首任皇帝屋大維為此進行了大規模都市開發，將七丘周邊劃分為14個區等。皇帝特別針對羅馬帝國的中心古羅馬廣場費心整頓。經過一番修整，羅馬搖身一變成為遠勝於共和時期的奢華都市。

羅馬帝國的首都在2～3世紀完工

馬帝國持續擴張，到了2世紀左右，已經掌控了達契亞（Dacia，現在的羅馬尼亞西部）、不列顛尼亞（Britannia，現在的英國南部）乃至於阿拉伯的部分地區。據說當時整個羅馬帝國有高達5000萬人擁有羅馬公民權。

在早就突破100萬人口的帝國根據地羅馬市區，神廟、浴場、劇場、競技場這類公共設施陸續落成。只要是戰勝他國、對擴張帝國領土有所貢獻的皇帝，就能獲得民眾熱烈支持。反之，庸庸碌碌又不受民眾歡迎的皇帝，將會面臨失去王位的危機。也因為這樣，歷代皇帝會積極興建人民喜愛的公共設施或彰顯自身權威的建築作為政治手段。首都迎來全盛時期，帝國之都至此大成。

2～3世紀的羅馬想像圖

羅馬大火過後，經過區劃整頓的羅馬盡量避免使用木材當建材。

龐貝劇場
萬神殿
朱庇特神廟
台伯河
馬切羅劇場
古羅馬廣場
卡比托利歐山
朱里亞巴西利卡
巴拉丁諾山
馬克西穆斯競技場
阿文提諾山
克勞迪亞水道

讓羅馬$\frac{1}{3}$化為灰燼的「羅馬大火」

儘管首任皇帝奧古斯都積極推動都市開發，人口超過100萬人的羅馬街道依舊處於狹小民宅四處林立的狀態。民眾的住宅通常為4～5層樓，偶有7層樓的高層住宅，讓原本狹窄且蜿蜒的街道更照不到什麼陽光。儘管歷代皇帝屢屢對此等問題實施建築規範，仍見不到顯著的改善。諷刺的是，西元64年發生的大型火災「羅馬大火」（Great Fire of Rome）恰好解決了這個問題。從馬克西穆斯競技場（Circus Maximus）蔓延的火災，造成14區中有9區不是完全就是有一半燒毀。不過這場災禍讓羅馬街道得以重新開發。尼祿皇帝（Nero）對集合住宅的高度加以限制，並打造又寬又直的道路，這讓羅馬成為過去嚮往已久的美麗都市。此外，羅馬人之間甚至謠傳是尼祿皇帝親自放的火。

維爾戈水道橋
元老院議事堂
艾米利亞巴西利卡
羅馬競技場
不列顛尼亞
高盧
希斯帕尼亞
達契亞
地中海
敘利亞
埃及
羅馬帝國全盛時期的領土

持續約200年的羅馬和平時期「羅馬治世」

從首任皇帝奧古斯都到五賢帝※1的時代，稱為「羅馬治世」（Pax Romana）。這段期間並非沒有戰事，而是基於商業活動、文化及藝術發展興盛，人們熱衷於享受各種娛樂。

繼尼祿皇帝（在位：54～68）之後的四帝※2之一維斯巴辛（Vespasian，在位：69～79），把重心放在西元64年發生的「羅馬大火」後的復興大業，積極興建圓形競技場「羅馬競技場」（Colosseum）。以石灰華（travertine）粉飾的羅馬競技場可以容納5萬人，相當驚人。只有在這座競技場才能觀賞到罕見猛獸、角鬥士相搏的精彩表演，令民眾深深著迷。

羅馬競技場是座高約30公尺、長徑約190公尺、短徑約155公尺的橢圓形建築。從外側觀察可以概分成四層，上頭有著不同樣式的柱飾設計。下三層是來自希臘的樣式，最上層則是羅馬競技場特有的樣式。

※1：涅爾瓦（Nerva，在位：96～98）、圖拉真（Trajan，在位：98～117）、哈德良（Hadrian，在位：117～138）、安托尼努斯·比烏斯（Antoninus Pius，在位：138～161）、馬可·奧理略（Marcus Aurelius，在位：161～180）

※2：尼祿自殺後，在短短兩年內帝位更迭。這段時間稱之為「四帝之年」（Year of the Four Emperors）。

羅馬競技場遺跡的地板大多已經毀損，故也能看到地下的構造。以前會將競技所需的猛獸及機械材料等安置在這裡。

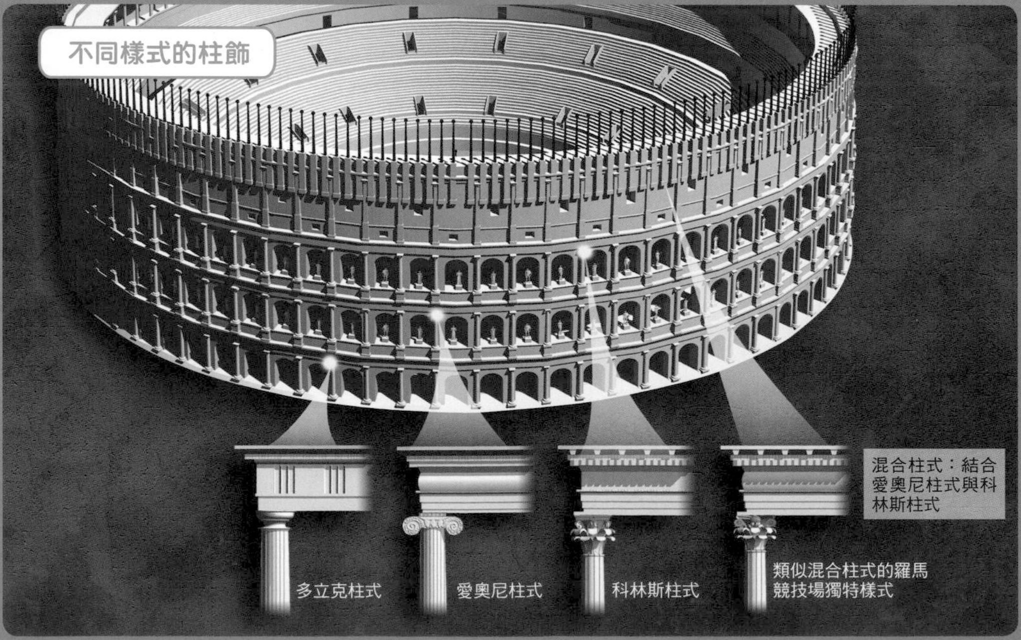
不同樣式的柱飾
混合柱式：結合愛奧尼柱式與科林斯柱式
多立克柱式
愛奧尼柱式
科林斯柱式
類似混合柱式的羅馬競技場獨特樣式

羅馬市民熱愛的羅馬競技場

據說羅馬競技場耗時十年歲月才完工。這裡舉辦的角鬥士廝殺、迎戰猛獸等表演，令古羅馬人民為之瘋狂。

讓雄偉建築化為現實的「羅馬混凝土」

羅馬競技場、萬神殿、卡拉卡拉浴場等彰顯羅馬帝國威勢的巨大建築能夠落成，都得仰賴「羅馬混凝土」(Roman concrete）的技術。

現代混凝土是以水泥（用於接合的材料）、水及砂礫混合而成的固化物。而羅馬混凝土是以白榴火山灰（pozzolana）、石灰、作為骨材的火山岩、海水混合製成。經過近2000年至今仍然屹立不搖，足以證明其優秀的耐久性。

原始的水泥、混凝土早在羅馬以前就有相關應用，但是技術尚不成熟。要將其運用在如此巨大的建築，成功經驗始自羅馬※。

靈活運用羅馬混凝土，讓羅馬得以興建在此之前從未有過的劃時代建築。最具代表性的就是圓形神廟「萬神殿」(Pantheon)。

萬神殿內部是巨大無比的空間。牆壁的材質為混凝土，透過逐漸改變混合的石材建成，越往上則比重越輕。

※所謂的水泥，就是以熟石灰（氫氧化鈣）及石膏等為原料，用於接合混凝土骨材的材料。金字塔建築也有將水泥用於接合石材。混凝土在大約9000年前的以色列伊夫塔赫（Yiftahel）等處就有出土。

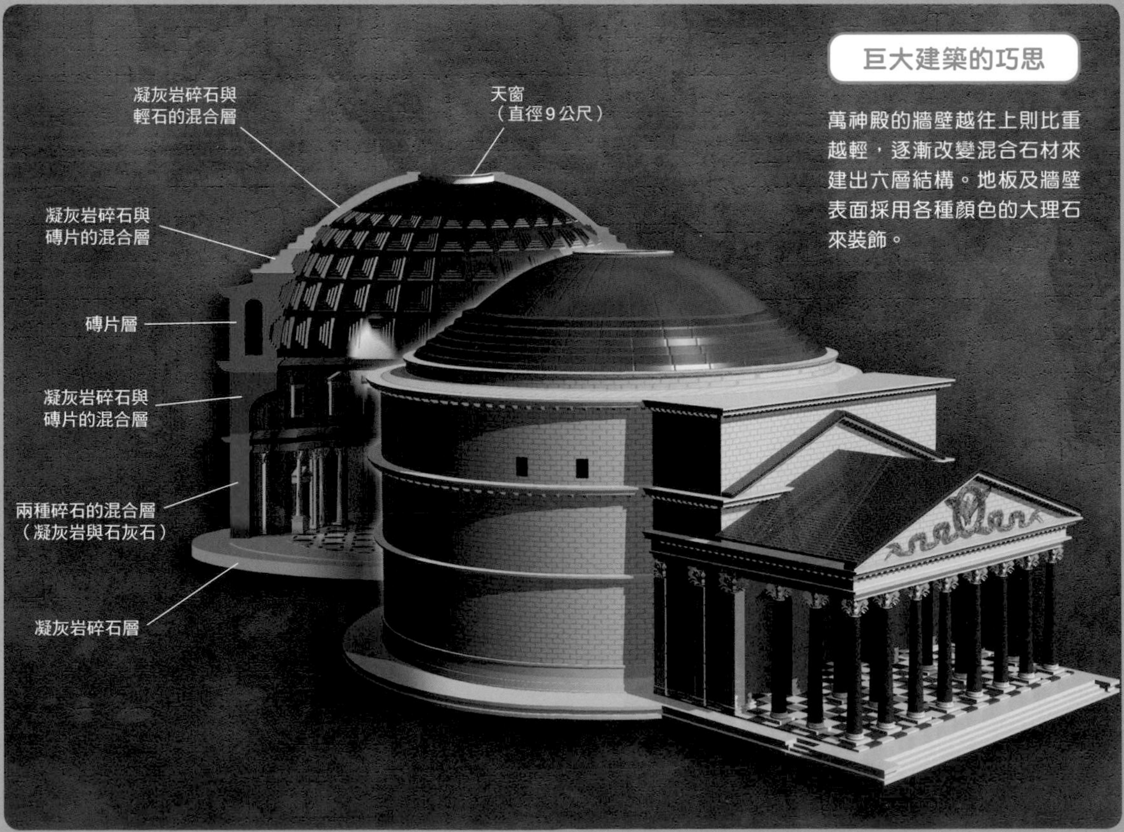
巨大建築的巧思
萬神殿的牆壁越往上則比重越輕，逐漸改變混合石材來建出六層結構。地板及牆壁表面採用各種顏色的大理石來裝飾。
凝灰岩碎石與輕石的混合層
天窗（直徑9公尺）
凝灰岩碎石與磚片的混合層
磚片層
凝灰岩碎石與磚片的混合層
兩種碎石的混合層（凝灰岩與石灰石）
凝灰岩碎石層

羅馬建築的最高傑作萬神殿

M·AGRIPPA·L·F·COS·TERTIVM·FECIT

萬神殿建於西元前25年，卻因為火災二度燒毀。其後，哈德良皇帝（在位：117～138）在118～128年左右將其重建。萬神殿是供俸所有神祇的神廟，後來也逐漸成了祭祀國家英雄及偉人的靈廟。這種建成半球形的天花板稱為「穹頂」（cupola）。有陽光灑落的美麗天窗稱為「眼窗」（oculus，拉丁語中意指眼睛）。眼窗並沒有鑲嵌玻璃等物。正下方的地板呈傾斜狀，雨天時可以收集雨水。

維繫羅馬帝國的基礎建設「水道橋」

羅馬日益繁榮，人口持續增長。原本從台伯河、水井取得生活所需的用水，隨著需求增加，也面臨到供不應求或是衛生方面的問題。

因此，從西元前312年起，便開始進行從羅馬東部水源引進乾淨泉水的浩大工程。

以總距離長達17公里的阿庇亞水道（Aqua Appia）為開端，羅馬最終牽引了11條水道。大部分的水路為了確保水質或基於防衛考量而埋在地底，透過鉛製水管為市內各地供水。其後，也發明出利用地上拱橋輸水的水路設施，例如西元前144年所建的瑪西亞水道（Aqua Marcia）等。

不僅如此，羅馬也協助底下的行省建設水道網路。諸如法國的加爾橋（Pont du Gard）等，許多美麗的建築至今依然存在。此外，豐沛的水資源也會供應卡拉卡拉浴場等處運用，讓羅馬市民的娛樂不致匱乏。

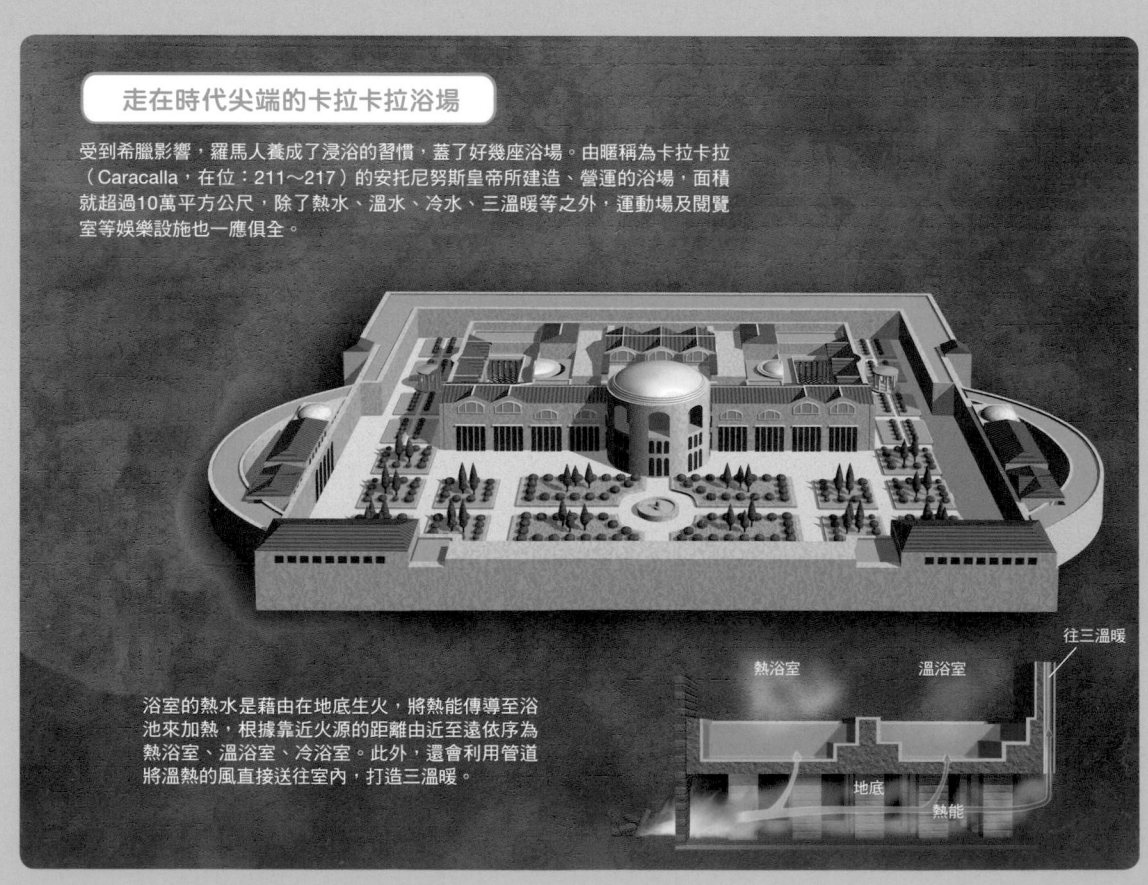

走在時代尖端的卡拉卡拉浴場

受到希臘影響，羅馬人養成了浸浴的習慣，蓋了好幾座浴場。由暱稱為卡拉卡拉（Caracalla，在位：211～217）的安托尼努斯皇帝所建造、營運的浴場，面積就超過10萬平方公尺，除了熱水、溫水、冷水、三溫暖等之外，運動場及閱覽室等娛樂設施也一應俱全。

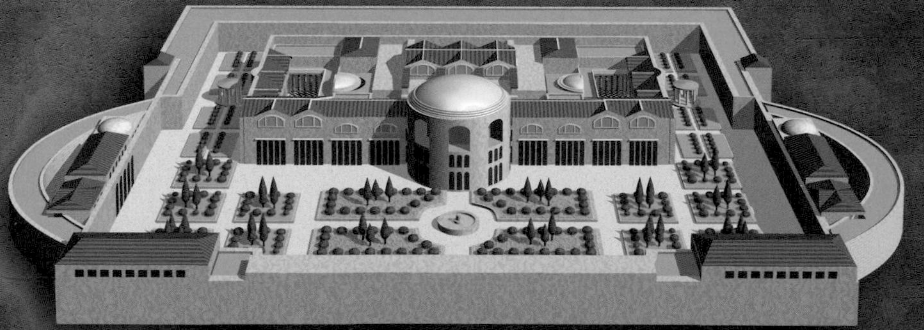

浴室的熱水是藉由在地底生火，將熱能傳導至浴池來加熱，根據靠近火源的距離由近至遠依序為熱浴室、溫浴室、冷浴室。此外，還會利用管道將溫熱的風直接送往室內，打造三溫暖。

往三溫暖
熱浴室
溫浴室
地底
熱能

羅馬水道橋

從水源處流到羅馬的水會經過分水場，去除雜質。水會一直流瀉，從市內各處的噴泉源源不斷地湧出。照片為羅馬水道橋公園（渡槽公園）。

縱橫市內的水道

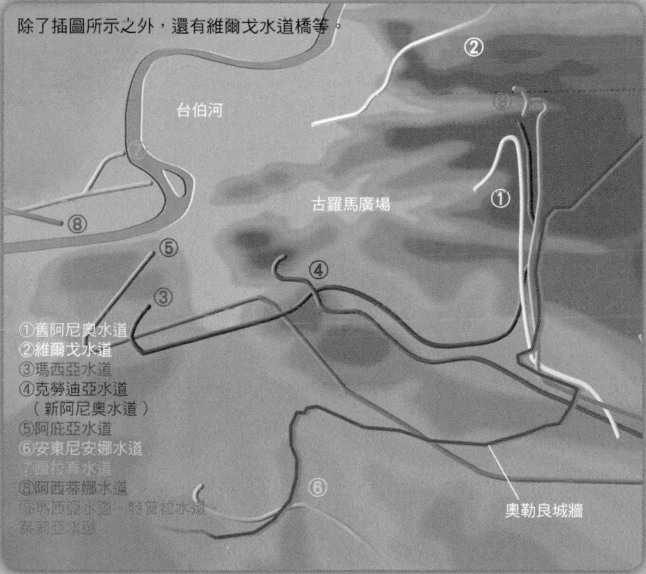
除了插圖所示之外，還有維爾戈水道橋等。
台伯河
古羅馬廣場
奧勒良城牆
①舊阿尼奧水道
②維爾戈水道
③瑪西亞水道
④克勞迪亞水道
（新阿尼奧水道）
⑤阿庇亞水道
⑥安東尼安娜水道
⑦圖拉真水道
⑧阿西蒂娜水道
⑨瑪西亞水道、特普拉水道、茱莉亞水道

上側有水路

穿過羅馬市內的克勞迪亞水道橋想像圖。為水路設計些許斜度，即可讓水從湧水較高處流到羅馬市內。

羅馬近郊的主要水源

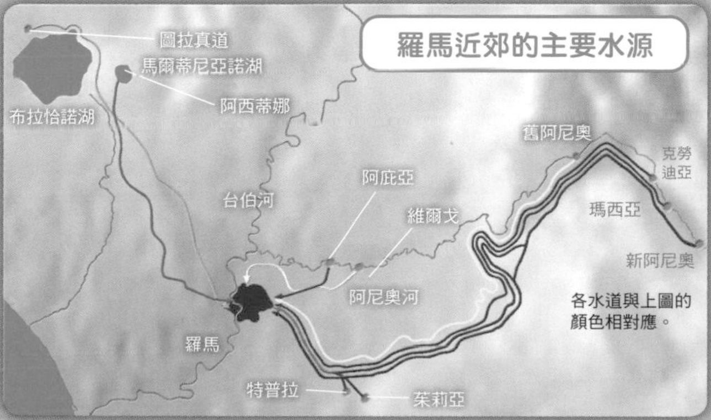
圖拉真道
馬爾蒂尼亞諾湖
阿西蒂娜
布拉恰諾湖
舊阿尼奧
克勞迪亞
阿庇亞
台伯河
維爾戈
瑪西亞
新阿尼奧
阿尼奧河
各水道與上圖的顏色相對應。
羅馬
特普拉
茱莉亞

加爾橋

位於法國南部的水道橋，以三層拱橋結構建成，羅馬的行省也有完善的水道建設。

「條條大路通羅馬」遍布國土的國道網

羅馬從還是共和體制的西元前312年左右起，就開始在進行國道（公路）建設，這是為了讓軍隊得以在第一時間前往戰地。羅馬在擴張領土之際都會興建新的國道，最終成為「條條大路通羅馬」這句諺語所述一般，國土境內有數條國道遍布其中。

羅馬最初所建的道路「阿庇亞道」（Appian Way）通往南部都市卡普阿（Capua）。這個名字源自於提議建設道路的執政官克勞狄烏斯（Appius Claudius，約前340～約前273）。從羅馬到卡普阿長約211公里、路寬含步道約6公尺，原本是碎石路，後來改成鋪設堅固的石板。到了帝國後期，差不多是戴克里先皇帝（Diocletian，在位：284～305）的時期，阿庇亞道的總長度甚至達到了8萬5000公里。

這些道路建設是羅馬進軍地中海世界的主要國家政策。為了更有效率地統治廣大的領土，道路不可或缺，也是具有物資運輸功能的重要建設。

步道
側溝

羅馬道路

戰車及馬車的道路一旦毀損，就無法及時奔赴戰場。因此，需要鋪設足以承受重型馬車通過且相對較直的道路。鋪設的過程是先挖洞，再鋪上一層層碎石以及石頭拌入石灰及磚塊等的混合物，最後於上方鋪入較大的石塊，做成石板道路。有時候也會增設側溝及步道。

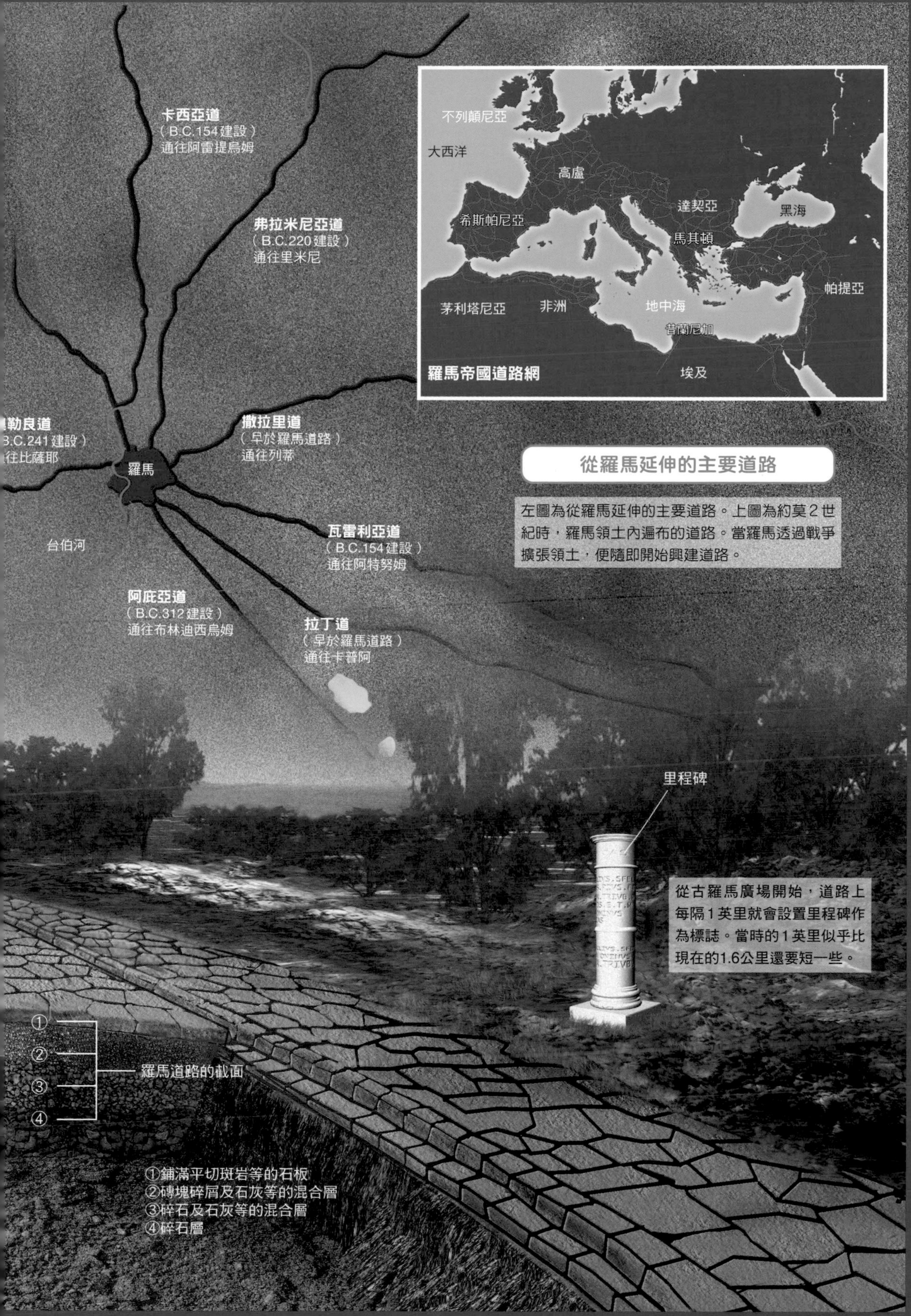
卡西亞道
（B.C.154 建設）
通往阿雷提烏姆
弗拉米尼亞道
（B.C.220 建設）
通往里米尼
勒良道
B.C.241 建設）
往比薩耶
羅馬
撒拉里道
（早於羅馬道路）
通往列蒂
台伯河
瓦雷利亞道
（B.C.154 建設）
通往阿特努姆
阿庇亞道
（B.C.312 建設）
通往布林迪西烏姆
拉丁道
（早於羅馬道路）
通往卡普阿
里程碑
①
②
③
④
羅馬道路的截面
①鋪滿平切斑岩等的石板
②磚塊碎屑及石灰等的混合層
③碎石及石灰等的混合層
④碎石層
不列顛尼亞
大西洋
高盧
希斯帕尼亞
達契亞
黑海
馬其頓
帕提亞
茅利塔尼亞
非洲
地中海
昔蘭尼加
埃及
羅馬帝國道路網

從羅馬延伸的主要道路

左圖為從羅馬延伸的主要道路。上圖為約莫 2 世紀時，羅馬領土內遍布的道路。當羅馬透過戰爭擴張領土，便隨即開始興建道路。

從古羅馬廣場開始，道路上每隔 1 英里就會設置里程碑作為標誌。當時的 1 英里似乎比現在的1.6公里還要短一些。

西元4世紀左右 英國
異族來襲與羅馬帝國的分裂

羅馬帝國被譽為五賢帝之一的皇帝哈德良（在位：117～138），中止了自建國以來持續進行的領土擴張大業。曾以軍人身分親赴前線的哈德良認為戰線很難再繼續向外擴張，在位期間特別將精力投注在維持行省，於不列顛尼亞（現在的英國）建設的「哈德良長城」（Hadrian's Wall）便是其偉大成就之一。當時不列顛尼亞位於帝國領土的最北端，從西元122年開始建設的長城是為了抵禦北方民族的侵略。

從3世紀左右開始，羅馬帝國的國力便有逐漸衰退之勢。

首先面臨的問題是異族入侵。住在歐洲北部的日耳曼民族人口增長，農耕地卻不足。進入4世紀以後，開始發生朝帝國領土前進的民族大遷徙。日耳曼民族後來建立了法蘭克王國等，成為中世紀歐洲的領導者。

再加上羅馬在西元313年承認基督教，西元392年更將其奉為國教。這對原本和希臘一樣同屬多神教信仰的羅馬而言，無疑是一個巨大的轉變。

西元395年，羅馬帝國分裂成東羅馬帝國與西羅馬帝國。西羅馬帝國在西元476年皇帝遭到廢黜而滅亡；東羅馬帝國則一直存續到1453年被鄂圖曼帝國消滅才宣告終結（第104頁）。

西羅馬帝國
東羅馬帝國
羅馬
君士坦丁堡
地中海

東羅馬帝國與西羅馬帝國

此為東、西帝國分布圖。東羅馬帝國首都「君士坦丁堡」（Constantinople）原本是希臘人所建的都市，稱為拜占庭（Byzantium）。因此，東羅馬帝國又名為「拜占庭帝國」。

哈德良長城

羅馬帝國一共建了三座長城：建於萊茵河與多瑙河之間的「日耳曼長城」（Limes Germanicus）、哈德良皇帝建於英格蘭北部的「哈德良長城」、之後建於其北側的「安東尼長城」（Antonine Wall）。哈德良長城全長117公里。興建當時城牆寬約3公尺、高約5～6公尺，用於抵禦北方原住民族皮克特人的入侵。每隔一段固定距離就建有巡邏用的碉堡（照片中的四邊形部分）。

蘇格蘭
卡來爾
紐卡斯爾
北愛爾蘭
愛爾蘭
英格蘭
威爾斯

哈德良長城建於122年左右。以英格蘭北部與蘇格蘭接壤的城鎮卡來爾（Carlisle）為起點，延伸到另一側海岸的紐卡斯爾（Newcastle），貫穿大不列顛島。據說這座防禦牆在羅馬帝國統治結束以後，一直到17世紀左右仍用於防範蘇格蘭。

基督教的誕生與傳播

基督教是以猶太教作為基礎誕生的，對之後的歐洲社會影響甚鉅。耶穌誕生的年分被視為基督紀年，成為表示年代的基準。

基督教屬於一神教，早期在信仰多神教的羅馬受到迫害。但是到了西元313年，君士坦丁一世（Constantine I，在位：306～337）頒布米蘭敕令（Edict of Milan）承認基督教合法，392年狄奧多西一世（Theodosius I，在位：379～395）更將其奉為羅馬帝國的國教。從此之後基督教受到國家保護，逐漸傳播至整個歐洲。

基督教有好幾個宗派，大致來說，可以分成與羅馬天主教會（Roman Catholic Church）對抗，後來從中脫離的基督新教（Protestant）各宗派，以及在拜占庭帝國（東羅馬帝國）保護下發展的希臘正教會（Greek Orthodox Church，又稱之為東正教）。

此外，以前的羅馬在尚未信奉基督教時，習慣採用火葬。不過，基督教認為所有人在「最後審判」（Last Judgment，又稱末日審判）※來臨之日都會復活，因此傾向不火化遺體，而以土葬居多。於是漸漸地，人們改將遺骸埋葬至「地下墓穴」（catacomb）。

※記載於新約聖經啟示錄等處。當末日來臨時，神將審判世人。

特里爾主教座堂

特里爾主教座堂（Trier Cathedral）位於前羅馬帝國殖民城市特里爾，是德國最古老的主教座堂。建於4世紀，由於長年多次修築及增建，仿羅馬式、哥德式等樣式混合在一起。

地下墓穴

所謂的地下墓穴是指古代基督教徒的地下墓園（照片上）。原本這個詞用於指稱曾為羅馬朝聖七大殿之一的城外聖巴斯弟盎聖殿（San Sebastiano fuori le mura，照片右）地下墓穴，後來廣義上泛指共同墓園。

城外聖巴斯弟盎聖殿

巴黎地下墓穴

法文的catacombe源自於有「窪地旁」之意的「catacumbas」。3世紀到4世紀初左右，羅馬各教區開始出現地下墓穴，這種作法甚至流傳到西西里及非洲。赫赫有名的「巴黎地下墓穴」（Catacombs of Paris）位於法國巴黎地下。不過，這裡原本是建築用石材的採掘場。18世紀才將人骨從共同墓園移往廢棄的採掘場，所以並非原意上的地下墓穴。這個地方如今作為觀光名勝對外開放參觀。

COLUMN

史前時代的巨石建物 巨石陣

在英國南部的威爾特郡，有座可能是約莫5000年前蓋的巨石建物「巨石陣」(Stonehenge)。

一般認為，巨石陣是大約西元前3000年至前1600年之間分階段構築而成。話雖如此，巨石陣所用的「撒森岩」(sarsen) 原產地卻位於30公里遠的地方。至多重達50噸的巨石是如何搬運過來的？搬來的石頭又是如何豎立起來？無人能給出明確的解答，學者至今仍不斷推測各種可行方法。

巨石陣為何而建

巨石陣從建造初期開始就埋葬著經過火化的人骨，一般認為將其作為墓地使用的可能性很高。另一方面，也有出土男根狀及球狀的白堊 (chalk)、石材裝飾品等古物，會讓人聯想到可能與豐收儀式有關。此外，也有人根據巨石陣的軸心與夏至太陽升起方向貼合的部分，主張或許與天體觀測、太陽崇拜有所關聯。

但若是追根究柢，一切都尚無定論。

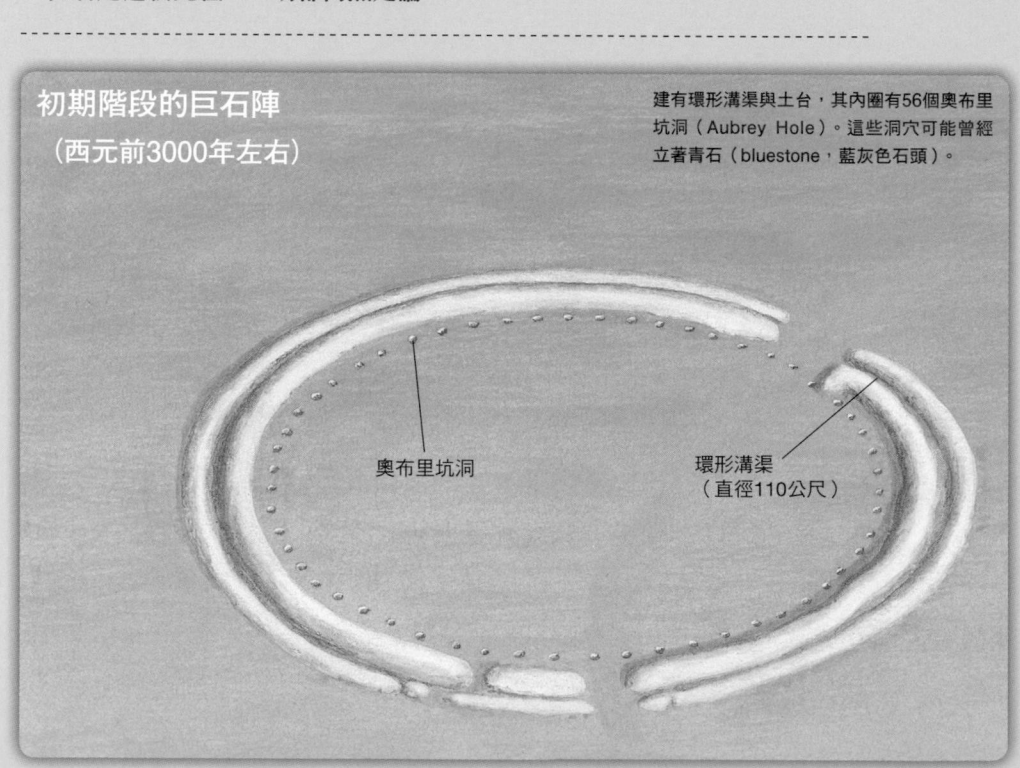

初期階段的巨石陣
(西元前3000年左右)

建有環形溝渠與土台，其內圈有56個奧布里坑洞（Aubrey Hole）。這些洞穴可能曾經立著青石（bluestone，藍灰色石頭）。

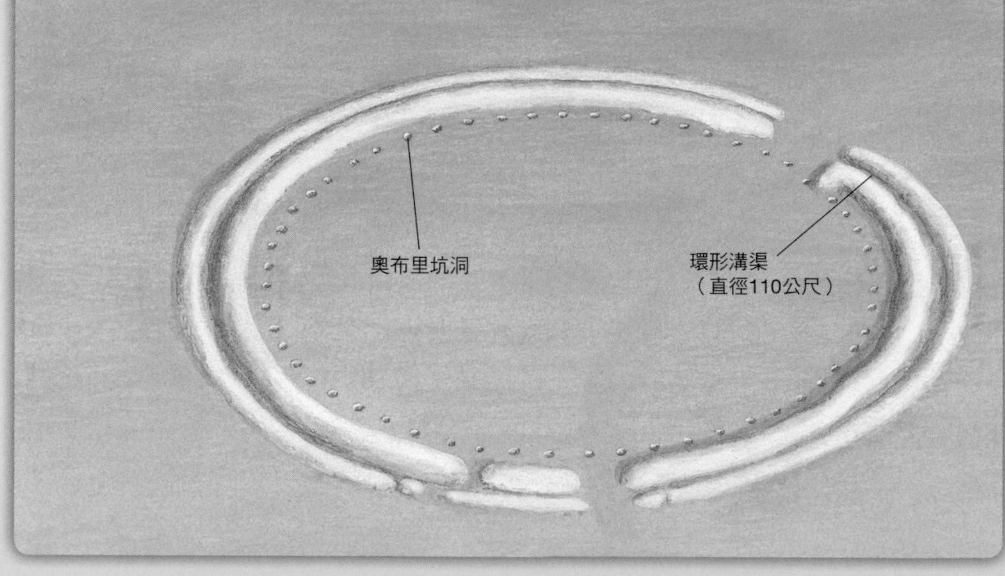
奧布里坑洞
環形溝渠
（直徑110公尺）

最終階段的巨石陣（西元前1600年左右）

巨石陣是直徑約30公尺的環形巨石建物，其外圍還有直徑約100公尺的環形溝渠與土台。入口位於東北方，連接入口的道路有塊高約5公尺的「席爾石」（Heel Stone）。中央有五座以三塊巨石構成的建物，稱作「三石坊」（Trilithon），最高可達7公尺。包圍三石坊、高4公尺的石列稱作「撒森岩」。雖然現在幾乎所剩無幾，不過三石坊與撒森岩內側曾經立著大約80個名為「青石」的藍灰色石頭。

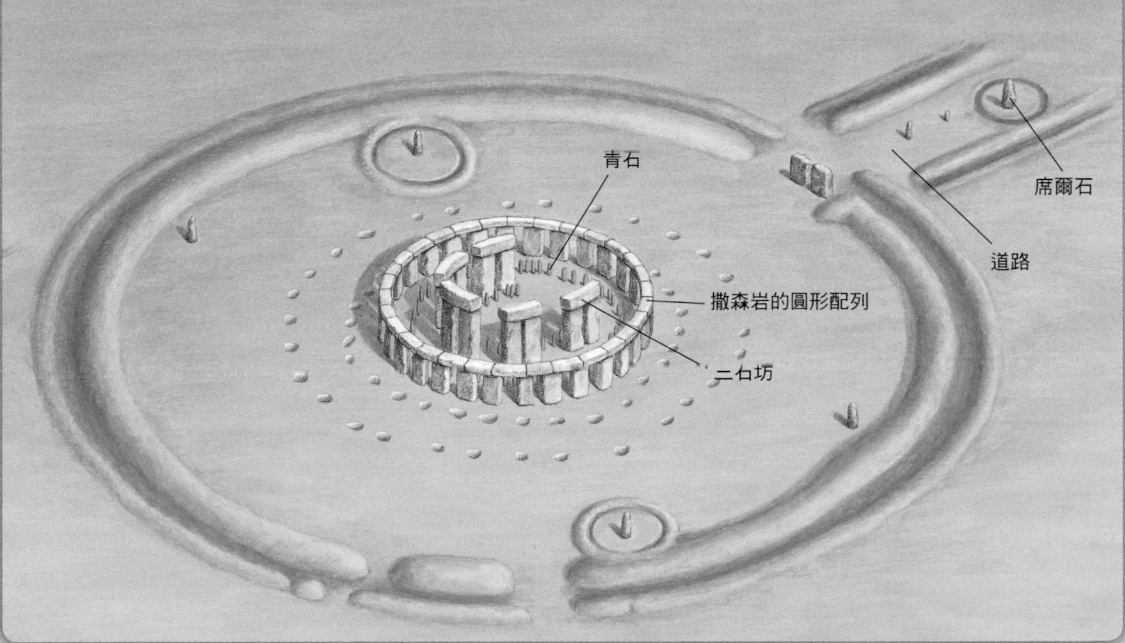
青石
席爾石
道路
撒森岩的圓形配列
三石坊

【內姆魯特山】
位於土耳其東部內姆魯特山的遺跡。19世紀鄂圖曼帝國軍隊行軍之際發現。可能是希臘化時代的產物，不過還在研究中。地上有分離的巨大神像頭部及徒有身體的無頭坐像。

3

西亞與中亞的古代遺跡

Ancient ruins in Western and Central Asia

誕生自兩河流域的美索不達米亞文明

最古老的文明之一「美索不達米亞文明」（Mesopotamian civilization）誕生自現在的伊拉克。美索不達米亞代表「兩河之間的土地」，是指底格里斯河和幼發拉底河周邊的「肥沃月彎」（Fertile Crescent）。此外，由於這片土地位處古羅馬人認知的東邊，所以過去也被稱為「東方」（Orient），代表「太陽升起的方向」。

美索不達米亞從西元前6000年左右起，開始發展農耕及畜牧業。

美索不達米亞文明不僅是最古老的文明，也創造了最早的文字 — 刻在泥板上的「楔形文字」（Cuneiform）。不久之後，埃及才開始使用聖書體。

西元前4000年左右，蘇美人※在當地組成都市國家。接著，西元前3000年左右建立了早期王朝。

遊牧民族、移民等多種民族並立，使古代的美索不達米亞有好幾個國家誕生。到了西元前525年，波斯帝國統一了東方地帶。

本章會從中亞與西亞的遺跡來解說王國的變遷史。

※蘇美人的民族體系不明。

主要古王國的變遷

表為美索不達米亞主要國家的變遷。所謂的美索不達米亞，狹義上是指底格里斯河和幼發拉底河之間的土地，廣義上則包含土耳其的山岳地帶至波斯灣一帶。

地區＼西元前	2900	2350	2100	2000	1500	1000
埃蘭	埃蘭					
巴比倫尼亞（蘇美）	早期王朝時代	阿卡德王朝	烏爾第三王朝	古巴比倫	中巴比倫	
（阿卡德）						
亞述				古亞述	中亞述	
敘利亞						
安納托力亞					西臺	
帕提亞						

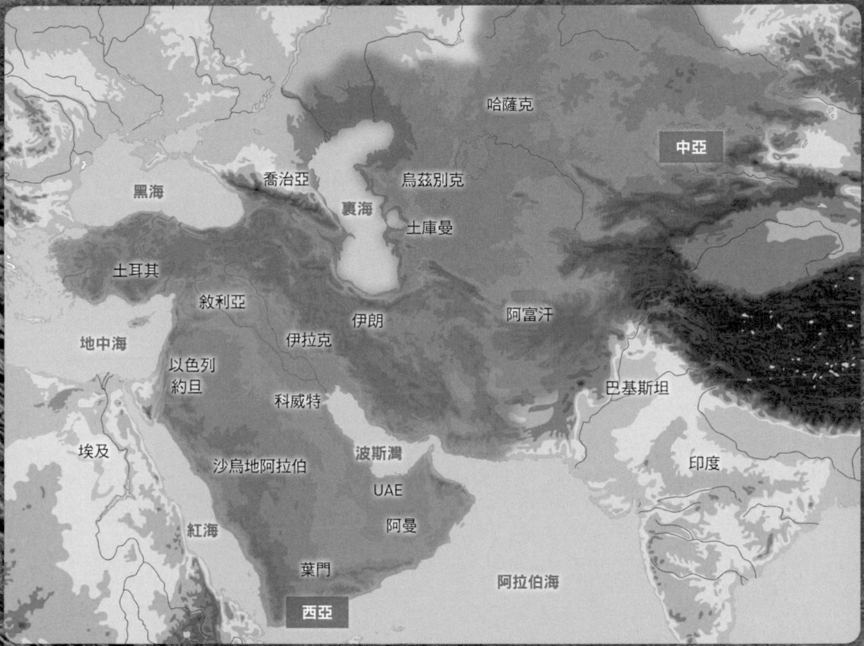
哈薩克
中亞
喬治亞
烏茲別克
黑海
裏海
土庫曼
土耳其
敘利亞
伊朗
阿富汗
地中海
伊拉克
以色列
約旦
巴基斯坦
科威特
埃及
波斯灣
沙烏地阿拉伯
印度
UAE
紅海
阿曼
葉門
阿拉伯海
西亞

中亞與西亞

插圖所示為中亞與西亞的大致範圍。地圖上的國名是現今主要國家。照片為描繪亞述國王狩獵獅子的浮雕。

800	600	500	300	西元200	西元600	西元1300
	米底					
新亞述	新巴比倫	波斯阿契美尼德王朝	帕提亞	波斯薩珊干朝	伊斯蘭帝國	鄂圖曼帝國
					拜占庭帝國	
			帕提亞	波斯薩珊王朝	伊斯蘭帝國	

西元前2700年左右 埃蘭王國
美索不達米亞文明的勁敵

從西元前3000年中葉起，埃蘭王國（Kingdom of Elam）統治伊朗高原西南部超過2000年的時間。埃蘭王國過去是四大文明之一美索不達米亞文明的勁敵。

美索不達米亞是富裕的糧食盛產地，能夠供養偌大的人口。但是幾乎沒有礦產資源，若要生產銅、錫等青銅武器就只能仰賴進口原料，而掌控這條貿易路線的正是埃蘭王國。

對美索不達米亞文明而言，控制埃蘭王國是為了調度金屬資源的必要手段。另一方面，埃蘭王國也具備足以對抗美索不達米亞文明的國力，雙方的攻防戰相當激烈。

在以繁榮著稱的埃蘭王國首都蘇薩以南，建有一座名為恰高占比爾（Chogha Zanbil）的巨大神廟都市。位於神廟中心的階梯狀錐形建築稱為「塔廟」(ziggurat)，可能是舊約聖經※中曾出現的巴別塔原型。

埃蘭王國在西元前6世紀中葉左右遭受到波斯阿契美尼德王朝的控制。

※舊約聖經是猶太教與基督教的聖典。新約聖經是基督教的聖典。

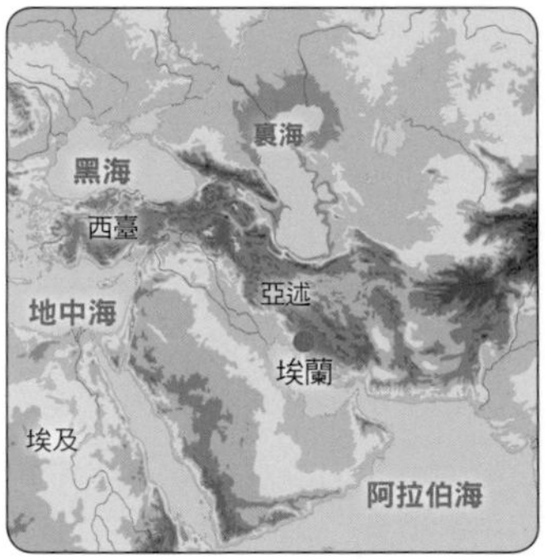
裏海
黑海
西臺
地中海
亞述
埃蘭
埃及
阿拉伯海

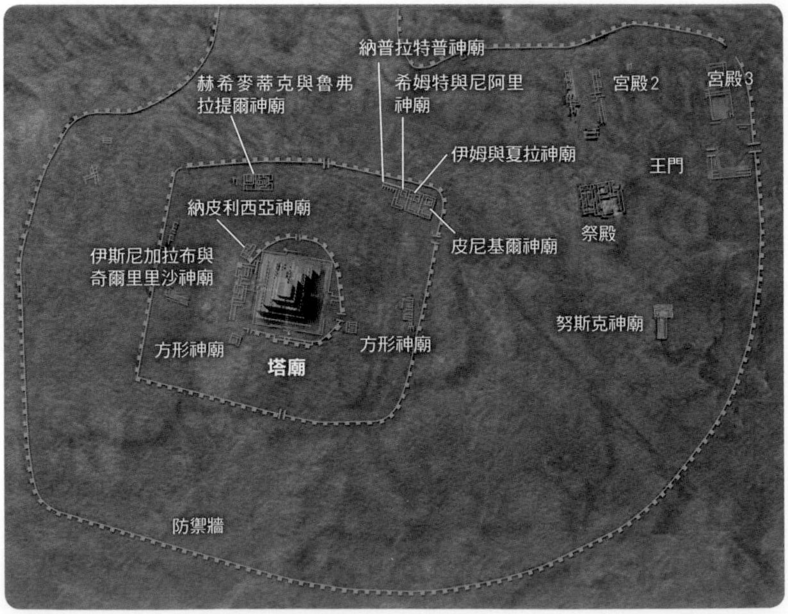
納普拉特普神廟
赫希麥蒂克與魯弗拉提爾神廟
希姆特與尼阿里神廟
宮殿2
宮殿3
伊姆與夏拉神廟
王門
納皮利西亞神廟
皮尼基爾神廟
祭殿
伊斯尼加拉布與奇爾里里沙神廟
努斯克神廟
方形神廟
方形神廟
塔廟
防禦牆

恰高占比爾整體圖

以塔廟為中心，配置了眾多神廟、倉庫、陵寢等。

恰高占比爾

「恰高占比爾」（原意為籃子形狀的山）是19世紀末由地質學家發現。塔廟是美索不達米亞文明的典型神廟，其中又以恰高占比爾的規模最大。單邊長達約100公尺，高達約50公尺。後來經過正式的挖掘調查，得知該地以塔廟為中心還建有許多神廟，是座整體面積廣達約1平方公里的巨大神廟都市。

局部放大

在塔廟東北面階梯附近出土的公牛像。可能是作為祭神禮器而造。身體上刻著楔形文字（局部放大）。

塔廟（聖塔）

塔廟是由日曬磚、燒製磚、混有燒製磚片的日曬磚這三種材料構成。學者稱呼建於入口前的圓形建築為「台座」，但尚不清楚是基於什麼目的而建。

西元前1800年左右 巴比倫王國
「以眼還眼，以牙還牙」

「以眼還眼，以牙還牙」這句話出自於西元前18世紀左右，巴比倫尼亞（Babylonia）漢摩拉比國王（Hammurabi，在位：約前1792～前1750）制定的《漢摩拉比法典》（*Code of Hammurabi*）。這部法典不僅記載了復仇法，也統整了自蘇美以來的各項法條。

巴比倫尼亞是指美索不達米亞的南部地區。在該地建立政權的代表性王國有二：巴比倫第一王朝（古巴比倫王國）以及新巴比倫王國。

巴比倫第一王朝建於西元前1900年左右。這個王朝在西元前16世紀中葉時受到異族加喜特人※1掌控，在西元前8世紀末被亞述王國征服。

新巴比倫王國建於西元前626年。西元前612年攻陷亞述王國的首都，隨後開啟了尼布甲尼撒二世（Nebuchadnezzar II，在位：前605～前562）的黃金盛世。

尼布甲尼撒二世最知名的事蹟為施行巴比倫之囚（Babylonian captivity）※2，與為愛妃建造空中花園（Hanging Gardens）。然而，空中花園是何種構造尚無人知曉，至今還在研究當中。新巴比倫王國在西元前539年被波斯的阿契美尼德王朝所滅。

※1：加喜特王朝（Kassite dynasty）也稱為巴比倫第三王朝。

※2：征服猶大王國並把猶太人抓到巴比倫，史稱「巴比倫之囚」。

漢摩拉比法典

漢摩拉比國王制定的法律以楔形文字刻在巨石上，總共282條。國王將至今約定俗成的事項列成條文加以統整。著名的「以眼還眼，以牙還牙」便是最具代表性的復仇法，但意義在於「報仇不能得寸進尺」而非「以其人之道還治其人之身」。此外，罰則會根據被害人的身分是公民還是奴隸等而有所差異，未必人人平等。

西元前	王朝
1900年左右	古巴比倫王國（巴比倫第一王朝）建立
1595年左右	加喜特（巴比倫第三王朝）建立
	受到亞述統治
626年	新巴比倫王國建立
539年	被波斯阿契美尼德王朝所滅

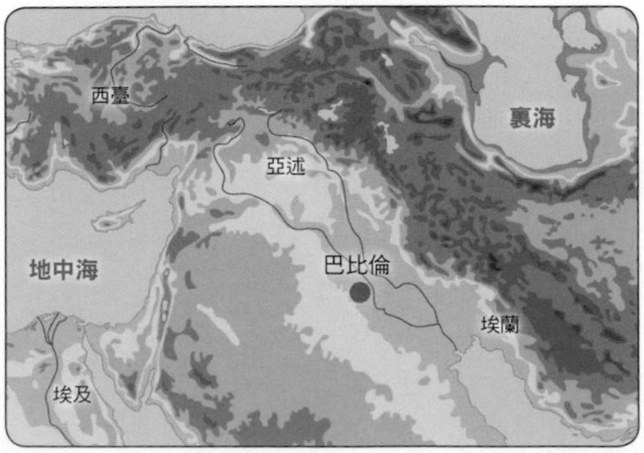
西臺
裏海
亞述
地中海
巴比倫
埃蘭
埃及

巴比倫空中花園

巴比倫是古美索不達米亞最大的都市，位於現在的伊拉克首都巴格達郊外。巴比倫曾有座名為「空中花園」的巨大建築。庭園並非真的浮在空中，實際上可能是階梯狀的五層露臺建築。空中花園的台座為每邊各125公尺、高25公尺的正方體。或許還有設計出一套將水從附近的幼發拉底河汲引至各個露臺的系統。據說庭園內綠意盎然，酷似王妃故鄉的山林。這座庭園在巴比倫反抗波斯時，遭到鎮壓毀壞。

巴比倫尼亞遺跡

右圖為尼布甲尼撒二世所建的伊什塔爾城門（Ishtar Gate）複製品。以藍色琉璃瓦建成，上頭繪有巴比倫女神伊什塔爾等。真品在柏林的佩加蒙博物館展示，複製品只有實際尺寸的3分之1。下圖為位於伊拉克烏爾的塔廟。

塔廟

伊什塔爾城門

西元前1200年左右 西臺帝國
使用鐵器的強國西臺

西臺在西元前17世紀以哈圖沙（Hattusa，現在的波阿茲卡雷〔Bogazkale〕）為首都建國，是掌控安納托力亞（Anatolia）[※1]一帶的強國。西元前1595年入侵巴比倫，消滅了巴比倫第一王朝（古巴比倫王國）。

西臺是世界上第一個將鐵器加以活用的國家。堅硬的鐵非常適合作為武器及工具，而西臺人對自己的製鐵技術保密到家。

在人類開始使用鐵器之前的時代稱為「青銅器時代」（Bronze Age）。青銅是以銅約90%、錫約10%的比例製成的合金。作為武器之外，也會用作祭祀禮器、陪葬品等。

據傳西臺是西元前1200年左右被海上民族所滅[※2]。西臺的覆滅讓製鐵技術從西亞流傳到地中海一帶，世界逐漸從青銅器時代邁入鐵器時代。

※1：即小亞細亞，現在的土耳其。

※2：海上民族是指在東地中海活動、體系不明的民族。也有人認為早在異族侵略以前，西臺就因為乾旱、內亂等導致國力衰弱。

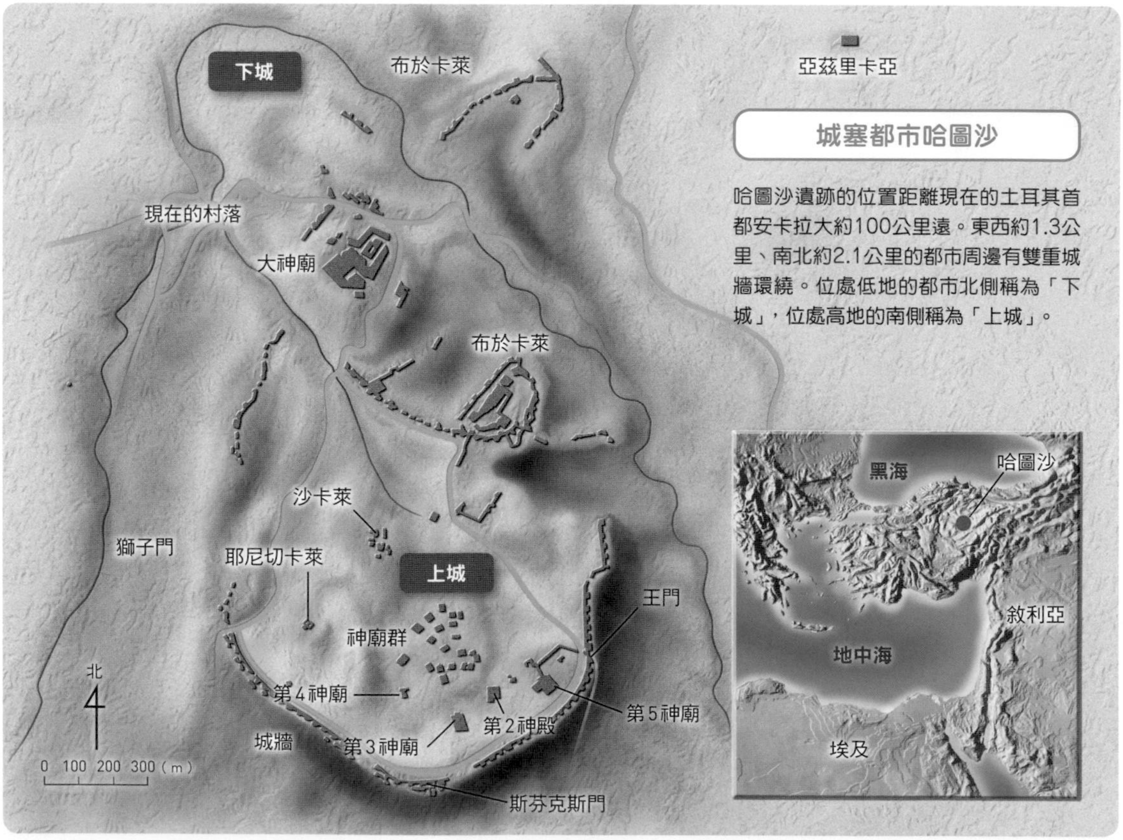
下城
布於卡萊
亞茲里卡亞
現在的村落
大神廟
布於卡萊
沙卡萊
獅子門
耶尼切卡萊
上城
王門
神廟群
北
第4神廟
第5神廟
第2神殿
城牆
第3神廟
0 100 200 300（m）
斯芬克斯門
黑海
哈圖沙
敘利亞
地中海
埃及

城塞都市哈圖沙

哈圖沙遺跡的位置距離現在的土耳其首都安卡拉大約100公里遠。東西約1.3公里、南北約2.1公里的都市周邊有雙重城牆環繞。位處低地的都市北側稱為「下城」，位處高地的南側稱為「上城」。

西臺帝國的首都哈圖沙

一般認為，西臺人或許是舊約聖經中提到的「赫人」（Hittites）。直到古都哈圖沙所在的波阿茲卡雷（舊稱波阿茲科伊〔Bogazkoy〕）考古發現了超過1萬片「波阿茲科伊泥板」（Boghazkoy Tablets），西臺這個名稱才真正地廣為人知。波阿茲科伊泥板除了西臺語之外，也有使用蘇美語及哈梯語等，能一窺該國與原住民族哈梯人及周邊諸民族的關係。

獅子門與浮雕

獅子門（照片上）位於哈圖沙的城牆西南側，原本是拱形。可能是西元前14世紀左右的產物，獅子頭部刻有西臺象形文字。照片下為亞茲里卡亞（Yazilikaya）的浮雕。手持鐵鐮的12神像戴尖帽、著短服、穿尖靴，是西臺人的典型模樣。建於哈圖沙國王圖特哈里四世（Tudhaliya IV）的時代。

西元前500年左右 波斯

古波斯帝國的誕生

波斯帝國（Persian Empire）始自西元前550年左右，於現在的伊朗高原西南部誕生的波斯王國。

波斯人過去依附在統治西亞的米底人之下，後來推翻米底王國（Medes）獨立。波斯王室以阿契美尼斯（Achaemenes，在位：約前7世紀）※為始祖，故該國稱為波斯阿契美尼德王朝（Achaemenid）。

獨立以後，波斯急速擴張勢力，大流士一世（在位：前522～前486）在位時統一了東方一帶。其疆域遍及印度西部、埃及、小亞細亞到部分巴爾幹半島，創造了空前絕後的大帝國。

大流士一世在西元前520年建立首都波斯波利斯。話雖如此，波斯波利斯主要是用來舉辦祭禮，行政方面仍由蘇薩（Susa）這個都市主導。當時國王為了治理幅員廣闊的帝國，會連同宮廷每隔一段期間在各個都市之間移動。

阿契美尼德王朝在西元前330年滅亡。同為波斯民族的薩珊王朝（Sassanid，又稱波斯第二帝國）也在西元651年遭到伊斯蘭勢力所滅。

※古波斯語稱為Haxāmaniš。

波斯波利斯

波斯波利斯位於伊朗西南部，夕拉茲（Shiraz）的東北方。遺跡建於高12～14公尺的地基上，東西長300公尺、南北長400公尺。約莫從大流士一世的時代開始，歷經數代建成。其後，在前330年被亞歷山大大帝占領並放火燒毀宮殿，都市也成了廢墟。而後來統治該地的伊斯蘭帝國不喜偶像崇拜，故雕像頭部等處亦遭到破壞。

薛西斯的宮殿
博物館

阿帕達納宮（謁見廳）

波斯波利斯最重要的宮殿是謁見廳，有36根梁柱支撐著大廳的天花板。深處可以看到大流士一世的宮殿。

大流士一世
的宮殿
阿帕達納宮（謁見廳）
萬國之門
有浮雕的階梯
百柱廳
寶物廳
（或寶藏）

為了治理龐大帝國而設置的總督與「王之耳目」

居魯士二世（Cyrus II，在位：前559～前530）統一了美索不達米亞，是波斯帝國阿契美尼德王朝的開國者。

居魯士二世在西元前550年對宗主國米底發動叛亂。成功獨立以後，還順勢稱霸了伊朗高原一帶，挺進小亞細亞，更在西元前539年消滅新巴比倫王國。

波斯帝國雖然吸納了許多民族，卻也不失為一個寬厚的統治者。即使征服了其他地區，仍會尊重當地的信仰及習俗。征服新巴比倫王國以後，解救了遭到巴比倫人囚禁的猶太人。

波斯王朝主要分為阿契美尼德王朝、薩珊王朝，以及大國在兩者中間期統治的時代。阿契美尼德王朝全盛時期的國王大流士一世創立了派遣總督（satrap）治理遼闊領土的制度。不過，並非全權交由總督負責。也會任命名為「王之目」、「王之耳」的國王直屬行政監察官，負責監視總督。他們在各省四處監視，以維持中央集權。

馬其頓
帕提亞
巴克特里亞
巴比倫
波斯帝國
埃及

波斯的王朝

波斯在阿契美尼德王朝與薩珊王朝的中間期，曾經受到兩個大國統治：亞歷山大大帝的繼業者（將領）之一塞琉古一世（Seleucus I）所建的塞琉古王朝，以及伊朗遊牧民族國家帕提亞的安息王朝。當帕提亞與羅馬交戰而國力衰弱時，法爾斯地區興起的波斯薩珊王朝在西元226年消滅了帕提亞。

波斯帝國的擴張

波斯帝國的疆域最遠不只到西亞、中亞，還延伸到埃及。波斯將自己的國號取名為「帝國」（Xšāça）。至今為止，沒有哪個國家像波斯這般統領這麼多國家，自詡為「帝國」的偉大成就不言而喻。省分稱為「dahyu」。波斯甚至嘗試過征服全希臘而發動波希戰爭（前492～前479），但是未能如願。

西元前550年～西元前330年	西元前312年～西元前64年	西元前248年～西元226年	西元226年～西元651年
阿契美尼德王朝			
	塞琉古王朝（敘利亞王國）		
		安息王朝（帕提亞王國）	
			薩珊王朝

大流士一世的戰勝紀念碑

大流士一世在西元前522年登基後打造的浮雕與楔形文字碑銘。浮雕周圍以埃蘭語、巴比倫語、古波斯語記載著即位前的過程與王位宣言。浮雕刻在名為比索頓（Bisotun）的伊朗西部克爾曼沙汗省岩山上。

波斯帝國最初的首都帕薩加德

西元前550年，居魯士二世在位於波斯波利斯東北方的帕薩加德（Pasargadae）扳倒米底國王。戰勝地帕薩爾加德成了帝國最初的首都。然而，居魯士二世在對中亞發動進一步攻勢的過程中戰死，都市建設工程也因此半途終止。照片為居魯士二世的靈廟。

總督與「王之耳目」

國王會派遣總督前往行省。總督在古伊朗語中代表「王國的守護者」。總督擁有徵稅等諸多權限，由於逐漸演變成世襲繼承，到了王朝後期開始出現叛變者。「王之目」、「王之耳」是負責監視總督及行省有無叛變的行政監察官。「王之目」為正官，「王之耳」為輔佐官。

波斯的神明與絲路

波斯阿契美尼德王朝維護奉瑣羅亞斯德（Zoroaster，或稱查拉圖斯特拉，約前6世紀）為教祖的祆教（Zoroastrianism，又稱瑣羅亞斯德教、拜火教），後來薩珊王朝更將其視為國教信奉。

祆教可謂世界上最古老的宗教，是獨尊阿胡拉．馬茲達（Ahura Mazda）的一神教。祆教視火為最高神的神聖象徵，故又稱為拜火教。祆教不僅禁止偶像崇拜，也禁止火葬、土葬、水葬，習慣以天葬（鳥葬）來處理後事。

不過，當波斯敗給伊斯蘭帝國並受其統治之後，祆教便急速地流失信徒。原因在於改信伊斯蘭教可以得到免徵人頭稅（吉茲亞：jizya）或免除奴隸籍等※好處。

位處羅馬帝國與中國之間的波斯作為東西文化交流據點，為雙邊帶來巨大的影響。尤其在帕提亞時代至薩珊王朝期間，有各種文物透過絲路（Silk Road）往來東西。以當時的終站日本為例，從波斯傳來的琵琶及琉璃碗等工藝品，至今仍作為國寶典藏在奈良的正倉院（第134頁）。

※在伊斯蘭帝國，只要繳納人頭稅就能擁有信仰自由（但是在伍麥葉王朝以前，即使改宗也必須繳納稅金）。

薩珊王朝時代所建的堡壘巴姆古城

「巴姆古城」（Arg-e Bam）是位於伊朗東南部的要塞都市，可能於薩珊王朝或安息王朝時代建成。巴姆古城所用的建材是以砂、黏土等為原料的泥磚而非日曬磚。在所有泥磚建築物當中，巴姆古城的規模最大。中世紀時作為貿易據點繁榮一時，卻在1722年被阿富汗人攻擊，又在2003年慘遭規模6.3的地震重創而嚴重毀損。不過，2004年時登錄為世界遺產，至今仍然在修復當中。

瑣羅亞斯德的象徵

羽翼象徵自由，人的姿態象徵智慧，輪象徵信仰。瑣羅亞斯德是源自英文音譯，德語的發音則接近「查拉圖斯特拉」(Zarathustra)。雖然是一神教，不過流傳著光明善神阿胡拉．馬茲達與黑暗惡神阿里曼(Ahriman)在世上爭鬥的故事。

波斯地毯

說到波斯，應該會有人聯想到「波斯地毯」。波斯地毯歷史悠久，現存最古老者是2500年前的製品。照片為18世紀的地毯(伊朗地毯博物館館藏)。日本也有自古傳承的相關故事：豐臣秀吉曾將中意的地毯裁斷，將其作為陣羽織穿在身上(鳥獸紋樣陣羽織)。

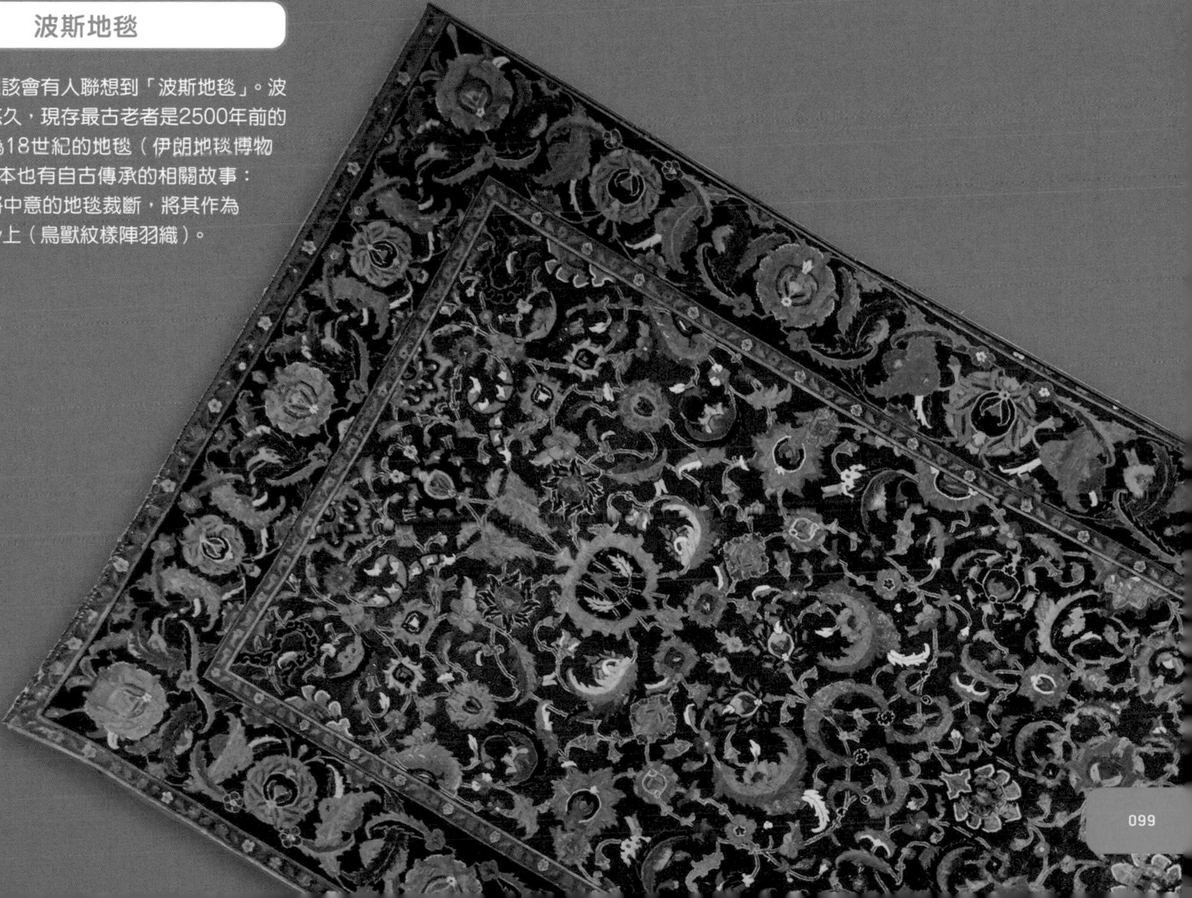

西元前100年左右 帕邁拉

沙漠中的貿易都市帕邁拉

帕邁拉（Palmyra）是位處敘利亞沙漠中央的綠洲都市。作為連結希臘、羅馬與亞洲的絲路※中繼站，在西元前 1 世紀至西元 3 世紀最為繁榮。帕邁拉因為向商隊課徵關稅而富饒，鎮上建有神廟、圓形劇場等建築，貫穿中心的大道上還立著成排的列柱，刻著有力人士、建設資金提供者等人的雕像。

此外，帕邁拉也是夾在伊朗遊牧民族所建的大國帕提亞與羅馬帝國之間的緩衝國，在互相角力的兩國之間，巧妙地協調雙邊關係。

過去也有一段時間附屬於羅馬之下，然而 3 世紀時，帕邁拉女王芝諾比婭（Zenobia，在位：267～272）計畫脫離羅馬獨立。結果，帕邁拉掌控住幼發拉底河以西的敘利亞、埃及與安納托力亞，壟斷了東西貿易路線。

但是這段繁榮並未持續太久。272年，羅馬皇帝奧勒良（Aurelian，在位：270～275）發動反攻。芝諾比婭女王被俘，帕邁拉遭到羅馬軍隊破壞，從此一蹶不振。

※：古代的東西交通要道。中國生產的絲綢經由此路流通，因而得名（詳見第122頁）。

被帕邁拉取代而消失的沙漠之都佩特拉

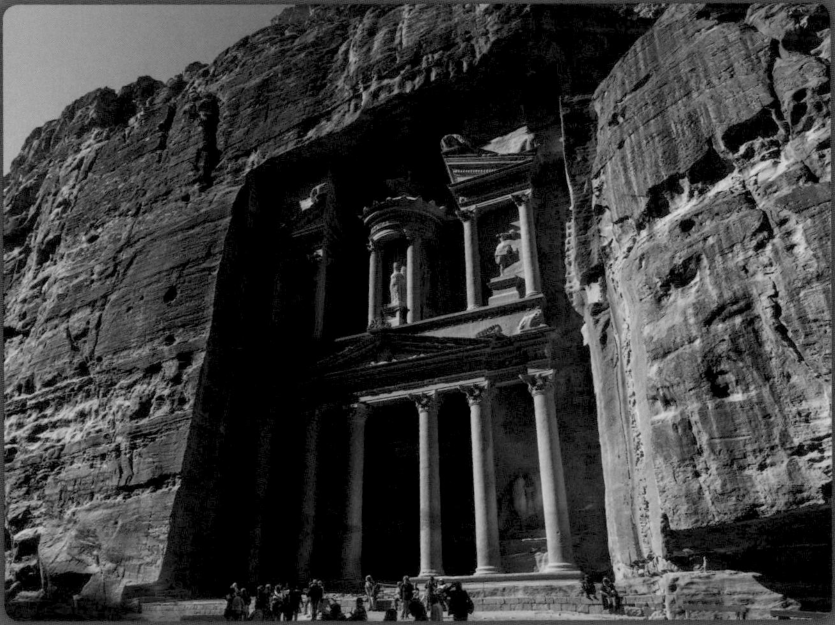

位於約旦的納巴泰王國（Nabataean Kingdom）首都佩特拉（Petra）早在西元前6世紀左右就有納巴泰人定居於此，作為連結東西的貿易據點繁盛一時。然而，西元前106年遭到羅馬帝國併吞以後便逐漸衰弱，後由崛起的帕邁拉取而代之，從亞洲出發的「羅馬道路」也變成行經帕邁拉的道路。佩特拉遺跡在1812年由瑞士探險家發現。也有人認為鑿岩壁而建的建築為神廟，目前尚無定論。

東西文化交融的都市

帕邁拉一詞源自於希臘語中的「椰棗」(palm)。帕邁拉的藝術風格相當獨特,由希臘化羅馬與東方文化交融而成。建於西元32年的貝爾神廟(Temple of Bel)供奉巴比倫尼亞的神,1世紀以後增建的外牆柱廊由希臘風格的科林斯柱式圓柱構成。聯合國於2015年透過衛星影像證實,貝爾神廟已於2015年8月30日遭占據敘利亞的伊斯蘭國以炸藥摧毀。巴爾夏明神廟同樣也遭摧毀。

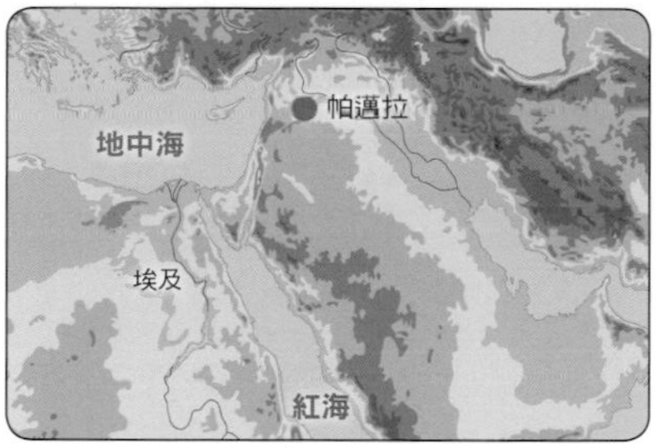
帕邁拉
地中海
埃及
紅海

起源自地中海世界的葡萄唐草紋應用於貝爾神廟等處,再由此經過絲路,遠渡至日本奈良的藥師寺。

帶來繁榮與破滅的芝諾比婭女王

芝諾比婭在其夫帕邁拉王奧登納圖斯(Odaenathus)死後,對宗主國羅馬帝國的軍隊發動攻擊,此等行徑相當於宣告獨立。其後,帕邁拉趁勢攻打埃及、安納托力亞,成為陸路上連結東西最重要的地區。然而,反攻的羅馬軍隊將其包圍,女王被捕。據說芝諾比婭被銬上黃金枷鎖,在羅馬市區遊街示眾。

帕邁拉遺跡圖

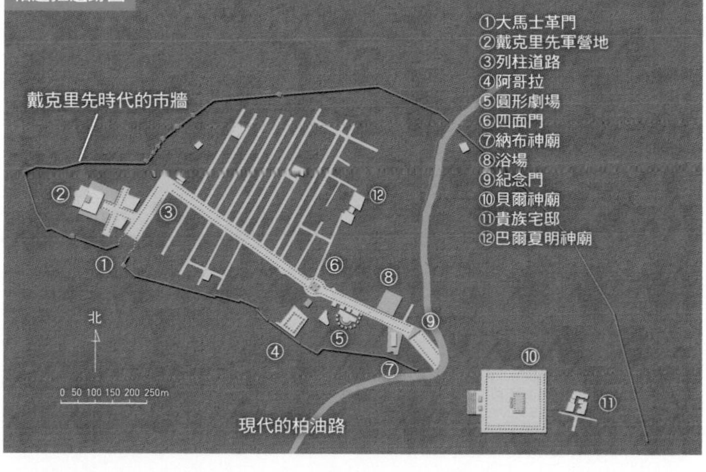
①大馬士革門
②戴克里先軍營地
③列柱道路
④阿哥拉
⑤圓形劇場
⑥四面門
⑦納布神廟
⑧浴場
⑨紀念門
⑩貝爾神廟
⑪貴族宅邸
⑫巴爾夏明神廟
戴克里先時代的市牆
北
0 50 100 150 200 250m
現代的柏油路

西元66年左右 以色列
以色列最後的堡壘「馬薩達」

所謂的「黎凡特」(Levant)是中世紀誕生的名稱，代表從法國、義大利所見的「太陽升起方向」，意指地中海東部沿岸地區。

相當於黎凡特的地區是自古以來的肥沃土地，舊約聖經稱之為迦南（Canaan）。為了稱霸此地，埃及、西臺等國家展開了激烈的爭奪。

在西元前11世紀末左右，希伯來人在黎凡特創建了以色列王國（Kingdom of Israel，希伯來王國）。

以色列王國在第二代國王大衛（David，在位：約前1000～約前960）時代以耶路撒冷為首都，在第三代國王所羅門（Solomon，在位：約前970年～931年）時代迎來全盛時期，被譽為「所羅門的榮華」。但是在所羅門王死後，國家分裂成了北方的以色列王國，以及南方的猶大王國（Kingdom of Judah），受到亞述及新巴比倫王國的控制，之後又在西元前1世紀成為羅馬帝國的行省。

西元66年，再也無法忍受羅馬壓迫的猶太人※發動叛亂（猶太戰爭：The Jewish War），大約1000人占據了位於以色列東部的馬薩達（Masada）。儘管這座堡壘易守難攻，經過2年的攻防戰仍被羅馬軍隊擊破。存活下來的人們選擇自戕，最終以悲劇收場。

※西元前586年猶大王國遭到新巴比倫王國征服，居民被擄到巴比倫（巴比倫之囚），希伯來人開始被稱作猶大人。

古黎凡特

於地中海一帶擴張殖民市的腓尼基、以色列等勢力，便是從中世紀名為黎凡特的地區發跡。插圖所示為大衛王（在位：約前1000～約前960）時代的勢力範圍。

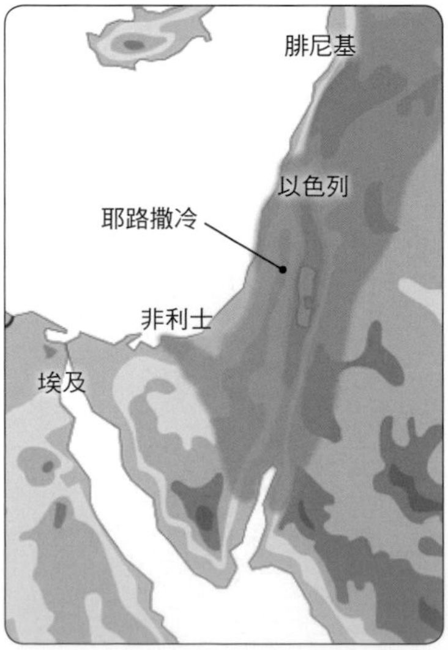
腓尼基
以色列
耶路撒冷
非利士
埃及

三個宗教的聖地「耶路撒冷」

聖墓教堂

位於巴勒斯坦地區的耶路撒冷是猶太教、基督教、伊斯蘭教的聖地。於猶太教而言，有西元前6世紀所建、西元前70年重建的所羅門聖殿遺構「哭牆」(Wailing Wall)。於基督教而言，耶穌被釘在十字架上、遭到處刑的各各他山建有「聖墓教堂」(Church of the Holy Sepulchre)。於伊斯蘭教而言，先知穆罕默德登霄、授真主啟示之地建有「岩石圓頂」(Dome of the Rock)。

馬薩達遺跡

馬薩達在希伯來語中意指「要塞」。由希律王（Herod，在位：前37～前4）在俯瞰死海、高400公尺的岩山頂上增建而成（上）。包括宮殿（下）、儲水槽以及能貯藏數年分糧食的倉庫等。

岩石圓頂

哭牆

哭牆後方為岩石圓頂

西元395年 東羅馬帝國
延續1000年的拜占庭帝國

西元395年，羅馬帝國東西分裂。東羅馬帝國的首都為君士坦丁堡（現在的土耳其伊斯坦堡）。這座都市原本名為拜占庭，不過西元330年君士坦丁大帝（在位：306～337）從羅馬遷都至此，並冠上自己的名字。因此，東羅馬帝國也稱為拜占庭帝國。

另一方面，西羅馬帝國因為政變導致皇帝在476年遭到廢黜而滅亡。東羅馬皇帝查士丁尼一世（Justinianus I，在位：527～565）進攻北非，收復了包含羅馬在內的西地中海沿岸。為表彰這項功績，皇帝在537年將東正教的大本營聖索菲亞大教堂（Hagia Sophia）※重建。

「聖索菲亞」代表「神聖的智慧」，這座大教堂堪稱拜占庭建築的傑作。但是進入7世紀後，伊斯蘭勢力崛起，1453年首都在鄂圖曼帝國的強攻下陷落，帝國迎向滅亡。其後，聖索菲亞就改作為伊斯蘭教的清真寺使用。

※聖索菲亞大教堂曾因為首都居民發起的「尼卡暴動」（Nika riots）一度燒毀。改作為伊斯蘭教的清真寺時，名為「阿亞索菲亞清真寺」（Ayasofya Mosque）。

狄奧多西的城牆

君士坦丁堡的形狀宛如突出於海面的半島。城牆作為防禦堡壘，嚴防著唯一有可能遭人攻打的西側陸地。屬於內牆搭配外牆的雙層構造，側邊有護城河。由狄奧多西二世（Theodosius II）於5世紀所建，直到1453年被鄂圖曼帝國征服以前，守護首都長達近千年。

聖索菲亞大教堂

東正教的大教堂。中央穹頂高約55公尺、直徑約31公尺。15世紀被鄂圖曼帝國統治之後，就改作為清真寺使用了。進入20世紀以後成為無宗教博物館，不過2020年又再次作為清真寺使用。內部可以看到基督教與伊斯蘭教風格的痕跡。

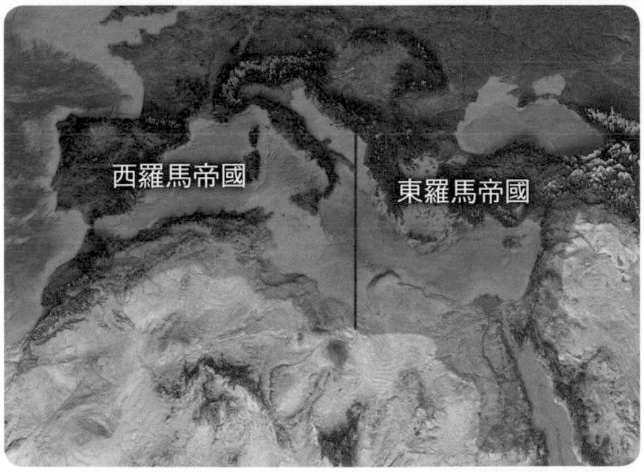
西羅馬帝國
東羅馬帝國

東西羅馬帝國

西元395年羅馬帝國東西分裂。西羅馬帝國在西元476年結束，然而東羅馬帝國的查士丁尼一世在554年達成重新征服西地中海沿岸的功業。

大教堂內部

拜占庭藝術

拜占庭帝國時代盛行的藝術稱為拜占庭藝術，以早期的基督教藝術為基礎發展，而後受到美索不達米亞及埃及等東方藝術的影響。特色是以馬賽克、濕壁畫等技法描繪聖人的聖像畫（icon）。照片中的馬克賽畫描繪了右邊的君士坦丁大帝將這座都市、左邊的查士丁尼大帝將聖索菲亞大教堂獻給聖母瑪利亞與聖嬰。

西元610年 伊斯法罕
伊斯蘭帝國稱霸

伊斯蘭帝國是伊斯蘭教徒所建的國家。伊斯蘭教在西元610年由先知穆罕默德（570～632）率先傳道而興起（詳見第108頁）。

穆罕默德的繼承者稱為「哈里發」（caliph），意思是最高領袖。此外，伊斯蘭教徒稱為「穆斯林」（Muslim）。穆斯林從衰弱的拜占庭帝國（東羅馬帝國）手中奪回敘利亞與埃及，並消滅波斯薩珊王朝，在8世紀中葉左右成為掌控中東至北非大半地區的大帝國。

伍麥葉王朝是阿拉伯人樹立的王朝，在其統治之下的非阿拉伯人對差別待遇感到憤懣，促使阿拔斯王朝誕生。但是到了9世紀以後，各地開始出現以哈里發之名舉事的人，王朝因此紛亂四起。阿拔斯王朝開始逐漸衰弱，西元1258年遭到蒙古軍隊入侵而倒台。

伊斯蘭帝國的王朝

伊斯蘭帝國的王朝更迭大致上分為下表所示三個時期。在阿拔斯王朝時期有多個王朝分立，包括伊比利半島有後伍麥葉王朝（756～1031）、埃及及敘利亞有法提瑪王朝（909～1171）誕生等。

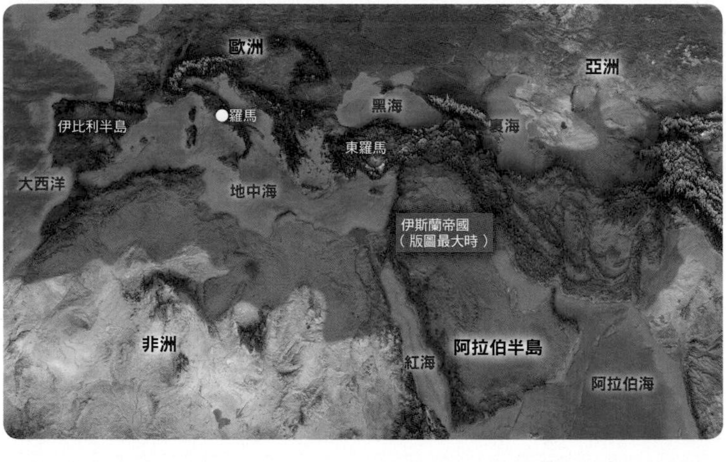
歐洲
亞洲
●羅馬
黑海
裏海
伊比利半島
東羅馬
大西洋
地中海
伊斯蘭帝國
（版圖最大時）
非洲
阿拉伯半島
紅海
阿拉伯海

年代	王朝
西元 632～661	**正統哈里發時代** 先知穆罕默德死後，由四名哈里發統治的時代。
西元 661～750	**伍麥葉王朝** 由伍麥葉家族的穆阿維亞一世（Mu'awiya I）開創，傳承14代的阿拉伯王朝。由阿拔斯王朝取而代之。
西元 750～1258	**阿拔斯王朝** 先知穆罕默德的叔父阿拔斯的後代所建的王朝。

伊瑪目清真寺面朝伊瑪目廣場的南方。

「伊斯法罕乃世界之半」

伊斯法罕（Isfahan）為伊朗薩法維王朝（Safavid，1501～1736）的國王（沙阿：Shah）阿拔斯一世（Abbas I）建設的都市。作為商業文化中心而繁榮，甚至享有「伊斯法罕乃世界之半」的美譽。照片中為伊瑪目廣場「伊瑪目清真寺」（Imam Mosque，又稱國王清真寺）的廣場側入口。

伊斯蘭的信仰與阿拉伯文化

伊斯蘭教是承襲猶太教、基督教之神學發展而成的一神教。

先知穆罕默德誕生自阿拉伯半島商業都市麥加的名門望族。除了作為一名商人從事商業活動，還有在麥加近郊的山上冥想的習慣。一般認為穆罕默德是在610年，於冥想過程中受到伊斯蘭唯一真神阿拉（Allah）的啟示，覺醒成為先知。

不過，當時阿拉伯屬於多神教社會。提倡一神教的穆罕默德受到迫害，西元622年從麥加逃往麥地那（沙烏地阿拉伯西北部）。這段過程稱為聖遷或希吉拉（Hijrah），伊斯蘭曆（希吉拉曆）將這一年定為元年。伊斯蘭教國家經由聖遷而建立。

伊斯蘭帝國勢力急速擴張的同時，阿拉伯世界的學問及文物也傳播到世界各地。伊斯蘭吸收希臘文明並將其翻譯成阿拉伯語，在飲食文化及學術發展等方面，伊斯蘭帝國可謂當時的世界之最。

歐洲也透過伊斯蘭吸納了古希臘遺產，文藝復興運動（Renaissance）※因此遍地開花。

※發生在14～16世紀的希臘、羅馬古代文化復興運動。Renaissance在法語中代表再生。

文化與學問的影響

除了辛香料、咖啡、阿拉伯數字之外，著名文學《一千零一夜》也在歐洲掀起一陣天方夜譚的風潮，伊斯蘭裝飾「阿拉伯紋樣」（阿拉伯風格：arabesque）更對歐洲建築等帶來莫大影響。

辛香料與咖啡

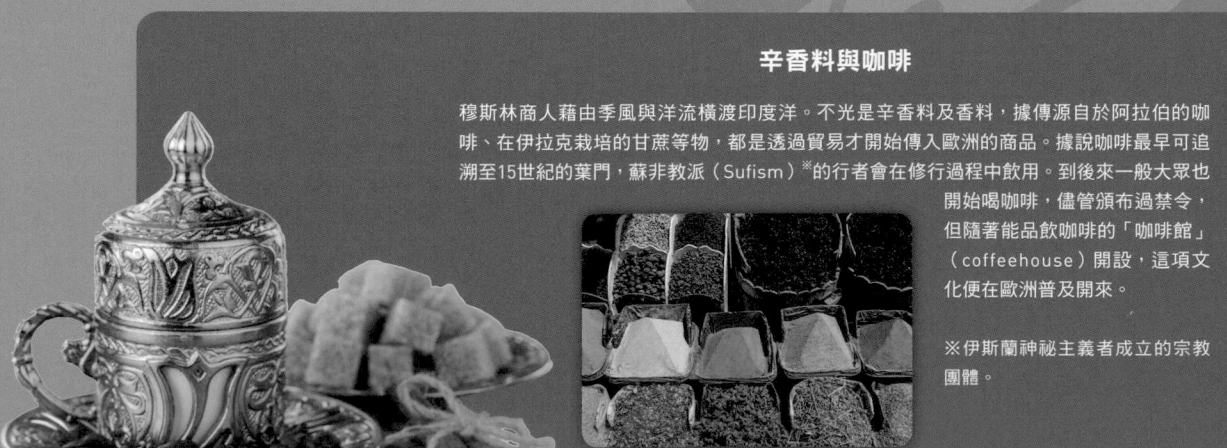

穆斯林商人藉由季風與洋流橫渡印度洋。不光是辛香料及香料，據傳源自於阿拉伯的咖啡、在伊拉克栽培的甘蔗等物，都是透過貿易才開始傳入歐洲的商品。據說咖啡最早可追溯至15世紀的葉門，蘇非教派（Sufism）※的行者會在修行過程中飲用。到後來一般大眾也開始喝咖啡，儘管頒布過禁令，但隨著能品飲咖啡的「咖啡館」（coffeehouse）開設，這項文化便在歐洲普及開來。

※伊斯蘭神秘主義者成立的宗教團體。

伊斯蘭教聖典稱為「古蘭經」（Quran，或稱可蘭經）。《古蘭經》的抄寫衍生出「阿拉伯書法」，亦發展成一種藝術形式。本頁底圖所寫的阿拉伯書法文字出自《古蘭經》詩中一節。

穆罕默德的繼承者哈里發主要分成兩派：什葉派（Shiite）與遜尼派（Sunnite）。先知穆罕默德死後，有四個人相繼獲選為繼承者（哈里發），而什葉派認定第四代阿里（Ali）為首任伊瑪目（Imam，最高領袖）且其後代為正統繼承者。阿里是穆罕默德的徒弟暨其么女法提瑪的丈夫。除此之外的多數派為遜尼派，代表服從遜尼（規範）的人們。此外，還有尊崇前12代伊瑪目的十二伊瑪目派等多個教派。伍麥葉王朝的創建者穆阿維亞和穆罕默德一樣，出身自古萊什族的伍麥葉家族。阿拔斯王朝的創建者是穆罕默德的叔父阿拔斯（Abbas ibn Abd al-Muttalib）的後代。

繼承者「哈里發」

先知穆罕默德

法提瑪（么女）

阿里的後代（什葉派）

正統哈里發時代的哈里發

第一代　巴克爾（在位：632～634）
第二代　歐麥爾一世（在位：634～644）
第三代　奧斯曼（在位：644～656）
第四代　阿里（在位：656～661）

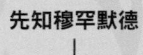

以阿拉伯數字表示　3002
=
以羅馬數字表示　MMMII

XII
I
II
III
IV
V
VI
VII
VIII
IX
X
XI

1	2	3	4	5	6	7	8	9	10
I	II	III	IV	V	VI	VII	VIII	IX	X

1	5	10	50	100	500	1000
I	V	X	L	C	D	M

阿拉伯數字

伊斯蘭帝國翻譯並研究了哲學書、醫學書等希臘語文獻。此外，各城鎮還設有名為伊斯蘭學校（madrasa）的高等教育機構。伊斯蘭的科學、醫學及數學等對歐洲影響甚大。其中，又以作為現代人生活基礎的「阿拉伯數字」最具代表性。羅馬數字如左表所示採用字母。不過，有了印度發明的「0」的概念加上阿拉伯數字，計算變得更加簡單，而且只要加上0，不管數字多大都能夠表示。

西元1453年 鄂圖曼帝國
持續600年的蘇丹國

鄂圖曼帝國（Ottoman Empire）始自13世紀誕生的小國家。當時小亞細亞（安納托力亞，現在的土耳其）遭到蒙古入侵，導致統治該地的塞爾柱王朝（Seljuk dynasty）衰弱，好幾個小國家趁機獨立。鄂圖曼帝國一邊併吞這些國家一邊擴張領土，1396年征服巴爾幹半島一帶的巴耶濟德一世（Bayezid I，在位：1389～1402）受阿拔斯王朝賜封稱號「蘇丹」（sultan）。

相對於哈里發是伊斯蘭教徒最高領袖的頭銜，蘇丹則是政治統治者的稱號。

其後，鄂圖曼帝國在1453年攻打君士坦丁堡、消滅拜占庭帝國，成為史上的大帝國。在其全盛時期16世紀，帝國版圖不僅涵蓋西亞至東歐，遠至北非都在其掌控之下。

進入18世紀以後，蘇丹成為兼具哈里發地位的稱號。直到1922年土耳其獨立戰爭（Turkish War of Independence）宣告蘇丹制廢止以前，鄂圖曼帝國延續了長達600年。

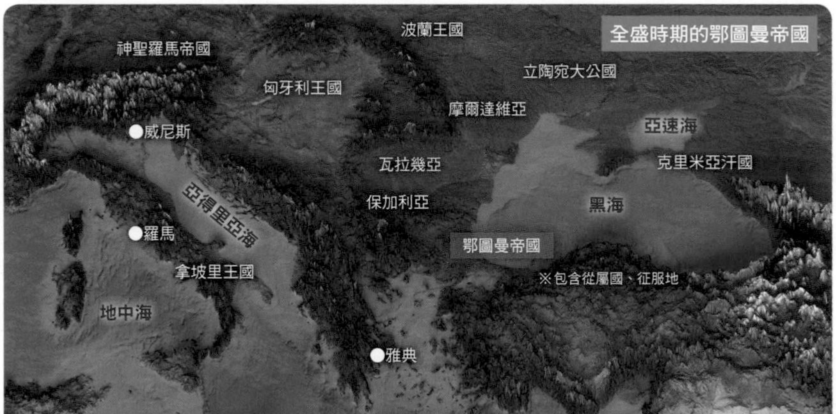
全盛時期的鄂圖曼帝國
波蘭王國
神聖羅馬帝國
立陶宛大公國
匈牙利王國
摩爾達維亞
威尼斯
亞速海
瓦拉幾亞
克里米亞汗國
亞得里亞海
保加利亞
黑海
羅馬
鄂圖曼帝國
拿坡里王國
※包含從屬國、征服地
地中海
雅典
賽普勒斯

托普卡匹皇宮
聖索菲亞大教堂
蘇丹艾哈邁德清真寺
（藍色清真寺）

托普卡匹皇宮與藍色清真寺

上方照片的是托普卡匹皇宮（Topkapi Palace）的蘇丹私人處所。這座宮殿由征服君士坦丁堡的穆罕默德二世（Mehmed II，在位：1451～1481）所建，位於被博斯普魯斯海峽、馬摩拉海與金角灣環繞的半島末端（照片左下）。托普卡匹意指「大砲門」，宮殿由外廷、內廷、後宮這三個部分構成。右為14代蘇丹艾哈邁德一世（Ahmed I）所建造的「蘇丹艾哈邁德清真寺」（Sultan Ahmed Mosque，俗稱藍色清真寺）。

【泰山】

中國五大名山「五嶽」之一。西元前219年，秦始皇第二次出巡之際登上此山。目的是為了舉辦傳說的「封禪」儀式，向上天稟告天下統一。自此之後，漢武帝等歷代強大皇帝都會進行該儀式。

4

東亞的古代遺跡

Ancient ruins in East Asia

以黃河、長江為中心誕生的中國文明

大約1萬年前，流經中國的黃河中、下游流域就開始種植雜穀作物。而在同樣流經中國的長江中、下游流域，也出現了稻作栽培。於是聚落在大河周邊形成，文明因而誕生。

據傳中國王朝在殷商以前是夏朝※1，夏、商、周這三個王朝合稱為「三代」。西元前221年，秦始皇率先完成了統一中國的大業。

秦始皇廢除了周朝奉行的封建制度，將全國分成36郡且郡下轄縣，並且從中央派遣行政官員至各郡縣管理，創建了所謂的中央集權國家。

中國大陸的內陸地區山脈環繞，還有沙漠、盆地、高原分布其中。北方的蒙古高原、戈壁沙漠等自古以來就是遊牧民族生活的地區，更從中誕生出橫掃歐亞大陸※2的蒙古帝國。此外，源自於印度的佛教傳進中國，孕育出藏傳佛教等文化圈。

本章將以中國為中心，逐一介紹東亞文化殘存的遺跡。

※1：有出土宮殿遺跡等，但是確切年代仍有待查明。
※2：亞洲和歐洲合稱為歐亞大陸。

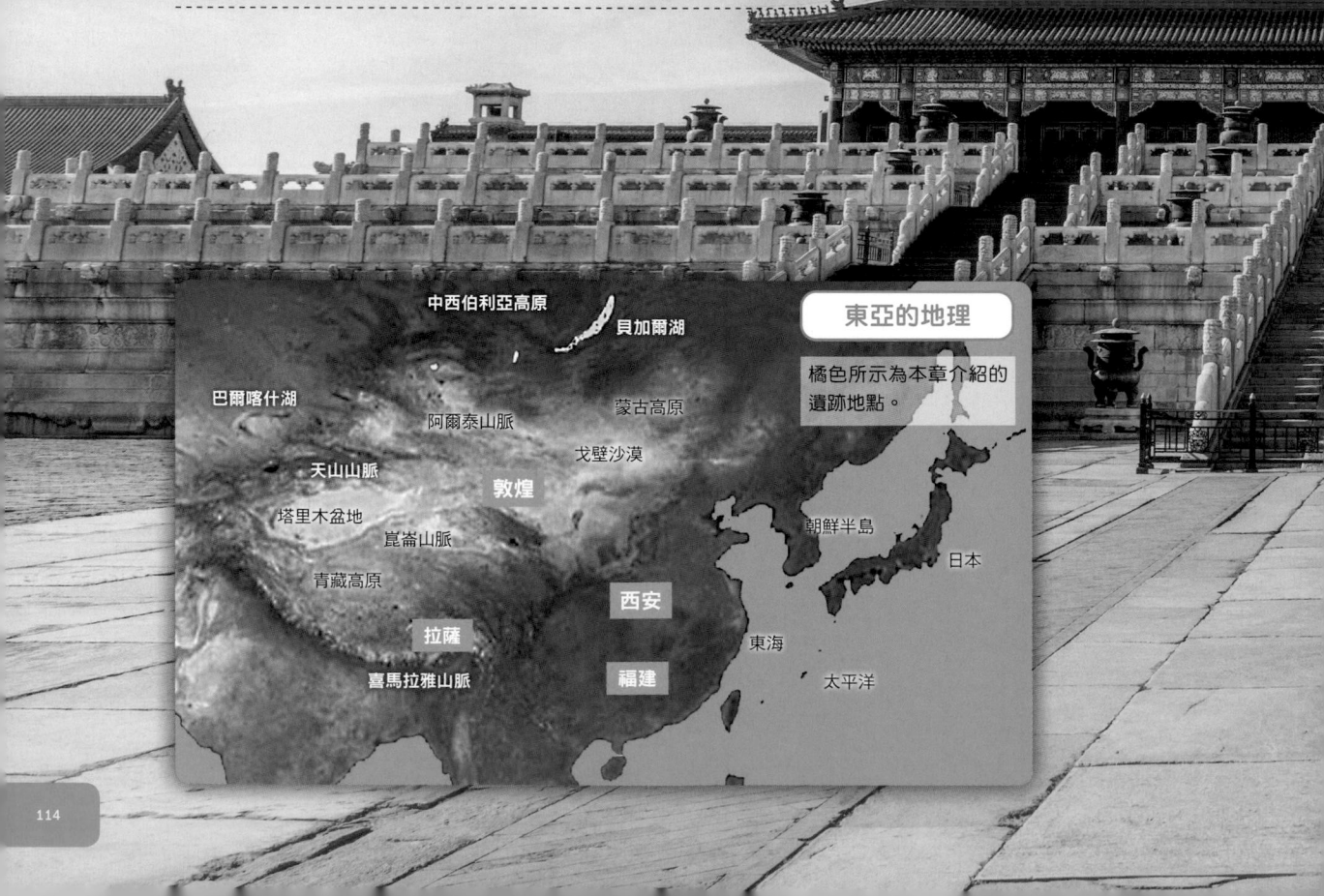

中西伯利亞高原
貝加爾湖
巴爾喀什湖
阿爾泰山脈
蒙古高原
戈壁沙漠
天山山脈
敦煌
塔里木盆地
崑崙山脈
朝鮮半島
日本
青藏高原
西安
拉薩
東海
喜馬拉雅山脈
福建
太平洋

東亞的地理

橘色所示為本章介紹的遺跡地點。

東亞的時代劃分

本表列出了以中國為主，中、北亞與朝鮮半島、日本的主要朝代。照片為明、清時代的宮城紫禁城（現為故宮博物院）。

	中國		中、北亞	朝鮮半島	日本
西元前8000年左右		稻作・雜穀栽培			
西元前1600年左右	殷商				
西元前1027年	西周				
西元前770年	春秋時代	東周	匈奴		
西元前403年	戰國時代	東周			
西元前221年	秦				
西元前202年	西漢			古朝鮮時代 高句麗 （前1世紀左右～668）	
西元8年	新				
西元25年	東漢		鮮卑（156～）		
西元220年	三國時代	魏・蜀・吳			
西元304年	五胡十六國	東晉（317～420）	柔然（5～6世紀）	百濟 （4世紀半葉～660） 新羅 （4世紀半葉～935）	
		北魏（386～534）			
西元439年	南北朝	宋（420～479） 齊（479～502） 梁（502～557） 陳（557～589） 西魏（535～556） 東魏（534～550） 北周（556～581） 北齊（550～577）	突厥（552～745）		古墳時代
西元581年	隋				
西元618年	唐		渤海（698～926） 回鶻（744～840） 喀喇汗國（～1132）		飛鳥時代 奈良時代
西元907年	五代十國	遼（契丹）		高麗（918～1392）	
西元960年 西元1127年	宋 （北宋） （南宋）		西夏（1038～1227） 金（1115～1234） 西遼（1132～1211）		平安時代
西元1271年	元 （蒙古）		窩闊台汗國 （1229～1241）		鎌倉時代
西元1368年	明		北元 （1368～1388） 瓦剌 （？～1454）	朝鮮（1392～1910）	南北朝時代 室町時代 安土桃山時代 江戶時代 明治時代
西元1636年	清			大韓帝國 （1897～1910）	
西元1912年	中華民國				

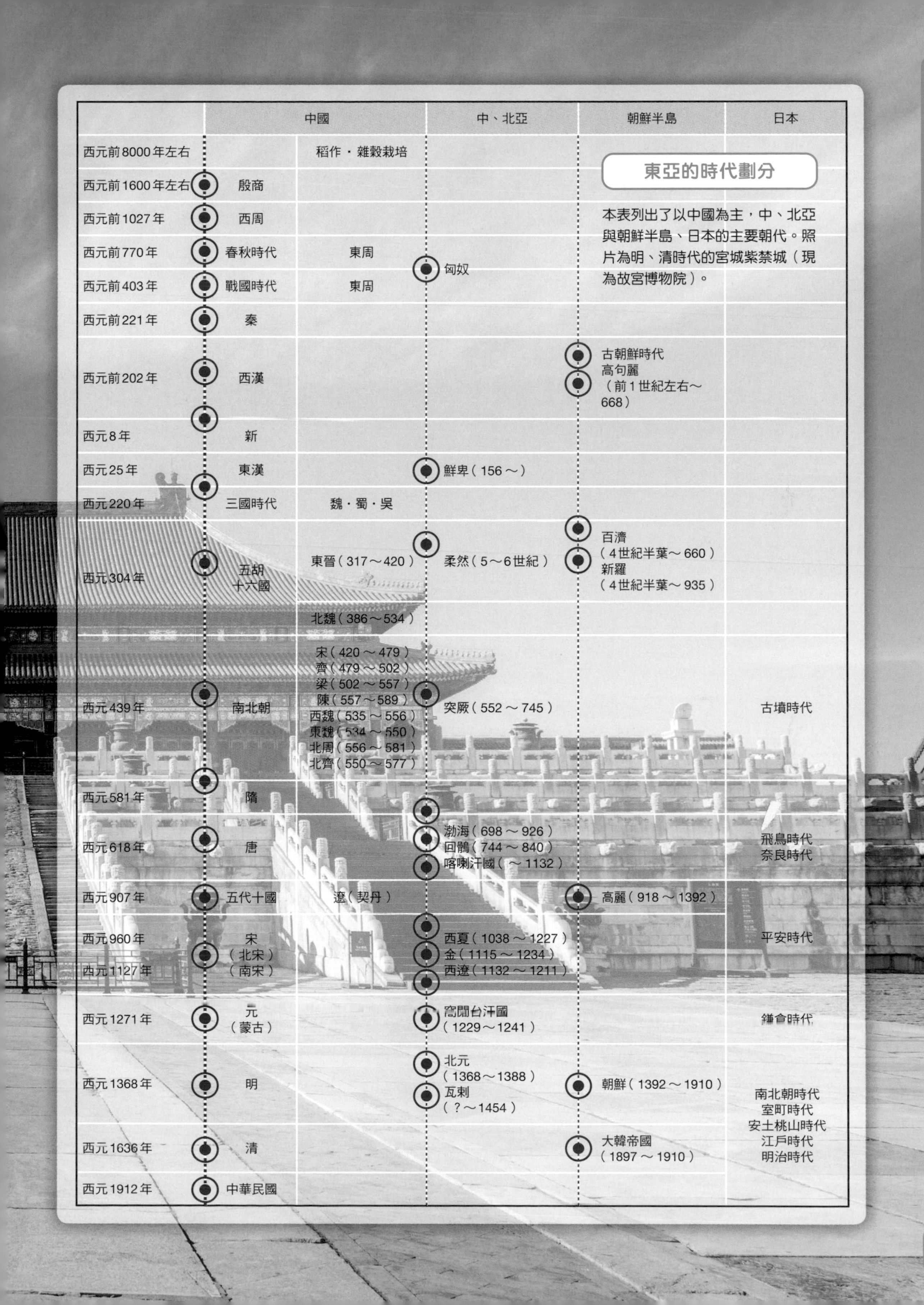

西元前221年 秦
統一中國的秦始皇

秦朝的秦始皇（在位：前221～前210）平定了持續超過500年的戰亂，成功統一中國。皇帝當時正值39歲。

秦始皇的統一大業其實涵蓋範圍很廣。不僅統一了文字、度量衡※及貨幣，也對道路加以整頓。他還下令燒毀醫學、工學以外的其他國家典籍，執意活埋不遵從法律的儒學家，行「焚書坑儒」以達成思想上的統一。一般認為此舉為延續2000年的中華帝國打下了基礎。

另一方面，秦始皇針對戰國時代各國所建的長城進行修築、接補，建成萬里長城（第128頁）。

秦始皇在50歲時駕崩。他的陵寢雖然從生前就開始打造，卻來不及在有生之年完成，後由其子秦二世（胡亥，在位：前210～前207）接手建造。為了守護死後的皇帝，陵寢周邊配置了8000個真人大小的人像和馬俑，稱為「兵馬俑」。

然而，高壓統治下的人民對體制心生不滿，秦始皇死後各地叛亂四起，秦朝維持統一不過短短15年，便覆滅了。

※重量、長度等單位。

秦長城
趙長城
燕長城
燕
中山
黃河
趙
齊
秦國長城
魏
衛
魯
周
宋
韓
秦
楚
長江
秦始皇
（西元前259～西元前210）

從戰國時代到統一天下

秦始皇完成統一前的中國勢力分布圖。紅色部分為秦國領土。包括秦在內，魏、趙、楚、燕、齊、韓是合稱「戰國七雄」的強國。細線為秦始皇整頓的「馳道」。秦始皇統一國土之後，將各國擁有的長城進行修補而打造出萬里長城，穩固了北方的防禦。

8000個「兵馬俑」

「俑」這個字代表燒製的人偶。俑的身高約180公分。據說不光是服裝、髮型，連每一個俑的表情都不盡相同。

8000個兵馬俑組成的地底軍團

秦始皇的陵寢（第120頁）稱為驪山陵，位於現在的中國陝西省。兵馬俑坑是附近的農民在1974年意外找到陶器碎片而發現的陪葬坑。

兵馬俑坑分成一號坑到四號坑，其中四號坑是空無一物的空坑。

其餘三個俑坑的總面積超過2萬平方公尺，俑的數量多達8000個。

一號坑為步兵與戰車組成的部隊；二號坑為戰車部隊、騎兵部隊、弓兵部隊所構成的混合部隊。三號坑的面積只有二號坑的20分之1。不過，三號坑兵俑所持的武器「殳」（古代用竹、木做成的兵器，有稜無刃）不具備殺傷能力，多用於祭祀活動等場合。另外也有發現鹿等動物的骨頭，由此推論三號坑或許是兵馬俑軍團的指揮部，負責在出陣之際舉行儀式等。

版築保護著的兵馬俑

實際的一號坑。現為兼具展示與研究功能的圓頂博物館。人偶放置在「版築」之間，版築是使用好幾層夯土固定而成的牆壁。

兵馬俑坑

根據兵馬俑坑配置圖復原的插圖。如下所示，各坑配置了不同陣容的俑。

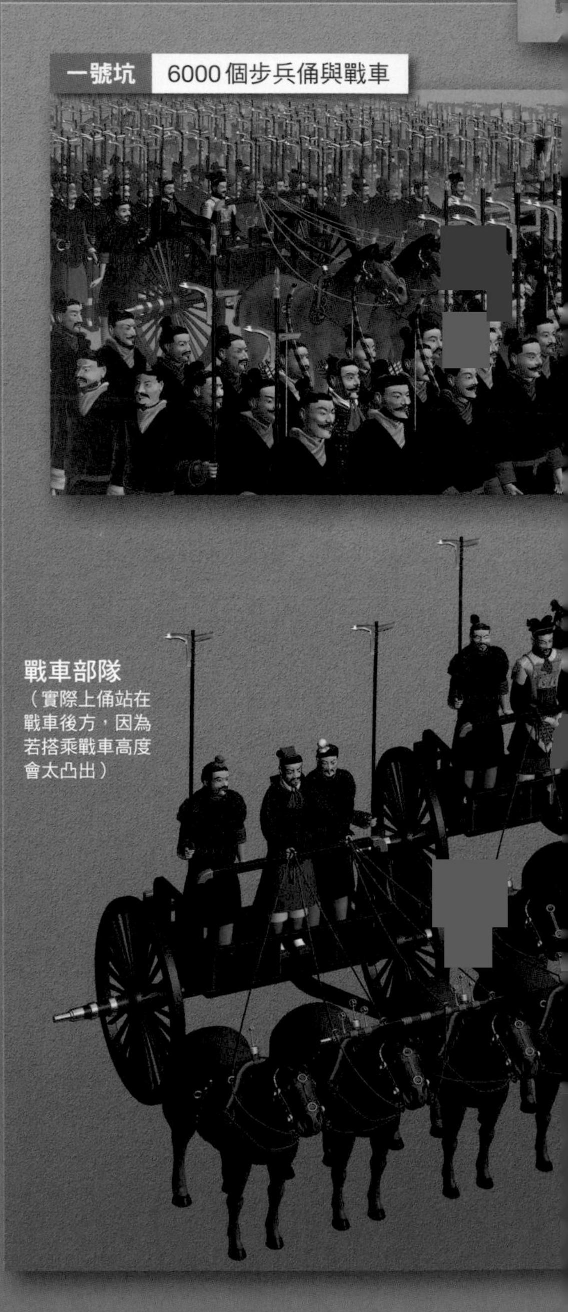
一號坑 6000個步兵俑與戰車
戰車部隊
（實際上俑站在戰車後方，因為若搭乘戰車高度會太凸出）

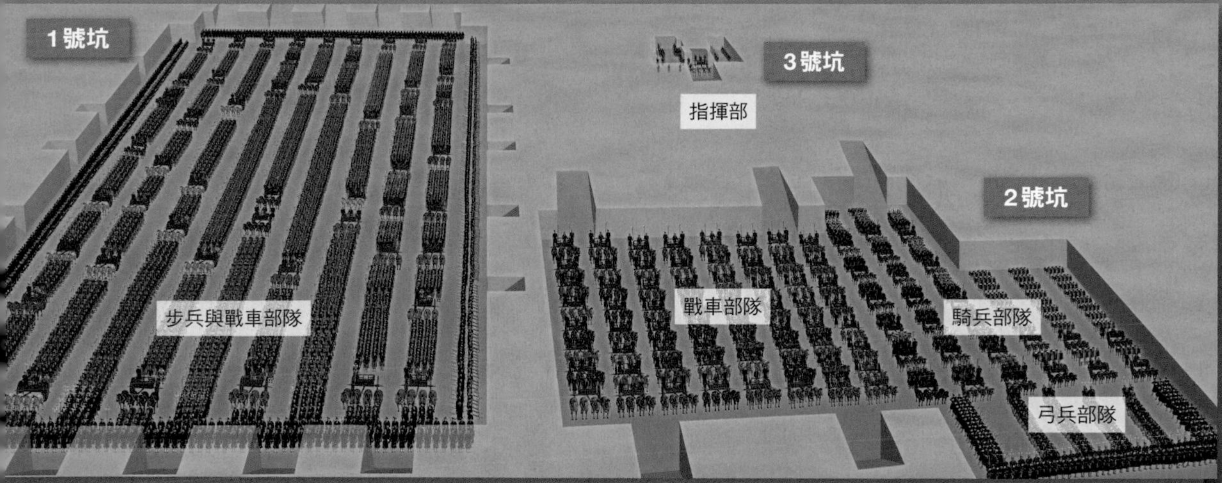
1號坑
3號坑
指揮部
2號坑
步兵與戰車部隊
戰車部隊
騎兵部隊
弓兵部隊

3號坑 排有儀仗兵的指揮部

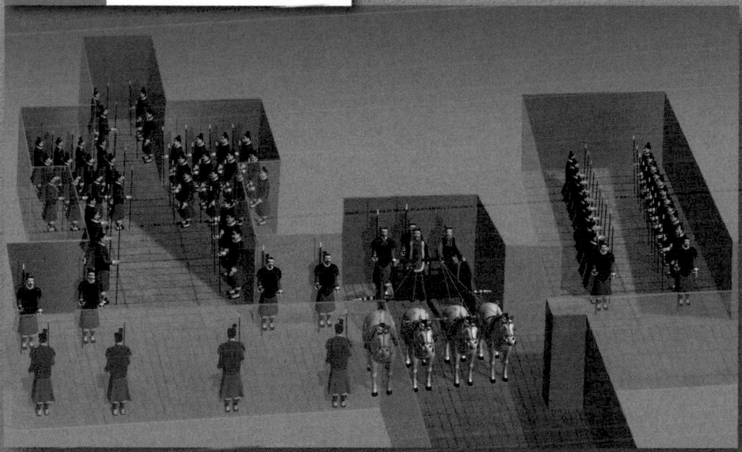

2號坑 戰車、弓兵、騎兵部隊

弓兵部隊

鞋底
（腳跟與腳
尖有許多具
止滑作用的
釘狀物）

耗時30年以上歲月建成的秦始皇陵

根據中國史學家司馬遷（約前145～約前90）所著的《史記》，秦始皇陵是嬴政即位秦王的翌年 — 西元前246年開始建造，當時他14歲。陵寢是在皇帝駕崩後，西元前209年接近完工。建設工程時間長達37年，動員了超過70萬名囚犯。

從秦始皇陵發現的俑中，有些明顯不是士兵。像是從「文官俑坑」出土的文官俑、從「百戲俑坑」發現上身赤裸的俑等。所謂的百戲是指雜技，以現代來比喻的話，可以想成如日本藝妓那樣擁有諸多才藝的雜技團。此外，在外城東北方約500公尺處的「水禽坑」內，還發現了青銅製天鵝、鶴、雁等水鳥以及可能是飼育者的俑。

墳丘（陵寢）以西有發現2輛「銅馬車」。有頂的二號銅馬車稱為「轀輬車」，秦始皇達成中國統一後，曾搭乘這種交通工具五度出巡全國。其他物件都是等比大小，唯獨這輛馬車的尺寸為2分之1。

水禽坑

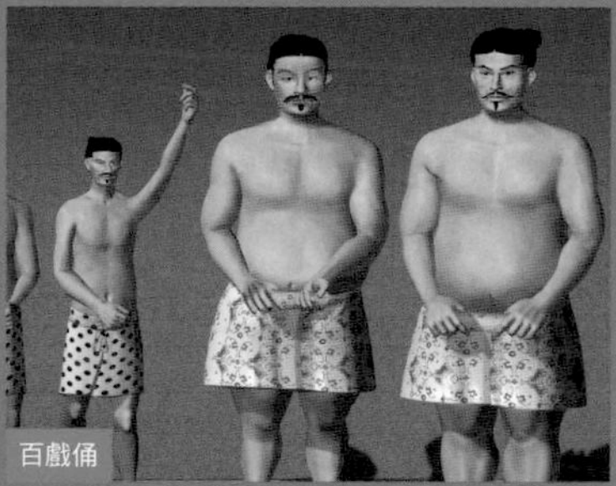
百戲俑

文官俑

外城
水禽坑
銅馬車坑
內城
魚池水
墳丘（陵寢）
兵馬俑坑
百戲俑坑
文官俑坑
馬廄坑
五稜遺跡
驪山

秦始皇陵

紅框處為坑。未介紹名稱的坑為「陪葬坑」。

二號銅馬車
（轀輬車）
一號銅馬車

載運皇帝靈魂的轀輬車

皇帝在第五次出巡途中於轀輬車上病逝。《史記》上記載：為避免秦始皇的死引發混亂，胡亥（後來的秦二世）繼續載著遺骸出巡，直到返回首都發喪。

專欄 COLUMN 未出土的「地下宮殿」

根據《史記》所述，墳丘的地底深處有座地下宮殿，安置著秦始皇的棺木。據傳還有引入水銀的河、海，重現地上的地理分布。墳丘地底尚未進行挖掘，但根據2005年的調查報告，已知在墳丘底下有個由石灰岩岩盤圍成的空間，東西168公尺、南北141公尺、高15公尺。這個空間又被以版築所建的牆壁包圍，以隔絕地下水。此外，墳丘的土壤也有驗出大量水銀。

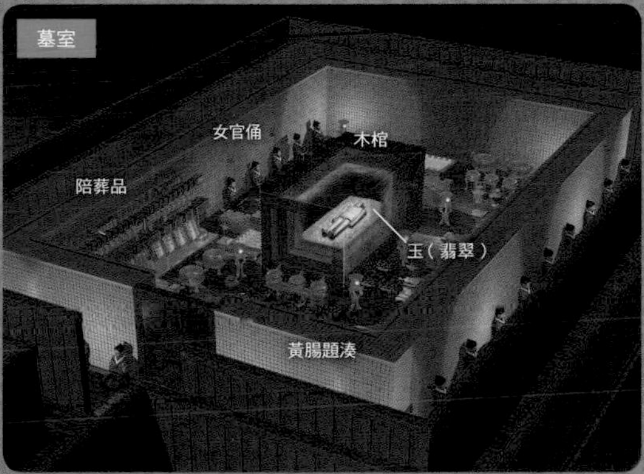
墓室
女官俑
木棺
陪葬品
玉（翡翠）
黃腸題湊

耐水防護牆
往地上的通道
石灰岩牆壁
以翡翠打造的草原
墓室
以石灰岩打造的山岳
護衛俑
往地上的通道
水銀海

※圖為根據史記內容與調查報告加以重現的地下宮殿模樣。

西元前120年左右 漢

串聯東西方的「絲路」

直到16世紀被海上貿易取代以前，絲路是連接東西方的重要貿易路線。流通的不只有絲綢，從辛香料、飾品到宗教、科學，還有各種文物互相交流。

絲路的起源可以追溯至漢武帝（在位：前141～前87）時代。西元前120年左右，當時漢朝飽受蒙古高原的遊牧民族匈奴威脅。於是漢武帝派遣張騫（前164～前114）出使西域，企圖與中亞的大月氏國結盟共擊匈奴。雖然最終未能成功結盟，不過張騫所開拓往西亞的路線，後來就成了絲路。

絲路大致上可以分成三條路線：從敦煌包夾塔里木盆地的南北兩道，以及從烏魯木齊沿著天

絲路

羅馬
伊斯坦堡
撒馬爾罕
吐魯番
洛陽
喀什
樓蘭
敦煌
西安
奈良
巴格達

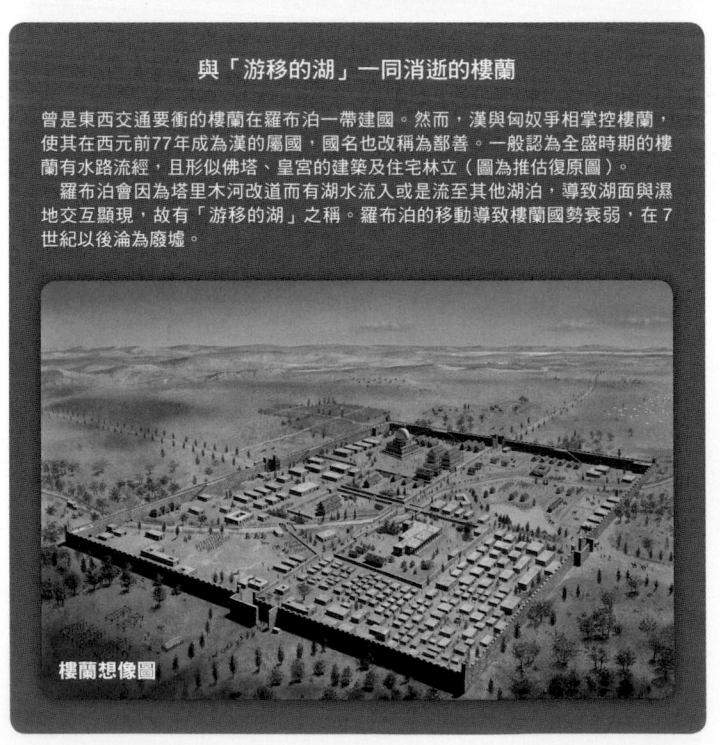

與「游移的湖」一同消逝的樓蘭

曾是東西交通要衝的樓蘭在羅布泊一帶建國。然而，漢與匈奴爭相掌控樓蘭，使其在西元前77年成為漢的屬國，國名也改稱為鄯善。一般認為全盛時期的樓蘭有水路流經，且形似佛塔、皇宮的建築及住宅林立（圖為推估復原圖）。

羅布泊會因為塔里木河改道而有湖水流入或是流至其他湖泊，導致湖面與濕地交互顯現，故有「游移的湖」之稱。羅布泊的移動導致樓蘭國勢衰弱，在7世紀以後淪為廢墟。

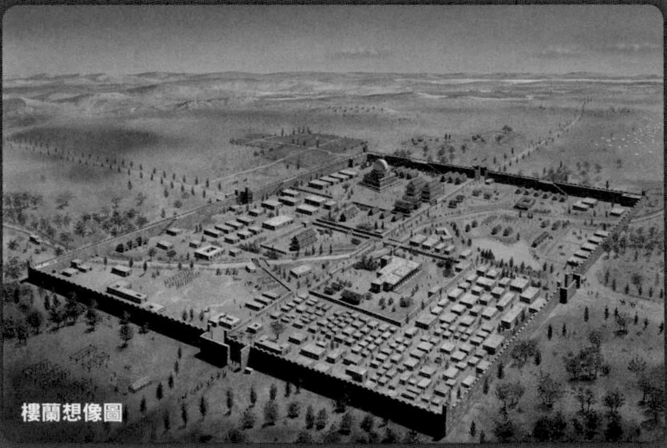
樓蘭想像圖

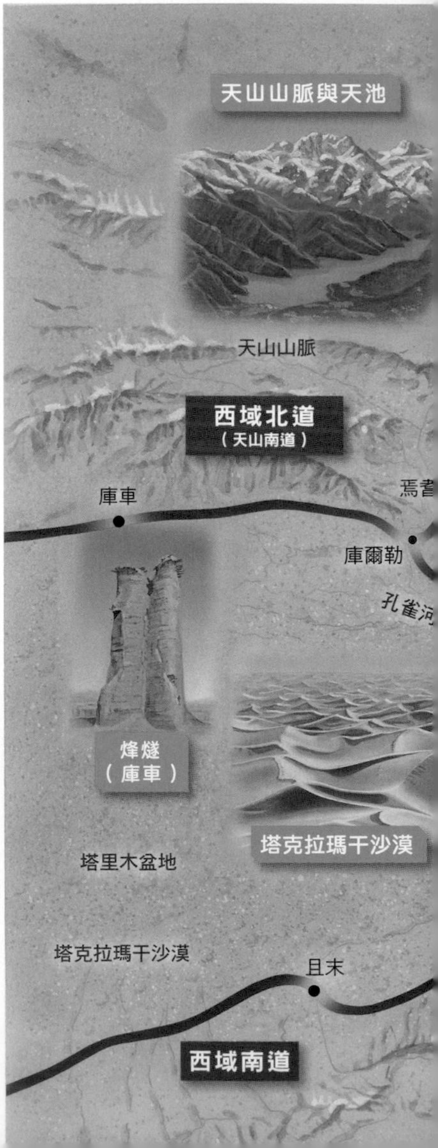
天山山脈與天池
天山山脈
西域北道
（天山南道）
庫車
焉耆
庫爾勒
烽燧
（庫車）
塔克拉瑪干沙漠
塔里木盆地
塔克拉瑪干沙漠
且末
西域南道

山山脈前往的北路（新北道）。儘管貿易往來隨著東漢滅亡一度衰退，不過唐朝（618～907）重啟後，便迎來巔峰時期。

沙漠綠洲

距離甘肅省敦煌約5公里處有座廣大的沙山「鳴沙山」，當風拂過沙子就會發出聲響。北側山麓有座名為月牙泉的彎月形綠洲。

連結綠洲的路線

從敦煌沿著崑崙山脈前進的南路如圖所示。穿越嚴苛大地的絲路設有連結綠洲的路線。路線會隨著時代演進稍有變化，不過4世紀左右可能有條以樓蘭為中心從敦煌前往西域的路線。據說在唐代，只要持有設於龜茲（庫車）的安西都護府發行的通行證，就能隨時在唐進行貿易。

柏孜克里克千佛洞
高昌古城
烏魯木齊
吐魯番
柏孜克里克千佛洞
哈密
高昌古城
莫高窟
玉門關
樓蘭的佛塔
嘉峪關
安西
玉門關
樓蘭
敦煌
莫高窟
嘉峪關
羅布泊
陽關
▲鳴沙山
酒泉
米蘭
若羌
阿爾金山脈
祁連山脈
鳴沙山
崑崙山脈
有翼天使壁畫
（米蘭）

西元366年左右 前秦
敦煌的莫高窟

敦煌是位於現在中國甘肅省的都市。在城鎮的東南方，有座南北長達約1600公尺的「莫高窟」建於斷崖之上。

這個地方原本是匈奴等遊牧民族的土地，而漢族約莫在漢武帝的時代建立起據點。漢朝在敦煌以西構築玉門關、陽關等關隘（第122頁的地圖）作為與西域的邊界。從這個時期開始，來自西域的文物必定會通過此處。

後來漢朝滅亡，直到5世紀左右被北魏統一以前，中國歷經了三國時代※1、五胡十六國※2、南北朝分裂※3等諸多王朝的興衰輪替。莫高窟的開鑿作業可能就發生在這段戰亂的西元366年※4。

莫高窟由前秦的樂僔和尚率先開鑿，過去是作為佛道修行場。即使正逢戰亂期間，在北魏統一之後，僧侶也持續開鑿石窟，冀望透過任何人都能理解的壁畫及佛像來傳達佛教思想。博覽長達約1000年間所繪的壁畫及佛像，即可了解佛教是如何從印度傳到中國，又是如何演變而來。

※1：三國時代：是指趁黃巾之亂起義的魏、蜀、吳三國鼎立直到西晉統一，為期約60年。
※2：五胡十六國：在439年北魏統一以前分立的諸國統稱。包括漢的周邊民族（五胡）所建的13個國家與漢族所建的3個國家。
※3：南北朝：分裂成華北與江南的時代。北朝從北魏統一開始有東魏、西魏、北齊、北周這幾個王朝，南朝則依序經歷宋、齊、梁、陳。
※4：現存最古老者為5世紀初所建。

（左）以繽紛色彩妝點的壁畫。（中）莫高窟可以概分成南區與北區。照片為南區，石窟持續開鑿到元代。（右）據說修行僧以前是在北區生活、冥想。相較於有壁畫及塑像的南區，北區的構造更簡樸。（下）描繪莫高窟整體的插圖。由此可見鳴沙山的山腹綿延不絕。

莫高窟整體圖
96窟

九層樓

莫高窟有735個石窟尚存。石窟有編號，照片為莫高窟最具象徵性的96窟，名為「九層樓」。高約40公尺，內部供著高33公尺的大佛。

內部

南區

北區

諸子百家與從絲路傳入的佛教

從西元前770年起持續500多年的春秋戰國時代，中國有各式各樣的思想家相繼誕生，這些人物及學派稱為「諸子百家」。孔子（前551～前479）、孟子（前372～前289）等人才輩出的儒家，到了漢武帝時代更發展成為國教 — 儒教。

後來，佛教經由絲路傳進中國。東漢時代（25～220）起，宣揚佛法的梵語佛經被陸續翻譯成漢語。

佛教是在五胡十六國時代（304～439）紮根穩固，莫高窟的開鑿作業也差不多在同個時期開始動工。儘管當時已經有零零散散的佛經傳入並經過翻譯，不過闡明教義的順序及形式等至此才有了完整的體系。

這個時期最有名的譯者為鳩摩羅什（344～413）。鳩摩羅什出生於綠洲都市龜茲國，在印度學習佛教，後來受到後秦王朝（384～417）以國師之禮聘請到首都長安進行翻譯。包括《維摩詰經》、《法華經》、《阿彌陀經》、《般若經》等，翻譯的經典超過300卷。

佛經翻譯在儒教、道教等傳統思想的影響下，令中國佛教的發展日趨成熟。

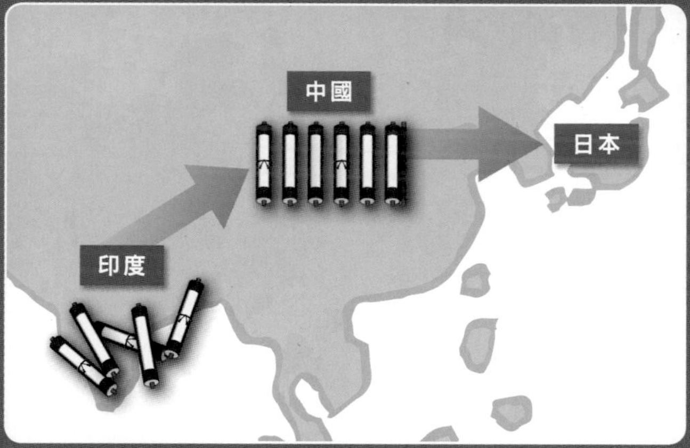
中國
日本
印度

佛經在中國體系化

寫有佛教教義的經典是從印度的梵語翻譯成漢語，再傳到日本。翻譯根據時代大致分成三個階段。舊譯時代不只進行翻譯，也對經典的體系加以統整。三藏法師（玄奘）因為從中國前往印度取經（西天取經）而聲名遠播，還是明朝小說《西遊記》中的角色原型。

重大事件	王朝	翻譯	主要譯者
佛教傳入中國	漢、三國時代	古譯時代	安世高
佛教紮根穩固	五胡十六國、南北朝時代	舊譯時代	鳩摩羅什
諸宗派成立	隋・唐	新譯時代	玄奘
失去國家保護	五代十國、宋、元以後		

龍門石窟

中國三大石窟之一。從北魏（386～438）孝文帝開始動工一直到唐朝末年，歷時大約400年終於落成。全長約1公里。照片中央的「奉先寺」盧舍那佛是座高約17公尺的坐像。左右側如無數洞穴般開鑿的部分稱為「萬佛洞」，刻有超過1萬5000尊佛像。

諸子百家

春秋戰國時代正逢亂世，當時出現的多位思想家被後世稱為諸子百家。此處僅以儒家、道家、兵家為例，還有其他如墨家、名家、陰陽家和農家等。這些學派是後來中國思想的原型。照片為中國福建省泉州一塊刻有老子的巨岩（老君岩）。

儒家	道家	兵家
孔子	老子	孫子
孟子	莊子	吳子
荀子		

佛教藝術也受到中國風格影響

龍門石窟奉先寺的盧舍那佛建於中國唯一一位女帝武則天的時代。據說其姿態是以武則天為原型。從印度傳入中國之際，佛像的容顏等受到中國風格影響。這些變化亦可見於日本的奈良大佛。

西元13世紀左右 元
蒙古大軍與萬里長城

萬里長城是由秦朝（西元前221～前206）始皇帝所建。不過，當時是將過去各國為了防範遊牧民族侵略所建的城牆相連、修補而成。

後來的北魏（386～534）、金（1115～1234）等王朝也有進行過補強及延長工事，但是仍擋不住蒙古帝國（元朝※1）越過長城進攻國內。

蒙古帝國是有草原霸主之稱的成吉思汗（在位：1206～1227）建構的帝國。

蒙古人的部族過去以來占據著中國北方。然而，成吉思汗召集統領眾多部族的首長展開「忽里勒台」會議，在西元1206年成為眾部族的最高領袖（汗）。擅長行軍遠征又精通騎馬戰術的蒙古大軍，建立王朝不過數年就推翻了金朝，還在短時間內將伊斯蘭世界也納入統治之下，甚至嘗試跨海侵略日本※2。話雖如此，迅速征服廣大領土的蒙古帝國經營不到百年就結束了※3。

萬里長城再次整建是在15世紀以後 — 明朝（1368～1644）

樓櫓

萬里長城

萬里長城是歷代王朝修築、延長的成果。不過，也有對此置之不理的王朝。此外，早在蒙古帝國以前，柔然等遊牧民族國家也曾經翻越萬里長城入侵過。明代的長城寬約4～5公尺、高約7～8公尺，每隔一段距離就設有高約10～13公尺的樓櫓（瞭望塔）。在斜面較陡的地方有用磚頭蓋成的階梯。

永樂帝（明成祖，在位：1402～1424）對東山再起的蒙古進行遠征。如今所見的萬里長城即為永樂帝的建造成果。據說長城的總距離約有8900公里。

※1：西元1271年以元為國號。

※2：西元1274年、1281年的元日戰爭（日本稱蒙古襲來）。

※3：除了經濟、政治方面的動盪，天災及鼠疫等疫病流行也是造成帝國瓦解的主要原因。

蒙古最古老的寺院

13～14世紀左右的蒙古帝國首都哈拉和林，有座16世紀所建的額爾德尼召寺（漢名光顯寺）。照片為佛塔，有108座。

造階梯

西元17世紀 清
藏傳佛教的聖都

藏傳佛教是在7世紀時傳入西藏的佛教與西藏民間信仰苯教相互融合，獨自演變而成。不同於在中國發展的佛教，藏傳佛教是直接承襲印度佛教的流派。

西藏在唐代被稱為吐蕃，由松贊干布（在位：629～649）於7世紀統一。松贊干布對唐提出與公主聯姻的要求，在641年迎娶文成公主（623～680）為妃。王后是尼泊爾的尺尊公主（？～約649）。

隨著公主下嫁，各種技術及文化也從中國傳入西藏。其中，由於文成公主篤信佛教，首都拉薩因而有寺院落成。吐蕃王朝雖然在西元842年滅亡，不過為了籠絡信仰藏傳佛教的蒙古族及藏族，藏傳佛教在清朝備受禮遇。

15世紀以後，嚴守藏傳佛教戒律的宗喀巴（1357～1419）開創了教主（喇嘛）轉世傳承※制度。

建於17世紀的布達拉宮是以松贊干布的宮殿加以擴建、修築而成，是藏傳佛教教主達賴喇嘛的居城。

※喇嘛據傳是菩薩的化身，為引導世人而不斷輪迴轉世。當喇嘛圓寂，就要尋找可能是其轉世者的繼承人，選為下一任達賴喇嘛。

西藏的位置

吐蕃（西藏）隔著喜馬拉雅山脈與尼泊爾相鄰，且位處尼泊爾與唐之間。唐朝首都為長安。西藏現在是中國的自治區。

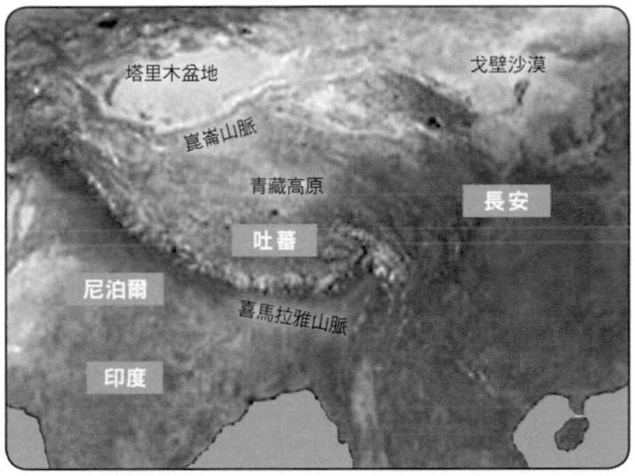
塔里木盆地
戈壁沙漠
崑崙山脈
青藏高原
長安
吐蕃
尼泊爾
喜馬拉雅山脈
印度

布達拉宮

（下）布達拉宮位於西藏自治區的拉薩，是約有1000個房間的13層宮殿建築。「布達拉」之名源自於觀世音菩薩居住的「補陀落」。（右上）藏傳佛教使用的佛具「轉經筒」，又稱為轉經輪或嘛呢輪，據說以手輕推轉動即可獲得與念經同等的功德。（右中）藏傳佛教的經典是將梵語譯成藏語的文本。

西元14～20世紀 明、清
用於自衛的圓形住宅

元朝末年不僅政治動盪，水災及飢荒也讓天下大亂。西元1368年時明朝建立，蒙古人被趕到萬里長城的北側。

明朝在北京建都，將紫禁城（第114頁）擴建、改造，還強化了君主專政體制，漢族文化在這個朝代迎來了巔峰時期。在西元1644年消滅明的清（1636～1912），於施政方面也繼承了明代的遺產。

另一方面，在治安稱不上良好的明代，衍生出一種族人群居在某地自衛的生活型態，也就是名為「土樓」（圍樓）的集合住宅。土樓是遭到異族追趕，而從北方南下的客家人所建。

土樓是以土加固的版築搭配圓形或方形外牆的建築，內部有三至五層樓的住宅林立。有些土樓內部有幾百個房間，且多達房間數量兩倍以上的人們現今仍在裡頭生活。中心有祭祀祖先的祠堂，有時候低樓層還會用來飼養家畜等。

土樓的入口又窄又小，這種結構會讓大集團難以進攻。

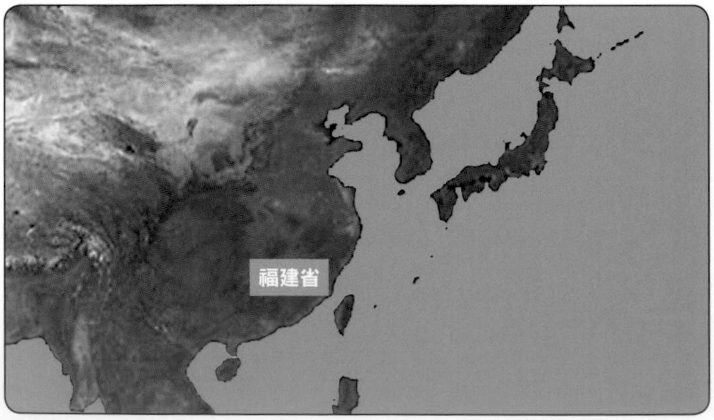
福建省

福建的土樓

散布於中國福建省西南部山岳地區的土樓稱為「福建土樓」。土樓中央有中庭，內有祭祀祖先的祠堂及水井等，而住宅就蓋在其周圍。2008年登錄為世界遺產。雖然作為觀光景點開放參觀，但現今仍有人住在裡頭。

COLUMN

絲路的終點 正倉院

絲路促進了歐洲與亞洲交流各種文化、宗教，有時連疫病也跟著四處散播。

日本透過遣唐使引進了裝飾品、樂器以及書法等。而且不光是只有文物，人也因此互相往來。文書及木簡等紀錄就明確顯示，過去曾有波斯人造訪奈良。

從波斯及中國傳入的各種文物

正倉院是奈良東大寺內的校倉造寶物庫，收藏了大約9000件物品，其中亦包含聖武天皇（724～749）生前的愛用品等。

收藏品除了東大寺法會所用的佛具之外，也有保存透過絲路傳入的中國、西域、波斯工藝品及美術品等，足見當時的日本相當盛行國際交流。

防止寶物劣化近1200年的校倉造

校倉造是一種架高式建築，將三角形木材呈井字堆疊來構築外牆，寶物收藏在名為「唐櫃」的杉木櫃中。這些都有助於減緩濕度變化，藉此達到防止寶物劣化的功能。寶物當中還有像螺鈿紫檀五弦琵琶這種世界上只剩正倉院擁有的珍貴物品。

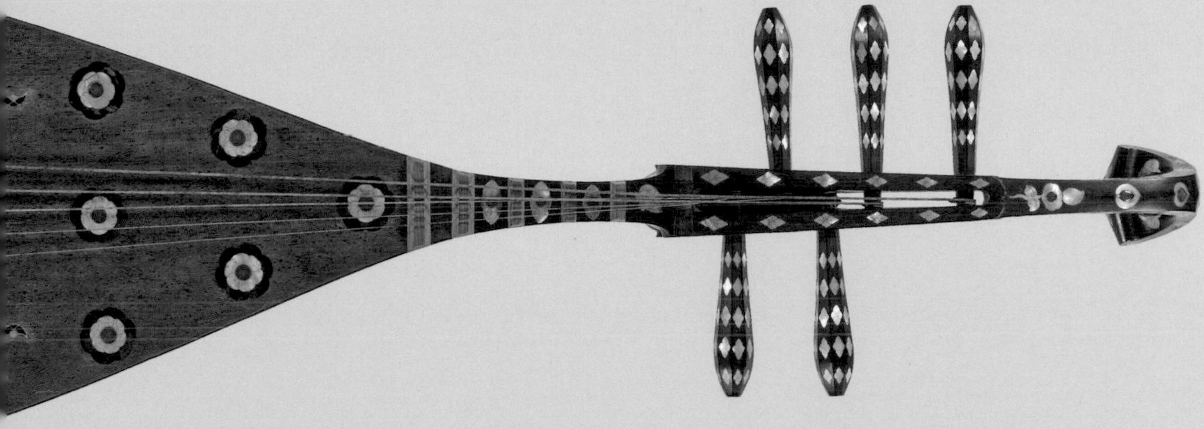

螺鈿紫檀五弦琵琶

據說直頭的五弦琵琶起源自印度。全世界僅存的同時代五弦琵琶歸正倉院所有。具有螺鈿及玳瑁（龜甲）裝飾，繪有騎在駱駝上彈奏琵琶的人。是8世紀左右的產物。

白琉璃碗

可能是6世紀左右波斯薩珊王朝所製的切割玻璃工藝品。

漆胡瓶

瓶蓋形似鳥頭的水壺。胡是指稱波斯的詞彙，這種造型源自於波斯薩珊王朝。使用了亞洲的漆塗工藝技術。是7世紀左右的產物。

正倉院

日本奈良時代至平安時代，官廳及大寺內設有典藏重要文書及物品的倉庫（正倉）。目前只剩奈良東大寺的正倉院尚存。

【科納克太陽神廟】
位於印度科納克（Konark）村的印度教寺院。由東恆伽王朝（Eastern Ganga dynasty）的國王納拉辛哈德瓦一世（Narasimha Deva I）於13世紀左右所建。基壇上飾有24個造型精緻的車輪，據說這是因為該寺供奉太陽神蘇利耶，特意將外觀仿造成奔馳於天上的太陽神馬車。

5
南亞的古代遺跡
Ancient Ruins in South Asia

SECTION
54

Indus civilization

印度河谷文明

在悠遠大河旁 誕生的印度河谷文明

距今大約5000年前，印度河谷文明的雛型以現在的巴基斯坦及印度為中心開始萌芽。最終發展成都市文明，在西元前2600年至前2000年左右盛極一時。

雖然印度河谷文明作為四大古文明之一為人所知，但是與美索不達米亞文明等相比，仍有許多未解之謎。可能是西元前1500年左右雅利安人從西北遷徙至此，後在西元前1000年左右於恆河沿岸發展而來。

古印度人信仰婆羅門教（Brahmanism），《梨俱吠陀》（Rigveda）為其最古老的聖典。後來，印度教以婆羅門教為基礎逐漸普及。

雅利安人入侵印度之際採用了「瓦爾納」（Varna）制度，根據膚色（人種）對被征服者實施階級區分（「瓦爾納」在梵語中意指顏色）。這套身分階級制後來演變成種姓制度（Caste System），至今仍在印度社會根深柢固。

此外，西元前5世紀左右釋迦牟尼（第144頁）在印度北部誕生，世界主要宗教之一佛教亦隨之誕生。7世紀左右起，隨著伊斯蘭帝國入侵，伊斯蘭教也跟著傳入印度。本章將著眼於南亞殘存的遺跡，逐一講述相關歷史。

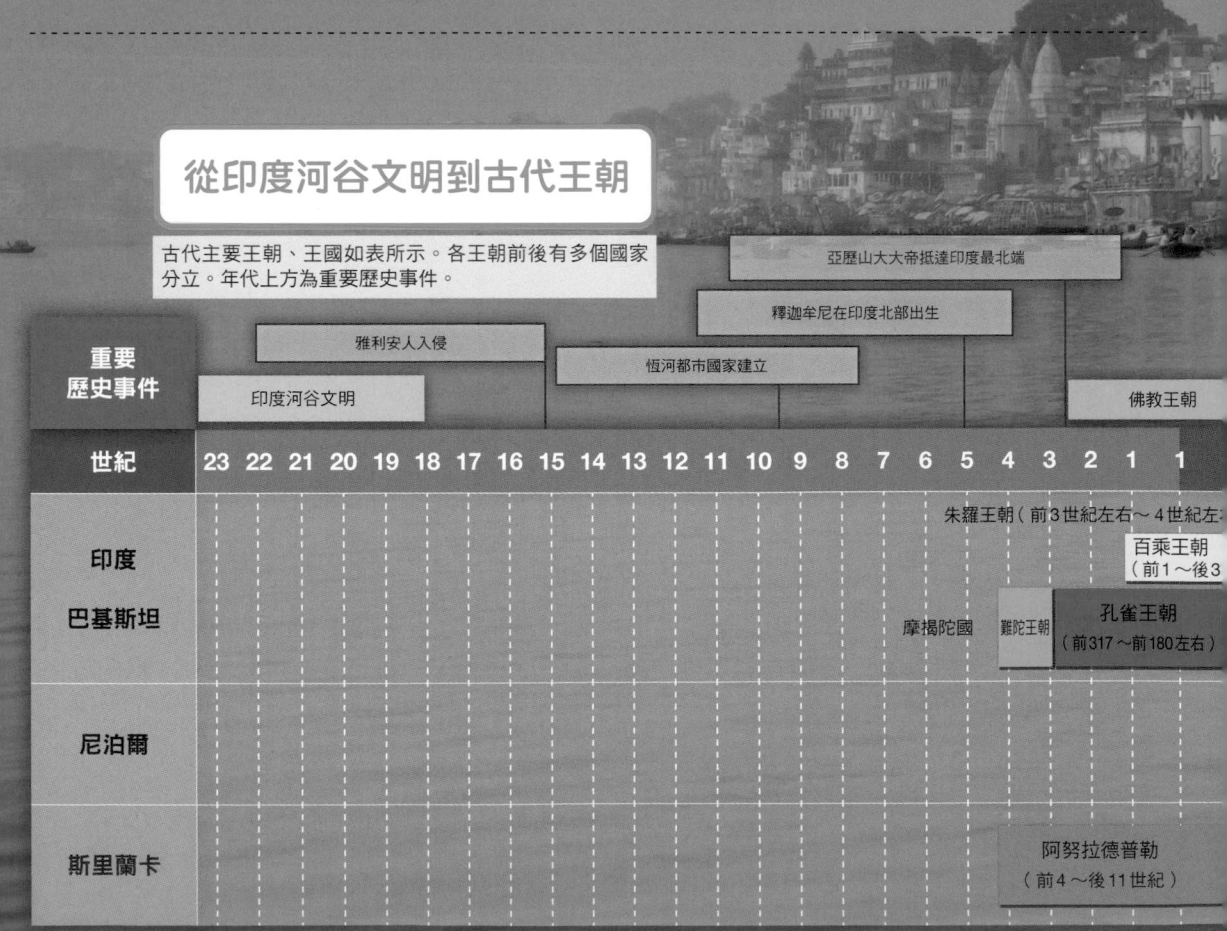

從印度河谷文明到古代王朝

古代主要王朝、王國如表所示。各王朝前後有多個國家分立。年代上方為重要歷史事件。

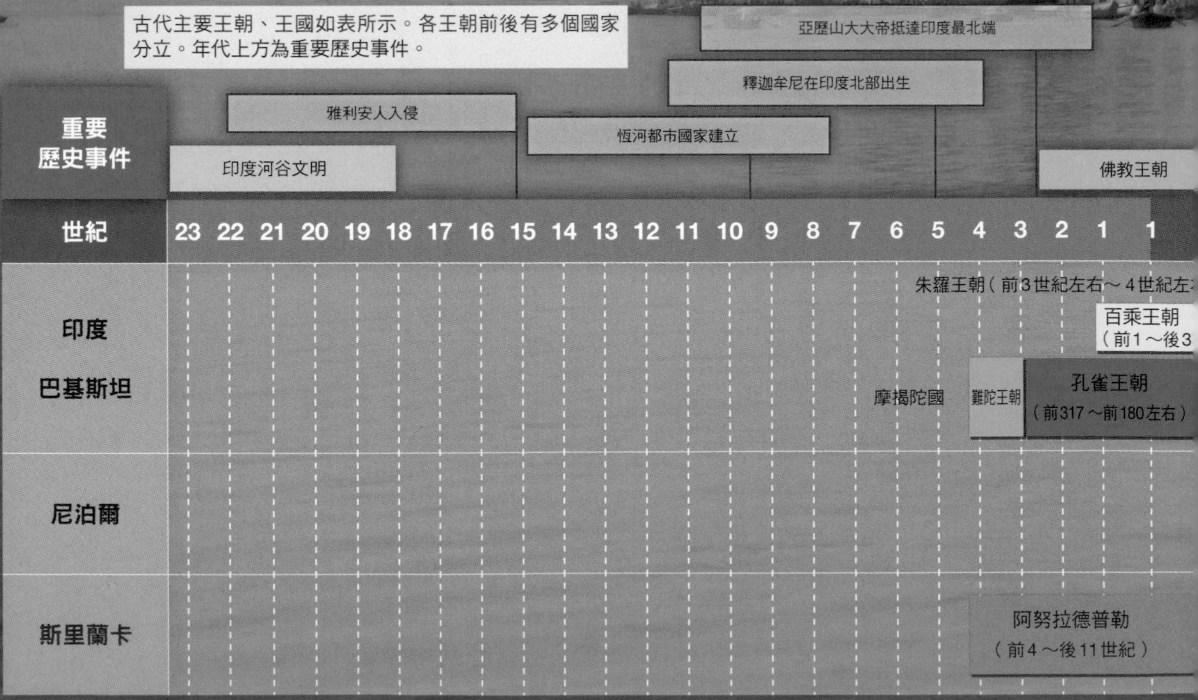

亞歷山大大帝抵達印度最北端
釋迦牟尼在印度北部出生
雅利安人入侵
恆河都市國家建立
重要歷史事件
印度河谷文明
佛教王朝
世紀
23 22 21 20 19 18 17 16 15 14 13 12 11 10 9 8 7 6 5 4 3 2 1 1
印度
巴基斯坦
朱羅王朝（前3世紀左右～4世紀左
百乘王朝
（前1～後3
摩揭陀國
難陀王朝
孔雀王朝
（前317～前180左右）
尼泊爾
斯里蘭卡
阿努拉德普勒
（前4～後11世紀）

南亞

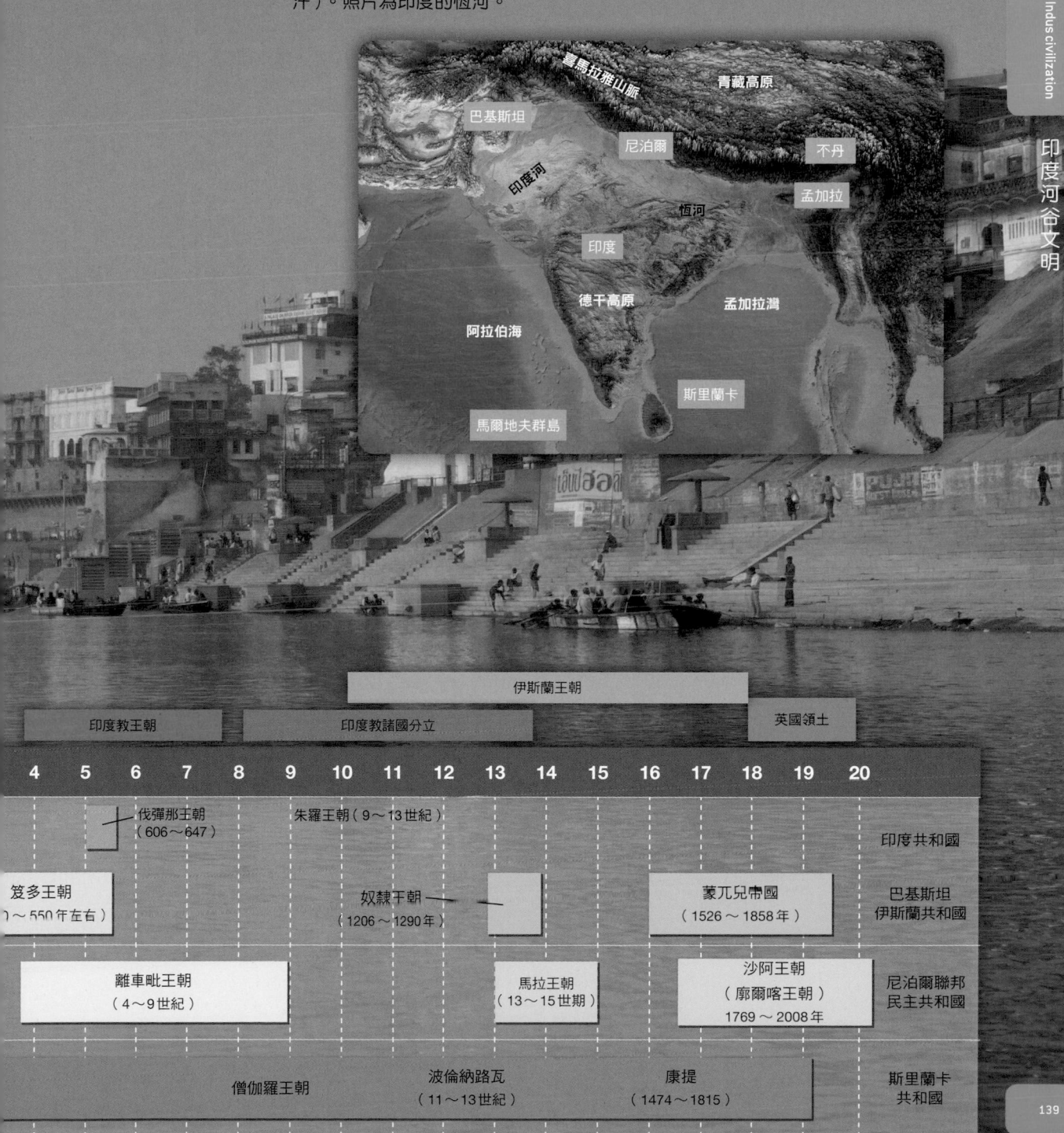

泛指亞洲的喜馬拉雅山脈以南，以印度半島為中心的地區。印度、巴基斯坦、孟加拉、斯里蘭卡、馬爾地夫、尼泊爾、不丹皆屬於南亞國家（有時包含阿富汗）。照片為印度的恆河。

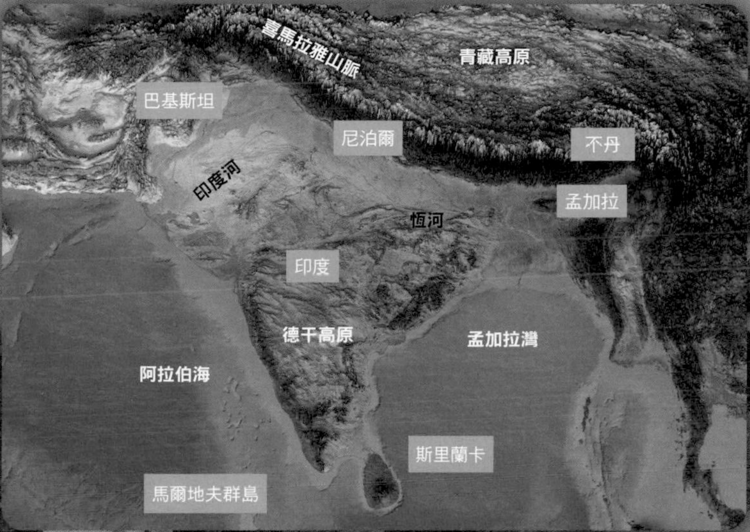
喜馬拉雅山脈
青藏高原
巴基斯坦
尼泊爾
不丹
印度河
孟加拉
恆河
印度
德干高原
孟加拉灣
阿拉伯海
斯里蘭卡
馬爾地夫群島

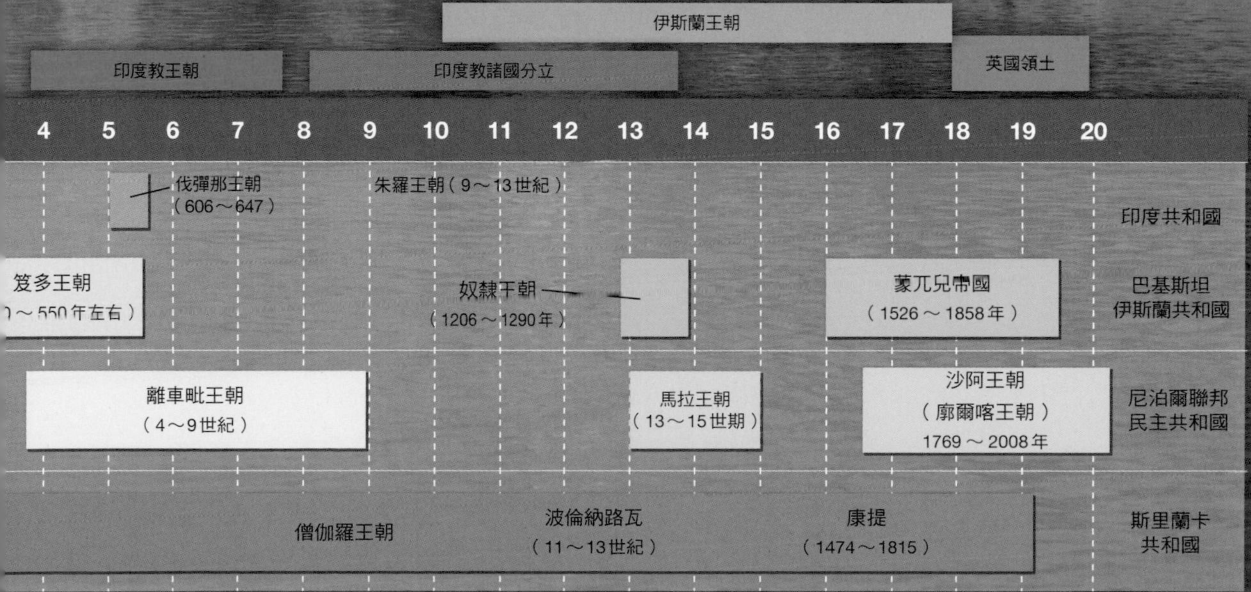
伊斯蘭王朝
印度教王朝
印度教諸國分立
英國領土
4 5 6 7 8 9 10 11 12 13 14 15 16 17 18 19 20
伐彈那王朝（606～647）
朱羅王朝（9～13世紀）
印度共和國
笈多王朝
～550年左右）
奴隸王朝
（1206～1290年）
蒙兀兒帝國
（1526～1858年）
巴基斯坦
伊斯蘭共和國
離車毗王朝
（4～9世紀）
馬拉王朝
（13～15世期）
沙阿王朝
（廓爾喀王朝）
1769～2008年
尼泊爾聯邦
民主共和國
僧伽羅王朝
波倫納路瓦
（11～13世紀）
康提
（1474～1815）
斯里蘭卡
共和國

西元前2600年左右 巴基斯坦
印度河谷文明的古代都市

摩亨佐達羅（Mohenjo-Daro）是印度河谷文明最古老且最大的都市遺跡。

摩亨佐達羅位於巴基斯坦南部的印度河下游。源頭位於西藏的印度河在下游流域形成一片肥沃的大地，一般認為農耕便是從這裡開始發展。

摩亨佐達羅由城塞區與市街區構成，其面積差不多是邊長約1.6公里的正方形。市區內規劃了排水溝及垃圾棄置場等，是座衛生條件好到令人有些驚訝的古都。

不過，堡壘區雖然有大沐浴場、穀倉等公共設施，卻找不到象徵王權的建築物及武器等。大部分的建築都是以燒製磚蓋成，是否有環繞整座都市的城牆還有待查明。

印度河谷文明從西元前2600年左右起，一直延續到西元前1800年左右。

井然有序的古都摩亨佐達羅

照片為堡壘區（俯瞰圖在第143頁）。中後方的窣堵波（stupa，佛塔）高約15公尺，是在摩亨佐達羅成為廢墟很久以後，於西元200年左右所建。堡壘區內是透過街道來劃分並設有排水溝，市街區以南北向寬約 9 公尺的主要道路為軸心，與其他大大小小的街道垂直相交，呈現棋盤狀都市結構。

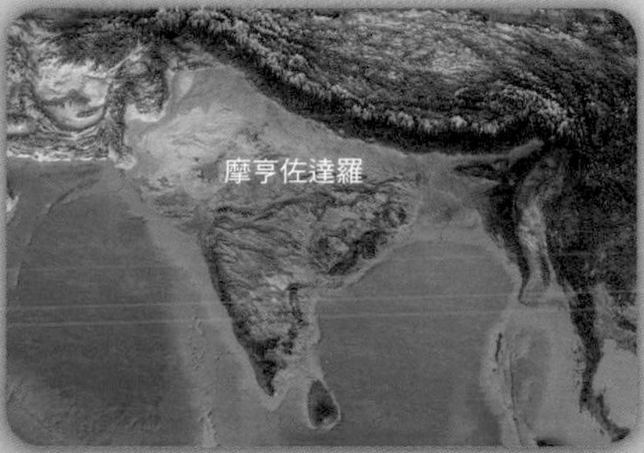
摩亨佐達羅

曾有數萬人定居 卻突然消失的都市

一般認為，摩亨佐達羅在全盛時期的人口多達3～4萬人左右。目前已經出土了超過400種印度河文字（Indus script）的印章等，不過這些文字尚未解讀出來。

「摩亨佐達羅」在當地語言的意思是「亡者之丘」。這裡作為死者長眠之地，過去是當地人不敢隨意靠近的地方。

也有人認為或許是水患招致滅亡，究竟為何這座有一定規模的都市會荒廢，其原因還有待查明。「摩亨佐達羅」這個稱呼也是後世的人所取，其實正式名稱還無人知曉。此外，近年來遺跡的磚塊因為吸收了含鹽水分而有風化的傾向，該如何防止也是一大課題。

WELL
水井

垃圾棄置場

供水及廁所等 礎建設完善的都市

市區內水井密集（照片左上）。街上有垃圾棄置場，可能有清潔工定期回收垃圾（照片左下）。照片下為廁所。內側設有排水溝，如照片所示蹲在上方如廁。

廁所

市容想像圖

根據遺跡想像當時人們生活的插圖。從沒有出土武器等物來看，或許是座與戰爭沾不上邊的貿易都市。過去可能曾經利用印度河及波斯灣，與阿卡德、巴比倫等同時代的美索不達米亞都市國家進行貿易。

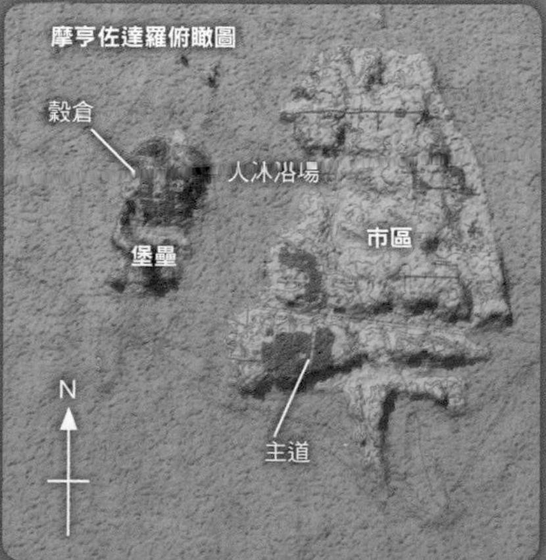

摩亨佐達羅俯瞰圖
穀倉
大沐浴場
堡壘
市區
主道
N

另一座印度河谷文明都市「哈拉帕」

哈拉帕（Harappa）是位於印度河中游流域支流拉維河附近的遺跡，與摩亨佐達羅相距大約600公里。這個地方在發現之初是英國殖民地，1921年起由英國人率先開始發掘。哈拉帕和摩亨佐達羅一樣具有浴室及排水溝等。不過，由於許多磚塊被挪作他用，這座遺跡尚有眾多未解之謎。

西元前3世紀左右 印度
阿育王建立的佛塔

印度在西元前6世紀以前諸國分立。摩揭陀國（Kingdom of Magadha）即為那個時期誕生的國家之一，而進入西元前4世紀左右以後，難陀王朝（Nanda dynasty）便將其統治勢力擴及至整個印度。然而，當馬其頓的亞歷山大大帝攻進印度西北部時，國家曾因此動盪不安。後來由當時的孔雀王朝（Maurya dynasty）成功統一印度。

開創該王朝的首任國王旃陀羅笈多（Chandragupta，在位：約前317～約前296）皈依了耆那教（Jainism）※。其孫暨第三代國王阿育王（Ashoka，在位：約前268～約前232）對於戰爭帶來的龐大犧牲深感後悔，因而皈依佛教。他不僅在各地興建、供養窣堵波（佛塔），還制定頒布了合乎佛教教義的法令（dharma）。據說這位國王蓋了超過8萬座窣堵波，其中一座就是位於桑吉（Sanchi）的圓頂型大佛塔（Great Stupa，照片右上）。

孔雀王朝從西元前317年一直持續至西元前180年。

※：和佛教同期誕生，主要以不殺生為戒律的宗教。

釋迦牟尼（佛陀）

釋迦牟尼是佛教的鼻祖。據傳他生於西元前6～前5世紀左右，是古印度部族之一釋迦族的王子，「釋迦」便是代表其出身。本名為喬達摩·悉達多（Gautama Siddhārtha），「佛陀」（Buddha）在梵語中意指「覺者」（悟道者）。據說他29歲時出家，經過6年的苦行後在35歲悟道。在雅利安人建立的瓦爾納（身分階級制度）造成差別待遇引發強烈批判的時期，釋迦牟尼對此否定並主張人人平等，廣受群眾支持，他直到80歲入滅（涅槃、圓寂）以前都在傳道。照片為斷食的釋迦牟尼像，表現他在菩提樹下悟道以前苦行的姿態。

桑吉是位於印度中部的佛教遺跡群，佛塔、僧院等散布其中。據說塔克西拉（Taxila）遺址所在的犍陀羅（Gandhara）過去是由阿育王之子鳩那羅（Kunala）王子擔任總督治理。作為佛教的中心地持續繁榮到西元6世紀左右。

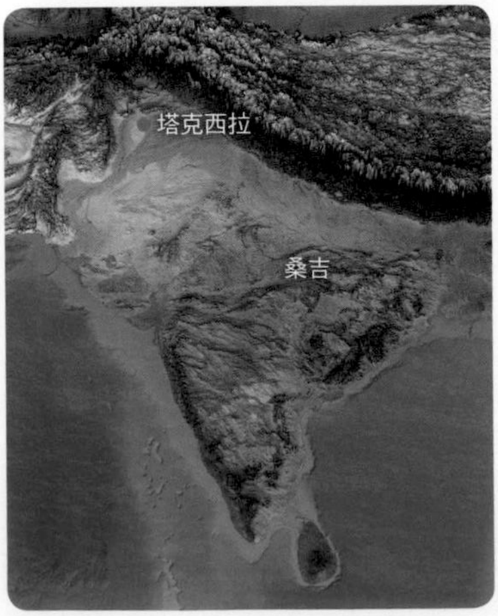
塔克西拉
桑吉

桑吉的窣堵波

位於印度中部的印度最古老佛教遺跡，是西元前２世紀左右的產物，由阿育王所建。桑吉共有三座窣堵波，照片上為大佛塔（一號佛塔）。此外，在窣堵波周圍的東西南北建有四個名為「托拉納」（torana）的門。照片下為北側的托拉納。

專欄 COLUMN

達摩拉吉卡的窣堵波

窣堵波是指供養釋迦牟尼遺骨及頭髮等的建築。據說釋迦牟尼入滅之後，其遺骨（佛舍利）被分成八份供養。阿育王將其進一步分放，興建了超過８萬座佛塔。其中一座即為建於塔克西拉的達摩拉吉卡寺院（Dharmarajika）的窣堵波。塔克西拉是位於巴基斯坦北部犍陀羅的寺院，窣堵波是高約28公尺，直徑約39公尺的大佛塔。主佛塔周圍有祠堂及供養窣堵波。建於西元前3世紀左右。

西元6世紀左右 印度
三種宗教集結而成的寺院群

在德干高原的丘陵開鑿建成的埃洛拉石窟，集結了三種宗教建築。這座石窟群隨著印度的宗教變遷，從南到北依序涵蓋了佛教、印度教、耆那教的建築。對照下方整體圖來看的話，建造順序是由右至左。

遺跡最大的特徵在於所有寺院都是切削岩山打造而成，而非搬運石材加以組建。

石窟建築始於佛教興盛的5世紀。第11窟內有未經裝飾的簡樸佛教窟，過去有出家的僧侶在此生活。

在佛教逐漸流失信眾的7世紀至8世紀期間，變成印度教石窟開始動工。而在9世紀至12世紀期間，則是興建耆那教石窟的時代。石窟群當中最吸睛的第16窟凱拉斯納塔寺廟（Kailasanathar Temple）有印度教的最高神濕婆坐鎮，是象徵聖山岡仁波齊峰的石窟。

耆那教石窟

耆那教石窟建於9世紀至12世紀之間。當中又以第32窟的美麗飾柱最引人注目。

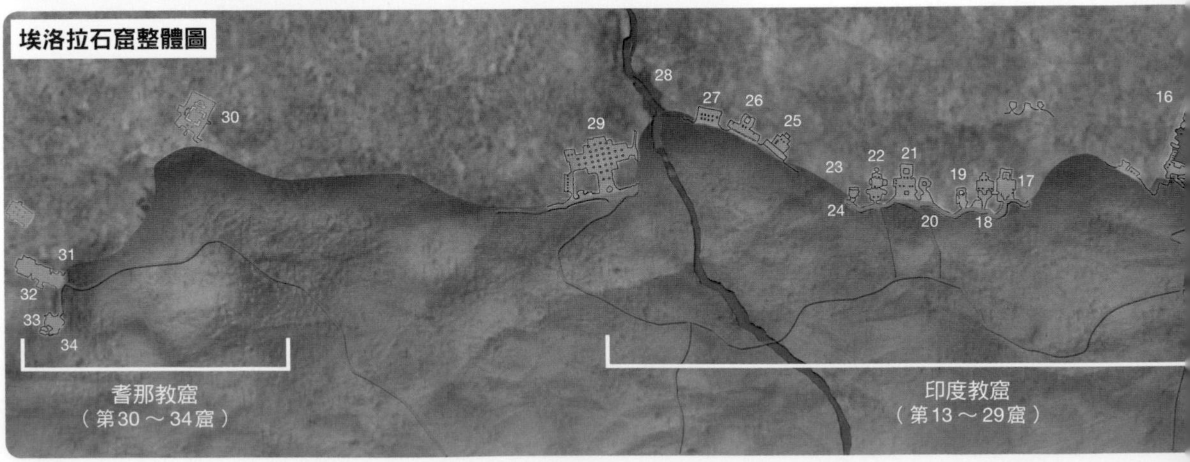
埃洛拉石窟整體圖
28
27
26
25
16
30
29
23
22
21
19
17
24
20
18
31
32
33
34
耆那教窟
（第30～34窟）
印度教窟
（第13～29窟）

印度教遺跡凱拉斯納塔寺廟

印度教石窟建於７世紀至８世紀之間。最大的石窟是第16窟凱拉斯納塔寺廟，在正面寬53公尺、深100公尺的範圍內垂直向下挖掘、切削而成。

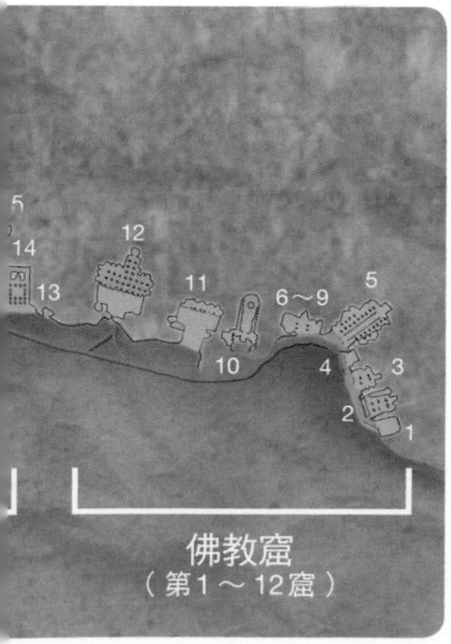
5
14
12
13
11
6～9
5
10
4
3
2
1
佛教窟
（第1～12窟）

內有佛像的支提窟

佛教石窟建於５世紀至7世紀之間。右為在第10窟的佛塔（窣堵波）鑿出的佛陀像。此為印度佛教最後的階梯石窟寺院。釋迦牟尼在世時禁止偶像崇拜，不過在他入滅之後這個教義就被打破了。

西元11世紀左右 斯里蘭卡
佛教國家僧伽羅王國

僧伽羅王國（Sinhala Kingdom）是透過印度洋貿易而繁榮的都市國家，誕生於現在的斯里蘭卡。西元前3世紀左右，該國受到印度阿育王推廣佛教而感化，發展成上座部佛教（第150頁）的中心。

僧伽羅王國的首都位於斯里蘭卡北部的阿努拉德普勒（Anuradhapura）。不過，由於11世紀遭到印度朱羅王朝（Chola dynasty）的侵略，後來遷都至波倫納路瓦（Polonnaruwa）。僧伽羅王朝最後的王國康提王國（Kingdom of Kandy）的首都與波倫納路瓦、阿努拉德普勒構成的三角地帶內，因為留有許多遺跡而被稱為「文化三角」（Cultural Triangle）。

波倫納路瓦留有不少與佛教關聯密切的建築。「迦爾寺的涅槃像」被譽為波倫納路瓦時代的傑作。「迦爾寺」（Gal Vihara）的意思是「岩石寺院」，顧名思義佛像由一塊岩石切削、雕琢而成。此外，像「瓦塔達格」（Vatadage）這種擁有雙重圓形基壇的祠堂建築在斯里蘭卡也很稀少，更是在其他國家看不到的建築樣式。

波倫納路瓦是13世紀王朝覆滅時的棄都，直到19世紀被人發現以前都埋沒在叢林裡。

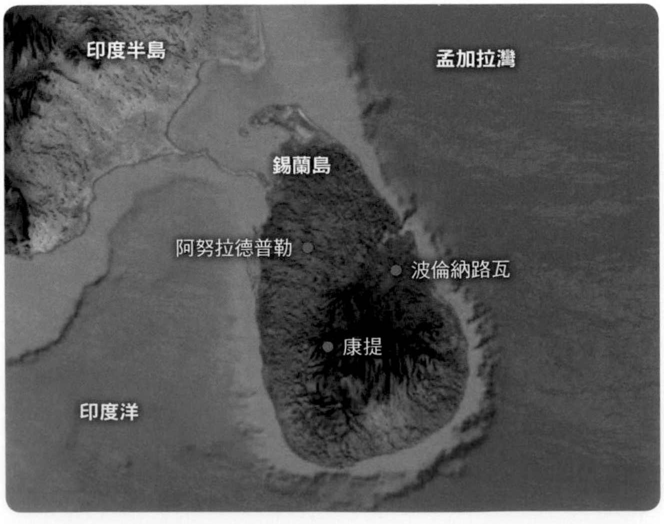
印度半島
孟加拉灣
錫蘭島
阿努拉德普勒
波倫納路瓦
康提
印度洋

巨大涅槃像

迦爾寺的涅槃像全長大約13.4公尺。由一整塊巨石切削、雕琢而成，岩石的條狀紋理賦予了流動之美。涅槃像是指表現釋迦牟尼入滅模樣的佛像，也稱為臥佛。

康提王國與佛牙寺

康提王國於1474年建立，是僧伽羅王國最後一個王朝。1815年敗給英國軍隊而淪為殖民地。王朝在遷都之際，也轉移了從印度傳來的釋迦牟尼牙齒。位於康提湖畔的達拉達．馬利夏瓦寺（Sri Dalada Maligawa）供奉著釋迦牟尼的犬齒，故又名為佛牙寺。

瓦塔達格

在直徑約36公尺的圓形下層基壇上方還有一個上層基壇，中央處配置了小佛塔。這種構造是其他國家所看不到的。估計過去有個巨大的木造屋頂蓋在佛塔上。

維繫波倫納路瓦繁榮的儲水灌溉系統

自從11世紀遷都之後，波倫納路瓦就憑藉貿易與農業維持了200年的繁榮。如今所見的遺跡大部分都是這個時期的產物。

波倫納路瓦所處的島嶼東北部，全年降雨量少，也就是所謂的乾燥地區。若要在降雨量少的地區實施水田稻作，就必須擁有能儲備雨季降水的蓄水池。於是，人們沿著水系陸續蓋了好幾座蓄水池，構築出當時世界水準最高的「儲水灌溉系統」。

在《大史》（Mahavamsa）以及《小史》（Chulavamsa）等史冊中，詳細記載了歷代國王在興建、修築灌溉設施方面投入大量人力。舉例來說，當時最有名的國王波羅迦羅摩巴忽一世（Parakramabahu I，在位：1153～1186）在位期間，就興建或修復了165座水堰、3910條水路、163座大蓄水池、3376座小蓄水池。

在這當中，又以冠上王名的「波羅迦羅摩・薩穆德拉」（Parakrama Samudra，波羅迦羅摩海）規模最大，是以平均高12公尺、全長約21.5公里的修長堤岸建成，稱得上猶如「大海」一般的蓄水池。

專欄 COLUMN 上座部佛教與大乘佛教

在佛教的鼻祖釋迦牟尼去世經過大約100年以後，佛教界分成了兩大派別。一個是歷史悠久，崇尚出家修行以追求自我頓悟的「上座部佛教」（Theravada Buddhism）；另一個是不只追求自我頓悟，還要拯救眾生的「大乘佛教」（Mahayana Buddhism）。大乘是源自梵語的譯稱，代表「普度眾生的載具」。上座是對教團指導長老的敬稱。上座部佛教過去被大乘佛教一派貶稱為「小乘佛教」，意思是相對於大乘的小型載具，所以現今已改稱為上座部佛教。

右邊照片為巨大的佛塔蘭科特寺（Rankot Vihara）。

宛如大海的蓄水池

波羅迦羅摩巴忽一世在位期間所建的蓄水池。如今的儲水面積有20平方公里以上，是僧伽羅王朝時代規模最大的蓄水池。

蓮型池

以階梯狀石塊堆疊而成，直徑８公尺的蓮花型水槽。過去有水時可能作為沐浴之用。

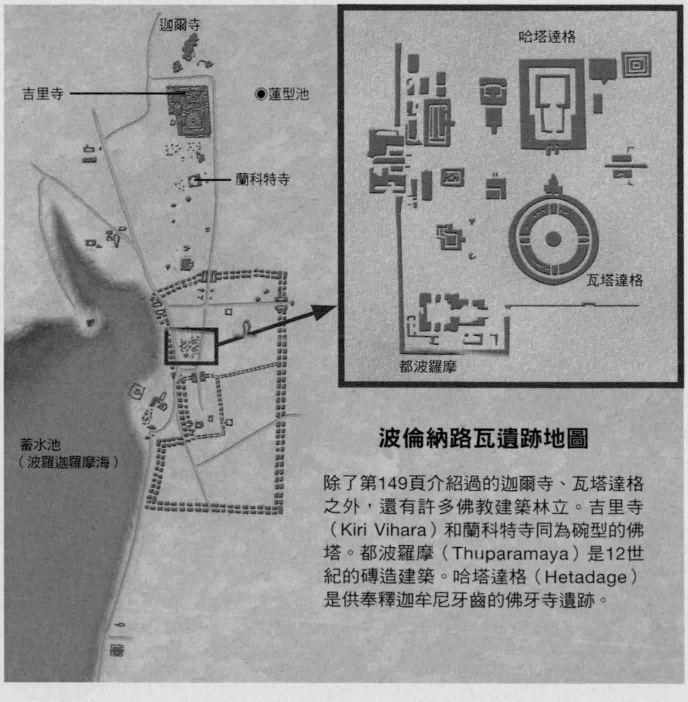
迦爾寺
吉里寺
◉蓮型池
蘭科特寺
蓄水池
（波羅迦羅摩海）
哈塔達格
瓦塔達格
都波羅摩

波倫納路瓦遺跡地圖

除了第149頁介紹過的迦爾寺、瓦塔達格之外，還有許多佛教建築林立。吉里寺（Kiri Vihara）和蘭科特寺同為碗型的佛塔。都波羅摩（Thuparamaya）是12世紀的磚造建築。哈塔達格（Hetadage）是供奉釋迦牟尼牙齒的佛牙寺遺跡。

COLUMN

為愛妃興建的靈廟 泰姬瑪哈陵

全大理石所建的 純白色陵墓

泰姬瑪哈陵位於印度北部的亞格拉（Agra）郊外。「泰姬瑪哈陵」（Taj Mahal）意指「瑪哈的王冠」，為蒙兀兒帝國第五代皇帝沙賈汗（Shah Jahan，在位：1628～1658）追憶亡故的愛妃慕塔芝．瑪哈（Mumtaz Mahal，1593～1631）而建的陵墓。這座全大理石的純白色陵墓從1632年左右動工，耗費20年以上的歲月終於落成，被譽為集印度伊斯蘭陵墓建築精粹於一身的曠世傑作。

印度史上最大的穆斯林王朝 蒙兀兒帝國

伊斯蘭勢力從10世紀左右起入侵印度，到了13世紀伊斯蘭王朝開始君臨天下。其中，又以16世紀的蒙兀兒帝國（1526～1858）為印度史上最大的穆斯林王朝。蒙兀兒的意思是「蒙古的」，為蒙古帝國的後裔暨帖木兒（Timur，在位：1370～1405）的後代巴布爾（Babur，在位：1526～1530）創立。

興建泰姬瑪哈陵的沙賈汗在位時正值蒙兀兒帝國的全盛時期，皇帝在德里建新都，伊斯蘭宮廷文化亦正蓬勃發展。

但是另一方面，非穆斯林的地方原生勢力也開始養精蓄銳。這些勢力當中有不少印度教徒，在第六代皇帝奧朗則布（Aurangzeb，在位：1658～1707）統治時期於各地引發叛亂，導致蒙兀兒帝國分崩離析而逐漸衰退。

泰姬瑪哈陵
泰姬瑪哈陵位於亞穆納河南岸，面積大概是南北560公尺、東西300公尺。配置水路的庭園「夏巴」（Charbagh）內，建有一座頂著高約25公尺巨大圓頂的純白色陵墓，每個細節都裝飾得極美（照片右）。沙賈汗為這座陵墓建築投入了巨額費用。據說他原本還預定在愛妃陵墓旁再蓋一座自己的黑色陵墓，可是後來下任皇位之爭爆發，三子（後來的奧朗則布皇帝）將他幽禁在阿格拉堡（Agra Fort），陵墓建設計畫因此落空。

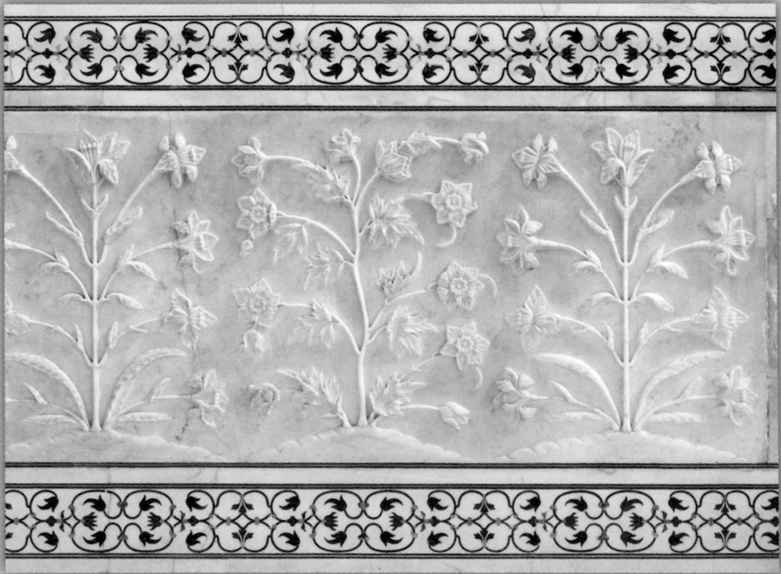

【涅槃像】
泰國大城的寺院「普泰沙旺寺」（Wat Phutthaisawan）的涅槃像。涅槃為梵語「Nirvana」的音譯，指稱斷絕一切煩惱及迷惘的頓悟境界。釋迦牟尼入滅又特別稱為「般涅槃」（般意指完全），有別於一般的死亡。表現這種涅槃模樣的佛像即為涅槃像（涅槃佛），又稱為臥佛。

6
東南亞與
大洋洲的古代遺跡

Ancient Ruins in Southeast Asia / Oceania

受中國與印度影響的多元世界文明

東南亞位處印度洋與南海之間，西臨印度洋，東臨與中國相接的南海。從西元前4世紀左右開始，越南北部就有使用鐵及青銅器的「東山文化」興起。

後來在1世紀末左右有國家誕生。相關歷史最早可追溯至扶南國，依傍著流經柬埔寨的湄公河肥沃大地「湄公河三角洲」（Mekong Delta）興盛一時。

以扶南為首的東南亞西側地區，在語言及宗教等方面深受印度影響。佛教和印度教先後在3世紀、4世紀左右傳入東南亞。相對地，東南亞東側地區則受到中國影響較多。東南亞連接印度與中國，作為海上貿易據點而蓬勃發展。

大洋洲有多達8000座島嶼散布其中。由於並未發展出文字，故大航海時代（地理大發現）以前的歷史仍有諸多未解之謎。

本章將會逐一介紹東南亞與大洋洲殘存的遺跡。

所謂的大洋洲，主要是指散布在太平洋上的諸多島嶼與澳洲。島嶼可分成三大島群：密克羅尼西亞（Micronesia）、玻里尼西亞（Polynesia）、美拉尼西亞（Melanesia）。尼西亞（nesia）在希臘語中代表「群島」。密克羅尼西亞是呈帶狀分布的小型（Micro）群島；玻里尼西亞是指由復活節島、紐西蘭與夏威夷連成的三角形內的眾多（Poly）島嶼；美拉尼西亞則是以新幾內亞為起點呈弧形分布的群島。這些島民可能都是從南美或東南亞搭船遷徙而來的航海民族後裔。

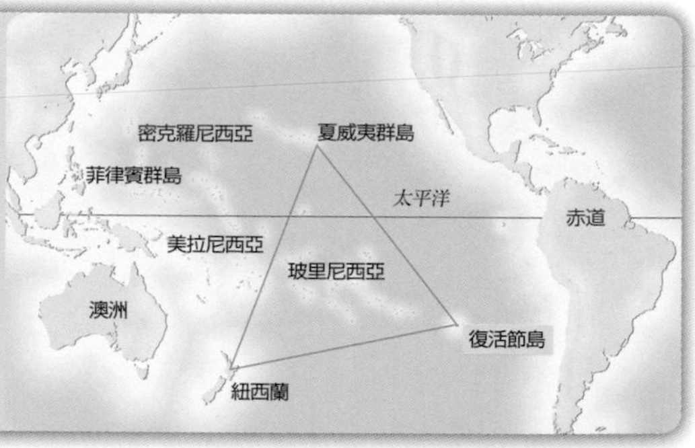
密克羅尼西亞
夏威夷群島
菲律賓群島
太平洋
赤道
美拉尼西亞
玻里尼西亞
澳洲
復活節島
紐西蘭

中國
普蘭寺
印度
緬甸
寮國
吳哥窟
蒲甘
泰國
越南
柬埔寨
南海
菲律賓
馬來西亞
汶萊
太平洋
印度洋
新加坡
印尼
巴布亞紐幾內亞
東帝汶
澳洲

東南亞

插圖所示為現在的主要國名（橙色文字）與介紹的遺跡所在地。

主要地名	王朝（1世紀～19世紀）
蘇門答臘島	三佛齊王國（7～14世紀）
爪哇島	夏連特拉王朝（8～9世紀左右）；信訶沙里王朝（1222～1292）；滿者伯夷王國（1293～1520左右）
緬甸	蒲甘王朝（1044～1299）
泰國	素可泰王朝（13世紀～15世紀）；大城王朝（1351～1767）
柬埔寨、寮國	扶 南（1世紀末～7世紀半）；吳哥王朝（高棉帝國）（802～1432）
越南	占婆王國（2世紀末～17世紀）；大越國（1009～1802）

西元後的主要王朝

圖表所示為東南亞的主要王朝及其年代。除了此處列舉的國家之外，還有好幾個小國家。現在的越南過去分成東側與北側，東側由占婆王國（Champa Kingdom）治理，北側長年受到中國控制。從中國獨立的大越國在黎朝前後吞併了占婆王國，達成越南統一。此外，大越是越南從11到19世紀初的正式國號。背景照片為緬甸的黃金佛塔，名為仰光大金塔（Shwedagon Pagoda）。起源甚早而難以追溯詳細歷史，建築原型可能是15世紀左右的產物。

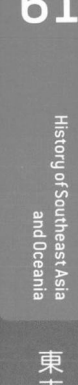

西元9世紀左右 柬埔寨
高棉帝國的大寺院

6世紀左右，扶南的屬國真臘（中國過去對柬埔寨的國名稱呼）分裂成南北兩國。闍耶跋摩二世（Jayavarman II，在位：802～850）在802年統一南北，開創吳哥王朝（Angkor dynasty，又稱高棉帝國）。其後雖然出現過好幾次篡位者，無法以單一王朝的形式代代承襲，但國家一直存續到1432年。

吳哥窟（Angkor Wat）的意思是「巨大寺院」。作為印度教的寺院，從12世紀中葉開始動工。然而，在闍耶跋摩二世死後，首都就被占婆王國占領了。

後來闍耶跋摩七世（Jayavarman VII，在位：1181～1218）成功奪回首都，讓吳哥窟旁的王宮「大吳哥」（Angkor Thom）重振昔日風光。不過，由於國王信仰佛教的緣故，以當時所建的巴戎寺（Bayon）為首，吳哥窟也跟著改建成了佛教寺院。進入14世紀以後，泰人建立的大城王朝崛起（第164頁），吳哥窟在1431年遭到占領。

有多間寺院的首都遺跡

吳哥古蹟位於柬埔寨西北部的洞里薩湖北岸。由眾多寺院、祠堂等構成，在遺跡的東西兩側還有名為「巴萊」（Baray）的巨大蓄水池。遺跡面積廣達360平方公里左右，估計全盛時期有超過60萬人住在吳哥古蹟周邊。

巴戎寺
暹粒河
達松寺
涅槃寺
聖劍寺
東湄本寺
東巴萊湖
變身塔
死者之門
北大門
勝利之門
茶膠寺
皇家浴池
王宮
塔布蘢寺
斑黛喀蒂寺
空中宮殿
巴戎寺
豆蔻寺
西大門
大吳哥
南大門
巴塞增空寺
西巴萊湖
巴肯寺
吳哥窟
吳哥窟
巴肯寺

吳哥窟

吳哥窟歷經30年歲月才建成。這是一座將神界體現於地上的寺院，中央尖塔為須彌山，參道代表世界的基軸，周圍5.4公里的環溝為大洋，迴廊與周遭牆壁則象徵喜馬拉雅山的靈峰。

隨著水利系統崩壞 吳哥王朝也分崩離析

吳哥王朝在12～13世紀前半的闍耶跋摩七世時代迎來全盛時期。王朝在神聖王權的加持下力求富國強兵，成為統治大半個中南半島的大帝國。

然而，在1220年左右闍耶跋摩七世死後，國家開始逐漸衰弱。原因可能與泰人的大城王朝頻繁侵略有關。除此之外，繼位之爭所引發的內亂、地方叛變勢力、印度教思想行至末路等，應該也是造成國力衰退的多個主要原因。

柬埔寨的降雨集中在雨季5～11月，期間會形成氾濫平原。另一方面，在乾季12～4月則幾乎不會降雨。也因此，一旦少了灌溉設施就無法順利發展農業。與大城交戰導致吳哥人口銳減，維繫王朝的水利設施連帶停止運作使得農業生產力低下，經濟也隨之崩壞。

吳哥王朝在1430年左右棄守王都，最終令其埋沒在深林裡。不過，自從1860年法國的博物學家穆奧（Henri Mouhot，1826～1861）發表遊記介紹以後，這座遺跡便聞名於世。

巴肯寺

巴肯寺（Phnom Bakheng）位於第一次吳哥王都的中心。這座寺院由耶輸跋摩一世（Yasovarman I）在900年左右所建，位處能俯瞰吳哥平原的山丘上。

金碧輝煌的王宮

插圖描繪的是中國使節在吳哥王宮內謁見國王的場景。這座金碧輝煌的王宮由於戰亂而消失。1296年造訪吳哥都城的中國使節暨通譯周達觀（約1266～約1346）在《真臘風土記》中記載道，大城王朝的侵略導致吳哥王朝開始衰弱。

大吳哥的尊容

巴戎寺位於第四次吳哥王都大吳哥的中心。大吳哥（Angkor Thom）的「Thom」意指大。寺院塔的牆上刻有名為「尊容」的臉。

塔布蘢寺

又稱為「絞殺之樹」的正榕樹根盤繞在遺跡上，至今仍不斷成長。應該移除樹木以維護遺跡還是與自然共存，目前還在討論當中。

西元11世紀左右 緬甸

緬甸最初的王朝蒲甘

緬甸早期歷經了各民族反覆興衰，直到11世紀藏族的蒲甘王朝（Pagan dynasty）建立，才統一緬甸全境。

征服孟人並開創蒲甘王朝的國王名為阿奴律陀（Anawrahta，在位：1044～1077）。他定都蒲甘，還創造了緬文。

蒲甘王朝接納並推廣原住民孟人信奉的上座部佛教，佛教寺院及佛塔的興建工程也如火如荼地進行。也因此，蒲甘王朝又名為建寺王朝。

上座部佛教有一種叫作「喜捨」的行為。所謂的喜捨，是指將錢財及物資捐贈給寺院或窮人，藉此獲得功德的行為。為了累積功德，王室、貴族乃至於市民都在競相供養佛塔及寺院。據說光是存留至今的佛教建築，數量就有3000座以上。

不過，興建大量佛寺導致國家財政惡化，王朝因此衰弱。1278年起就遭到元朝（蒙古）四度攻打，最終成為元朝的屬國，王朝覆滅。

蒲甘遺跡

蒲甘遺跡是流經緬甸的伊洛瓦底江沿岸平原林立的寺院及佛塔群，建於11世紀至13世紀之間，據說數量超過3000座，名列世界三大佛教遺跡之一。2019年登錄為世界遺產。

阿難陀寺

江喜陀王（Kyansittha）在11世紀末至12世紀初興建的寺院。其名稱源自於釋迦牟尼其中一位弟子阿難陀（Ananda）。融合了緬甸與印度的建築風格，是蒲甘的重要建築物。

西元14世紀左右 泰國
憑藉國際貿易繁榮的王國

在吳哥王朝（高棉帝國）國力漸衰的13世紀初，原本被統治的泰人開創了素可泰王朝（Sukhothai dynasty），王朝名意指「幸福的黎明」。素可泰王朝研發泰文字母，獨尊上座部佛教。

進入14世紀以後，素可泰王朝式微，而拉瑪鐵菩提一世（Ramathibodi I，在位：1351～1369）趁勢建立了大城王朝（Ayutthaya dynasty，又稱阿育他亞王朝）。步入15世紀後半葉以後，還攻陷了吳哥的王都。

王朝透過貿易提高經濟實力，擴大其統治勢力。不過，延續超過400年的王朝卻在1767年遭到緬甸貢榜王朝（Konbaung dynasty，1752～1885）毀滅。雖然後來的吞武里王朝（Thonburi dynasty）擊退了緬甸軍隊，但是這個王朝只維持了短短15年。

到了17世紀左右，荷蘭及法國等來自歐洲的商人造訪大城，當地作為國際貿易港口繁盛一時。日本商人也很活躍，甚至形成了日本町。

現在的泰國已經轉為君主立憲制，1782年樹立的拉達那哥欣王朝（Rattanakosin dynasty，又稱卻克里王朝或曼谷王朝）依舊存續至今。

瑪哈泰寺的佛首

位於古都大城，是大城王朝初期時的寺院。在緬甸軍隊進攻下化為廢墟。從佛像切落的頭部隨著樹木成長與樹根交錯在一起，變成現在的模樣。

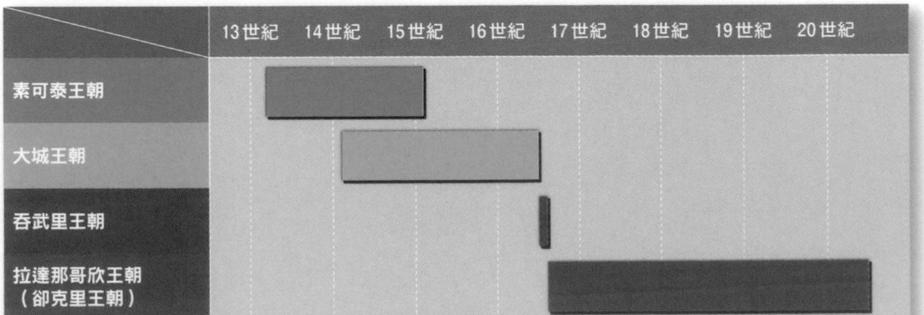
13世紀
14世紀
15世紀
16世紀
17世紀
18世紀
19世紀
20世紀
素可泰王朝
大城王朝
吞武里王朝
拉達那哥欣王朝
（卻克里王朝）

泰國的王朝

和素可泰王朝同一個時期，蘭納王朝（Lanna dynasty，1292～1775）在泰國北部建國。不過，實際上可能相當於大城王國的屬國。

普蘭寺

大城王朝初期的寺院。是第二代國王拉梅萱（Ramesuan）為了埋葬首任國王而建。中央是高棉風格的玉米型塔堂，有七座禮堂遺跡尚存。

西元18世紀左右 智利領地
大航海時代發現的島嶼

自西元前以來就有人居住在太平洋的島嶼上，這些島民是早期遠渡大海移居而來。不過，這些人是從哪個大陸飄洋過海，又是在哪個時期遷來，仍有許多島嶼充斥著難以查明的歷史謎團。

15世紀末大航海時代的序幕揭開，各國為了開拓新的貿易地點、獲得殖民地，開闢出各式各樣的新航道。以1595年發現馬克薩斯群島（Marquesas Islands）為始，歐洲探險家又陸續在大洋洲發現許多島嶼，並在地圖上留下紀錄。

南太平洋的島嶼可分成密克羅尼西亞、美拉尼西亞、玻里尼西亞三大文化圈。而其中的玻里尼西亞最東端，有座孤島名為復活節島（Easter Island）。

該島名稱源自於荷蘭人羅赫芬（Jacob Roggeveen，1659～1729）等人正好在1722年4月5日，也就是復活節當天發現而得名。當地島民則稱之為「拉帕努伊」（Rapa Nui，巨大陸地）。

已確認復活節島上有大約900座「摩艾」（Moai）石像。然而，最初發現時已有多座摩艾倒塌，遭到棄置的半成品也不在少數。此外，在拉諾拉拉庫（Rano Raraku）山腰上，也有接近完成品的近百座摩艾以埋在土裡的狀態豎立著。

位處玻里尼西亞東端的復活節島

以夏威夷群島、復活節島、紐西蘭為頂點連成的南太平洋三角地區稱為「玻里尼西亞大三角」（Polynesian Triangle），在這片海洋來去的玻里尼西亞人都是優秀的航海家。以復活節島的摩艾為首，太平洋島嶼留有類似的石像及石造建築。

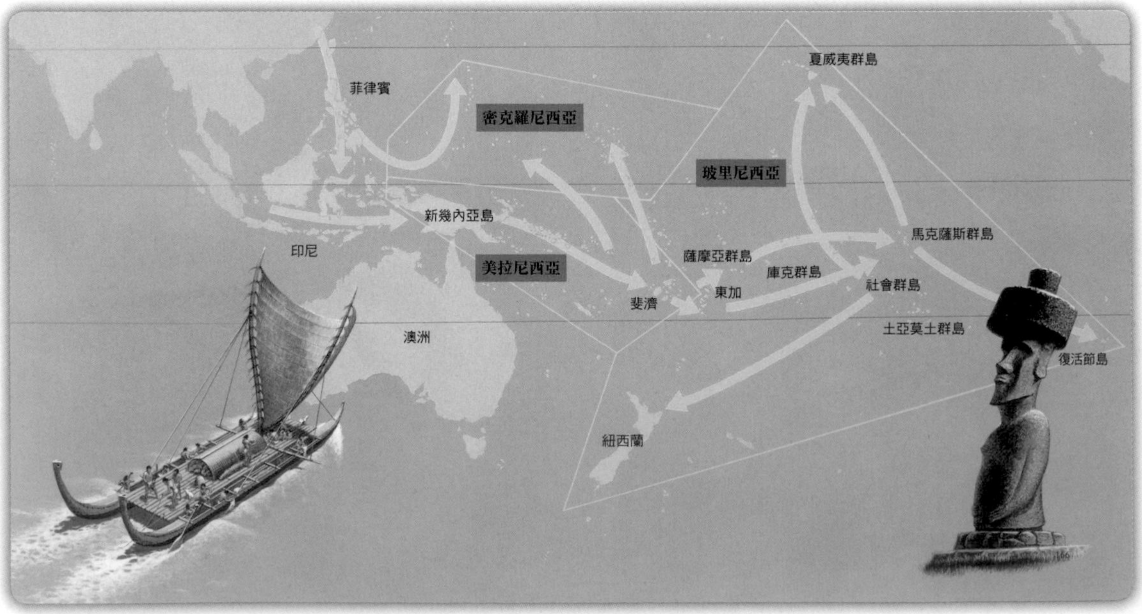
夏威夷群島
菲律賓
密克羅尼西亞
玻里尼西亞
新幾內亞島
馬克薩斯群島
印尼
薩摩亞群島
美拉尼西亞
庫克群島
東加
社會群島
斐濟
澳洲
土亞莫土群島
復活節島
紐西蘭

阿胡湯加里基的摩艾

除了阿胡阿基維（Ahu Akivi）的摩艾，所有摩艾石像都是呈現背對大海、似在守護島民的模樣。阿胡湯加里基（Ahu Tongariki）的摩艾曾在部落衝突中被推倒，也曾因為1960年智利大地震引發的海嘯被沖到內陸側。1991年日本的起重機公司提供協助，耗時5年將其修復。

埋在土裡的摩艾

許多埋在土裡的摩艾全身都經過修整打理，而非只有臉部經過雕飾。此外，出產製作摩艾所需石材的拉諾拉拉庫採石場中，放置了多達300座未完成的摩艾。

摩艾石像是為何而建

摩艾散布在島上各處。一般認為，摩艾是仿造過去的偉大首長打造出來的守護神。當時的島民崇拜成為摩艾的神格化祖先，相信摩艾會庇佑部落過上富足的生活。

復活節島在7世紀至16世紀左右有各式各樣的摩艾誕生。早期的摩艾高約2公尺，臉型圓潤且具有圓滾滾的眼睛，與我們一般印象中的摩艾稍有不同。再者，所用的石材亦有所差異。

進入10世紀左右以後，摩艾的石材改用凝灰岩，開始定型化、大型化。此外，也開始出現頭頂著名為「普卡奧」（Pukao）的紅色曲石（或帽子）造型。

摩艾在14～15世紀迎來製作巔峰期，而且變得更加巨大。甚至出現了估計高約11公尺、重約80噸的石像，而在製作過程中被遺棄的半成品當中，還有發現最高可達21公尺的石像。

為什麼島上蓋有將近900座摩艾，至今仍是一大謎團。不過，可能是隨著島嶼人口成長，逐漸增多的部落競相建造摩艾所致。

約1.6公尺
假設人類的身高為160公分。
約2公尺

最普遍的摩艾石像

已經定型化、最普遍的摩艾，臉上嵌有以紅色火山渣和白色珊瑚石打造而成的眼睛。頭上戴著的物件稱為「普卡奧」，也就是以火山渣做成的曲石（或帽子）。普卡奧的石材可能是從島嶼西南部的普拿寶（Puna Pau）運來。有不少摩艾置於名為「阿胡」（Ahu）的石造祭壇上，多座石像並排在一起。

巨大化的摩艾石像

摩艾石像隨著時代演進逐漸變大。
此外，所用的石材也有所變化。

約3公尺
10世紀左右的阿胡拜烏里（Ahu Vai Uri）的摩艾。大小約3公尺，差不多從這個時期開始定型化，石材也改用凝灰岩。
約5公尺
阿胡科特利庫（Ahu Kote Riku）的這種摩艾為普遍類型，大小約5公尺。頭上開始戴有以火山渣製成的普卡奧（曲石或帽子）。
約11公尺
立於阿胡上的石像當中，以15世紀左右的摩艾最大（約11公尺）。
約21公尺
在復活節島製作的石像當中最大的摩艾（約21公尺）。是16世紀左右的產物，製作到一半就棄置在拉諾拉拉庫。
約2.5公尺
名為圖庫圖利的這種摩艾，是在16世紀左右登場的特殊摩艾之一。大小約2.5公尺。

以前是如何搬運摩艾石像

平均重達20噸的摩艾，以前是透過什麼方法將其運送至放置地點呢？主要有以下三種理論：「擺盪法」、「冰箱法」以及「木橇法」。

復活節島上流傳著「摩艾會自己走動」的傳說。由此而生的想法為「冰箱法」，在豎立摩艾的狀態下進行運送（左圖）。使用兩條繩索讓摩艾往左右交互傾斜，再利用綁在足部的第三條繩索趁底部浮空時拉動。這是搬運冰箱時會利用的方法，故稱為「冰箱法」。

話雖如此，冰箱法實行起來效率很差，要長途搬運大型摩艾仍有困難。另一方面，卻又發現了好幾個足以佐證摩艾在搬運過程中為豎立狀態的證據。或許是基於儀式方面的意義，只有小型摩艾才會豎著搬也不一定。「擺盪法」就現實層面而言不太可行；「木橇法」則是將摩艾放在木橇上搬運，被公認最有可能的方法。

【象形文字階梯】

科潘遺跡的象形文字階梯（Hieroglyphic Stairway）刻有超過2200個馬雅文字。象形文字階梯為第13代國王所建，由第15代國王將其擴建，最終於755年完工。馬雅文字是在方形或橢圓框內，以多個文字元素加以組合而成的字符。

7

美洲的古代遺跡

Ancient ruins in America

白令海

未受其他大陸影響的美洲古文明

人類約在2萬6000～1萬4000年前進入美洲。當時白令海[※1]陸化，而且冰層如廊道般連接美洲與歐洲，人類及動物能夠徒步往來大陸。直到1492年哥倫布（Christopher Columbus，1451～1506）發現新大陸[※2]以前，美洲文明都是在幾乎未受其他大陸文化的影響下發展[※3]。

古美洲文明可以分成「中美洲文明」（Mesoamerican civilization）與「安地斯文明」（Andean civilization）這兩個地區。Meso的意思是中央。

不同於其他的古文明，古美洲文明並非依傍河流誕生。此外，據說美洲大陸的馬在大約1萬年前就已經滅絕，直到哥倫布來訪以前，當地原住民對馬可說是一無所知。由於這類大型家畜前所未有，人們自然不曾透過馬等動物來搬運貨物，更不用說應用「車輪」。再者，當地雖然擁有金、銀、青銅等資源，卻沒有使用過鐵器。

本章主要聚焦在中美洲文明當中的馬雅文明以及南美洲一帶的安地斯文明，分別探究各個時代的歷史。

※1：現在的西伯利亞與阿拉斯加之間的海域。
※2：義大利探險家哥倫布計畫向西航行抵達印度，卻意外發現美洲。
※3：據說10世紀左右時，曾有維京人造訪美洲北端。

主要文明與時代

16世紀以前的主要文明概略時期如表所示。中美洲文明除了馬雅以外還有好幾個文明，不過本章特別針對馬雅詳加介紹。此外，安地斯文明大致上有九個文明及文化，其年代將於第190頁介紹。

		西元前3000	西元前500	前1世紀	1世紀	2世紀	3世紀	4世紀	5世紀	6世紀	7世紀
中美洲文明	奧爾梅克文明	西元前1500～前400									
	馬雅文明	前古典期（西元前1800～後250）					古典期（250～900/1000）				
	特奧蒂瓦坎文明			西元前2世紀左右～6世紀左右							
	托爾特克文明										[illegible]
	薩波特克文明		西元前5世紀左右～8世紀左右								
	阿茲特克文明										
安地斯文明	卡拉爾文化	西元前3000～									
	納斯卡文化			西元前後～800年左右							
	奇穆王國										
	印加帝國										

古美洲文明

古文明以中美洲～南美洲為中心發展。
地圖所示為現在的主要國名。

加拿大
美國
洛磯山脈
墨西哥灣
大西洋
托爾特克文明
特奧蒂瓦坎文明
奧爾梅克文明
阿茲特克文明
薩波特克文明
太平洋
加勒比海
馬雅文明
中美洲文明
奇穆王國
安地斯山脈
卡拉爾文化
巴西
安地斯文明
印加帝國
納斯卡文化
阿根廷
10世紀
11世紀
12世紀
13世紀
14世紀
16世紀
16世紀
後古典期（900/1000～16世紀後半）
14～16世紀
10～15世紀
15～16世紀

西元前1200年左右 墨西哥
也對馬雅造成影響的奧爾梅克文明

2萬多年前渡過白令海而來的人們在美洲四處遷徙，到西元前7000年左右開始定居生活。到了西元前2000年左右起的前古典期（Preclassic Period），文明開始誕生。其中之一就是西元前1200年左右興起，於墨西哥灣沿岸地區發展的奧爾梅克文明（Olmec civilization）。奧爾梅克在納瓦語（Nahuan）中意指橡膠※。

奧爾梅克以宗教都市聖羅倫索（San Lorenzo）為重心發展，到了西元前900年左右，中心地遷至拉文塔（La Venta）。

迄今為止，已經發現了17座「奧爾梅克巨石頭像」（Olmec colossal heads），即奧爾梅克文明時代的巨大頭部石像。此外，也有出土以蛇、鯊、掌形羽翼這類獨特主題為造型，應用「奧爾梅克形象」（Olmec motif）的陶器等物。這些主題及藝術風格遍布整個中美洲，也有對馬雅文明等造成影響。

這些形象當中又以「美洲豹神」（豹人）最有特色，看起來就像具有美洲豹外貌的人類，或是形似豹首人身。美洲豹信仰也是中美洲文明的共通文化。

奧爾梅克文明在西元前350年左右衰退而消失。森林茂密加上多雨的氣候，使得生活痕跡易受風化而褪去。也因此，當時的生活樣貌及其衰退原因等還有待查明。

※墨西哥灣沿岸地區為雨量豐沛的叢林，盛產橡膠樹。

奧爾梅克文明核心地帶

墨西哥境內的圖中虛線附近是奧爾梅克文明的核心地帶。奧爾梅克文明位於叢林茂盛的地方。

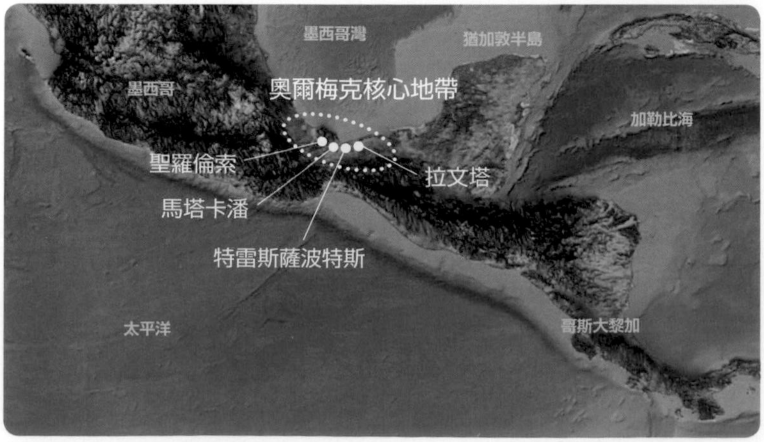
墨西哥灣
猶加敦半島
墨西哥
奧爾梅克核心地帶
加勒比海
聖羅倫索
拉文塔
馬塔卡潘
特雷斯薩波特斯
太平洋
哥斯大黎加

中美洲文明的共同元素

不只奧爾梅克文明，諸如馬雅文明、托爾特文明等，都能看到好幾個全中美洲文明的共元素。此處列舉幾個代表性特色。

翡翠

奧爾梅克地區出土了使用翡翠打造的美洲豹及國王形象的文物，以及戴在臉、頸部、手腕等處的飾品。

提卡爾的翡翠面具

奧爾梅克巨石頭像

據說巨石頭像的建造時期集中在西元前1200～前600年左右。頭像高約2～3公尺，擁有巨眼、平鼻及厚唇。頭上還戴著宛如安全帽的裝飾，可能是在刻劃統治階級或球技選手。

孩童的祭壇

在拉文塔出土的「孩童的祭壇」。從洞穴中現身的人物抱著小孩。洞窟可能是通往地下世界的入口。

黑曜石

除了作為刀具等武器使用之外，也能用作鏡子。托爾特克文明的神明「特斯卡特利波卡」（Tezcatlipoca）當中的「特斯卡」即是指黑曜石。

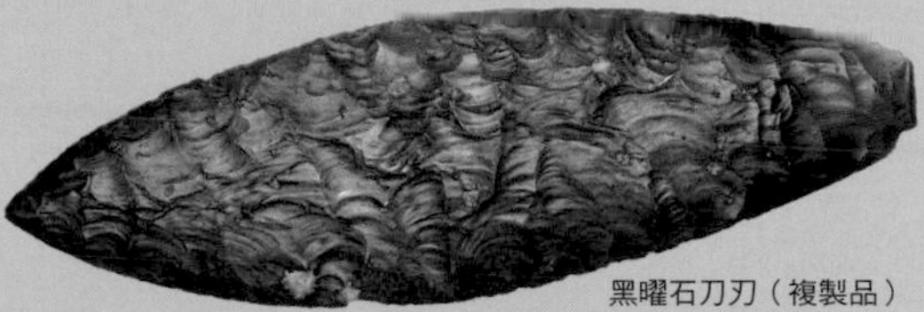

黑曜石刀刃（複製品）

洞窟

以洞窟內盈滿水的「石灰阱」（第187頁）為代表，洞窟作為連結現世與冥界（地下世界）的神聖場所，是古人信奉的對象。

烏斯馬爾的雙頭美洲豹像

奧爾梅克文明的美洲豹像（複製品）

美洲豹神像與美洲豹信仰

美洲豹被尊為立於自然界頂端的神聖動物。除了形似美洲豹的雕像，還有結合了美洲豹與人類姿態的美洲豹神像、披戴美洲豹頭飾的形象等，遺跡內有許多造型及種類各異的雕像。

西元前150年左右 瓜地馬拉
馬雅文明的巨大都市埃爾米拉多爾

馬雅文明並非單一文明，而是泛指在中美洲的墨西哥東南部到瓜地馬拉、薩爾瓦多一帶興盛的諸文明。馬雅（Maya）這個稱呼是16世紀造訪該地的西班牙人所取。

馬雅文明繁盛的地區大致有三：低溫的高地、熱帶雨林的低地南部，以及莽原的低地北部。其中，在名為前古典期的時代（右下圖）興起的巨大都市埃爾米拉多爾（El Mirador），位於瓜地馬拉貝登地區的熱帶雨林內。該遺跡的特徵在於採用了「三重金字塔」（triadic pyramid）結構：中央為一座巨大的金字塔，兩側則配置了小型金字塔。這座都市大約在西元前150年～西元元年左右最為繁榮。

馬雅文明與周邊的奧爾梅克、薩波特克（Zapotec）、阿茲特克（Aztec）等各式各樣的文明交流，彼此互相影響。包含提卡爾（Tikal）在內的好幾座遺跡都能看到三重金字塔，可見埃爾米拉多爾的影響力有多麼深遠。

馬雅文明的主要遺跡

插圖所示為馬雅文明的主要遺跡。除了此處列舉的以外還有很多遺跡，而馬雅文明的周邊地區也有各種文明都市存在。南部貝登地區熱帶雨林茂盛，這也是為什麼人們通常抱有一種「馬雅遺跡位在叢林深處」的印象。北部則多為低矮灌木。

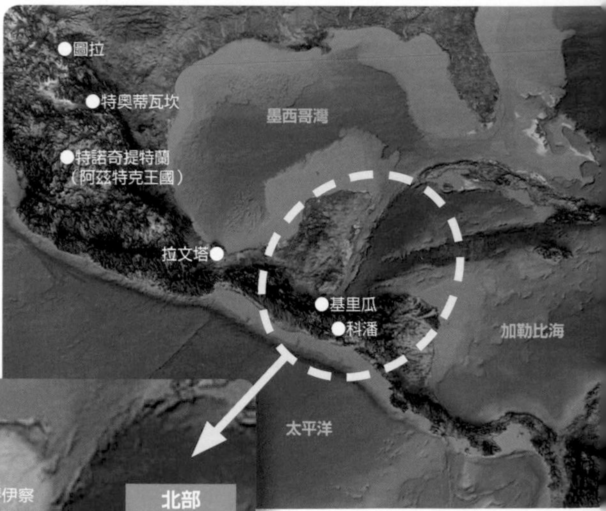
圖拉
特奧蒂瓦坎
墨西哥灣
特諾奇提特蘭
（阿茲特克王國）
拉文塔
基里瓜
科潘
加勒比海
太平洋

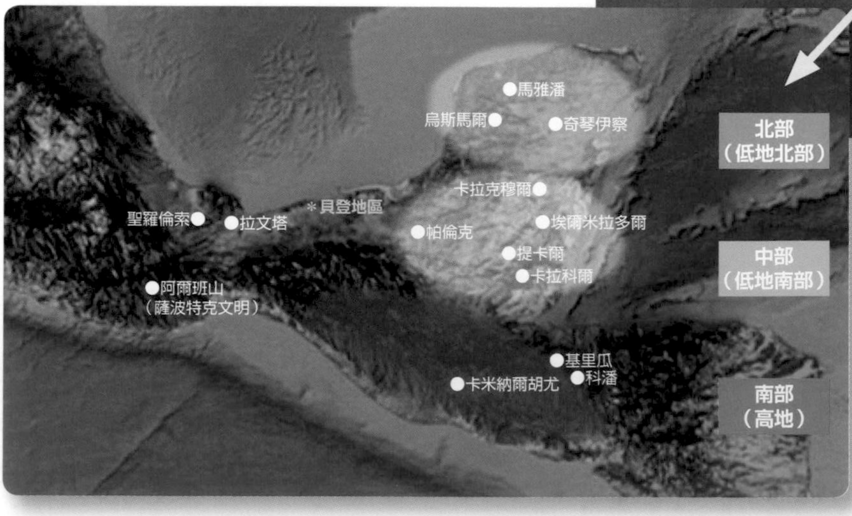
馬雅潘
烏斯馬爾
奇琴伊察
北部
（低地北部）
卡拉克穆爾
＊貝登地區
聖羅倫索
拉文塔
埃爾米拉多爾
帕倫克
提卡爾
卡拉科爾
中部
（低地南部）
阿爾班山
（薩波特克文明）
基里瓜
卡米納爾胡尤
科潘
南部
（高地）

東建築群
丹塔複合式建築
中央衛城
西建築群
埃爾提格雷神廟金字塔
莫諾斯神廟金字塔

埃爾米拉多爾遺跡想像圖

此為埃爾米拉多爾遺跡的想像圖。遺跡中心區域的面積為16平方公里，巨大的建築群分別集中在兩個區塊。西側為「中央衛城」與多座神廟金字塔，往東2公里則有名為丹塔（La Danta）的複合式建築。

位於叢林深處的遺跡

埃爾米拉多爾在1926年被發現。不過，由於遺跡位於馬雅生物圈保護區內，周邊沒有建設道路，必須搭乘直升機或在叢林中步行約14公里才能抵達。遺跡全貌尚有待查明，長年未經整頓使得建築覆於層層樹木之下（照片為丹塔神廟）。

馬雅文明的時代劃分與主要都市

馬雅文明大致分成三個時代。古典期的馬雅有超過60個國家及都市。進入這個時代以後，開始有關於統治者國王的紀錄留在石碑等文物上。

	古印第安人期	古期	馬雅文明的劃分		
			前古典期	古典期	後古典期
時代劃分	西元前13000年左右？～前7000年左右	西元前7000年左右～前2000年左右	西元前1600年左右～紀元250年左右	西元250年左右～900年左右	西元900年左右～1600年左右
重大事件	人類進入美洲，在各地發展。	從居無定所的採集狩獵生活改變成固定居所。	統治者建立了早期國家。	國王掌握集權的神聖王權。	受到墨西哥高原國家影響的文明。
主要都市			埃爾米拉多爾、伊薩帕等	提卡爾、科潘等	奇琴伊察、馬雅潘等

從丹塔神廟眺望叢林的景象

馬雅文字與古典期的大國科潘

西元250年左右「前古典期」結束以後，由國王統治的早期國家開始形成。這個時期稱為「古典期」(Classic Period，3~9世紀)。

一般認為在美洲興起的文明當中，馬雅文明是唯一擁有完整造型文字的文明※，古典期的遺跡留有許多刻著國王及其豐功偉業的石碑。

在古典期盛極一時的大國科潘（Copan）位於現在的宏都拉斯西部。當時的馬雅地區應有70個左右的王國存在。各王國雖然分成國力鼎盛的強國、臣服於強國的從屬國，但是國家之間的相對關係似乎會不時變動。舉例來說，大國科潘的第13代國王就遭到原從屬國基里瓜（Quirigua）的國王擄走並斬首。

科潘王的石碑以822年的文物作為結尾，雖然當地人民在那之後似乎仍在這座都市生活，但是王室的統治應該已經落幕。除了這些文字紀錄之外，遺跡內還留有馬雅的數字符號及曆法等，能夠一窺馬雅文化的昔日風貌。

※在特奧蒂瓦坎與阿茲特克也有發現相當早期的圖形文字。

阿拉伯數字
馬雅數字
0
1
2
3
4
5
6
7
8
9
10
20
100

馬雅數字與曆法

馬雅數字的表示方法如左表所示※。現代人是使用數字每滿10就要進位的「十進位法」，馬雅則是採用二十進位法。除此之外還有好幾種曆法，一般認為主要以一年為360＋5天的太陽曆「哈布曆」（Haab，又稱太陽曆）作為農耕指標，以一年為260天的「卓爾金曆」（Tzolk'in）用於儀式方面。此外，還有將這些曆法加以組合，用於表示長期時間的「長紀曆」(Long Count)，功能就像現代所用的西曆。

※也能像中文數字那樣以文字來表示。

哈布曆	360+5天
卓爾金曆	260天

18

馬雅曆的1個月為20天，1年為18個月。

單位	馬雅語
約400年	伯克盾
約20年	卡盾
1年	盾
1個月	烏納
1天	金

馬雅文字

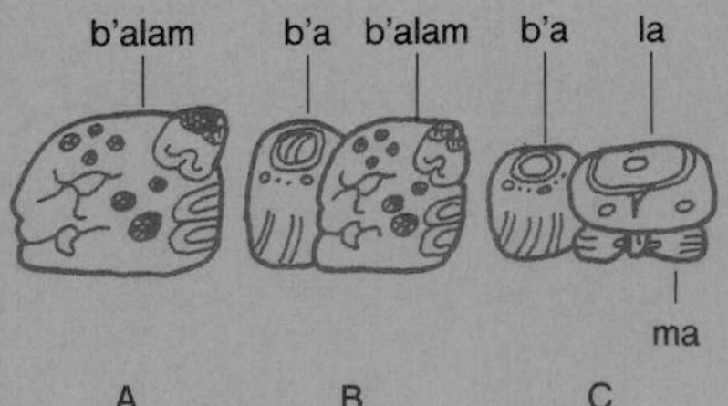
b'alam
b'a
b'alam
b'a
la
ma
A
B
C

馬雅文字分成兩種：一種類似日文假名，以單一字符表示發音的「表音文字」；另一種類似日文漢字，以單一字符象徵某種意義的「表語文字」。以左圖為例，在書寫b'alam（美洲豹）時，光A這個單一字符就足以表示b'alam。B就像日文漢字般具有音讀與訓讀，單一字符可能有多種念法，所以再加上「b'a」這個輔助文字（相當於送假名）來表示。C則是組合多個表音文字的拼寫方式。

（根據 ***Coe*** 1992 ***Breaking the Maya Code***）

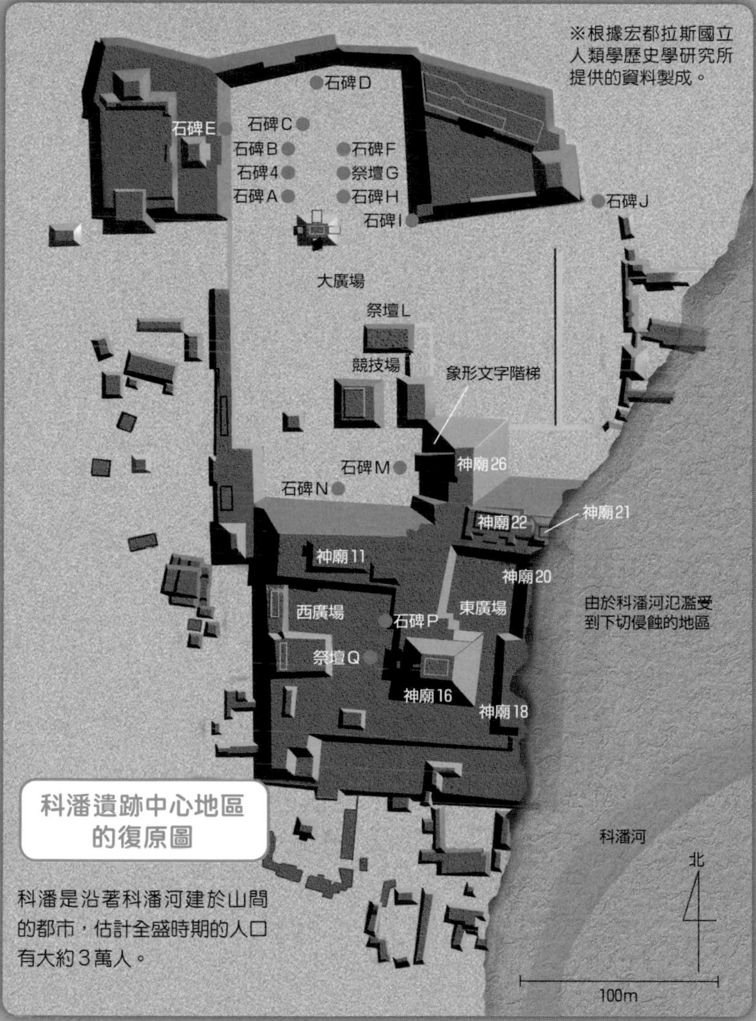
※根據宏都拉斯國立人類學歷史學研究所提供的資料製成。
石碑D
石碑E
石碑C
石碑B
石碑F
石碑4
祭壇G
石碑A
石碑H
石碑I
石碑J
大廣場
祭壇L
競技場
象形文字階梯
石碑M
神廟26
石碑N
神廟22
神廟21
神廟11
神廟20
西廣場
石碑P
東廣場
由於科潘河氾濫受到下切侵蝕的地區
祭壇Q
神廟16
神廟18
科潘河
北
100m

科潘遺跡中心地區的復原圖

科潘是沿著科潘河建於山間的都市，估計全盛時期的人口有大約3萬人。

馬雅文字

石碑A

科潘全盛時期的第13代國王瓦沙克拉洪・烏巴卡維爾（Uaxaclajuun Ub'aah K'awiil），俗稱「十八兔王」的石碑※。石碑採用名為圓雕的立體雕刻手法，側面以馬雅文字記載了國王從出生到死亡的紀錄。

※後人根據象形文字雕刻的造型，簡便冠上的稱呼。

亞什庫克莫

祭壇Q

側面刻有歷代16位國王的身姿，上半部是關於首任國王亞什庫克莫（K'inich Yax K'uk' Mo'）繼承王位的文字。

球技場

使用橡膠樹脂凝固而成的球。不過，球賽不光是一種娛樂運動，也可能基於政治及宗教儀式目的舉辦。

西元200年左右 墨西哥
「眾神的御座」特奧蒂瓦坎

在墨西哥城東北方的盆地有座號稱美洲最大的遺跡，人口多達10萬～20萬人的古典期都市國家「特奧蒂瓦坎」（Teotihuacan）※。

特奧蒂瓦坎在納瓦特爾語中意指「眾神的御座」。這是特奧蒂瓦坎滅亡以後，定居在該地的阿茲特克人對於都市規模如此之大感到震驚，認為「這無疑是眾神的居所」而命名。

根據都市計畫所設計的區劃，是採用以83公分為1單位的基準打造而成。也因此，各建築物之間的距離可以被83整除。此外，名為「亡靈大道」（Avenue of the Dead）的40公尺寬道路，方向刻意設計成了朝南北軸偏東15度25分。設置在兩側的建築也都朝順時鐘方向偏移了15度25分。如此一來，當太陽升至最高點的夏至來臨，便會沉落於特奧蒂瓦坎最大建築──「太陽金字塔」（Pyramid of the Sun）的正面。金字塔的高度約為65公尺。

不過，強國特奧蒂瓦坎到了7世紀左右已然衰退。遺跡有部分殘留著燒毀或破壞的痕跡。

※地圖在第173頁

「魁札爾科亞特爾」的神廟

刻有托爾特克及阿茲特克神話中的農耕神暨創造神「魁札爾科亞特爾」（Quetzalcoatl，羽蛇神）的頭部，以及彷彿戴著圓形眼鏡的雨神「特拉洛克」（Tlaloc）的神廟。

特拉洛克
魁札爾科亞特爾

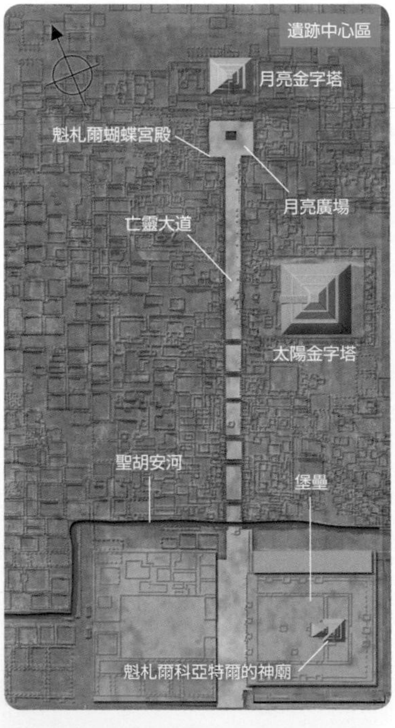
遺跡中心區
月亮金字塔
魁札爾蝴蝶宮殿
月亮廣場
亡靈大道
太陽金字塔
聖胡安河
堡壘
魁札爾科亞特爾的神廟

亡靈大道

都市的中心軸亡靈大道寬約40公尺、長達５公里。左後方是太陽金字塔。

太陽金字塔

位於亡靈大道東邊。底部為邊長223公尺的正方形，高約65公尺。建於洞窟的正上方。設計成朝南北軸偏東15度25分，故太陽在夏至當天會沉落於金字塔正面。

月亮金字塔

位於亡靈大道北端。底部長寬為150及140公尺，高約46公尺。經過擴建及修築，堆疊成七層金字塔。每每擴建都會有活祭品被埋。

西元6世紀左右 墨西哥

帕倫克的王陵與女王統治

馬雅文明和其他文明一樣多由男性國王統治，不過史上也出現過幾位女性統治者上位的紀錄。提卡爾在488年就曾經擁立6歲的女王即位。在馬雅文化圈西端繁榮的帕倫克王朝（Palenque dynasty），在583年有名為約兒伊克納爾（Yohl Ik'nal，在位：583～604）的女性登基為王，統治了大約20年。

帕倫克最有名的巴加爾大帝（K'inich Janaab' Pakal，在位：615～683）之母薩克庫克（Sak K'uk'，在位：612～615）也當過女王。在缺少男性適任者的情況下，統治約3年後，才傳給12歲的兒子巴加爾。在位長達68年的巴加爾直到80歲駕崩。

巴加爾的王陵於1952年發現。國王穿戴翡翠面具與戒指，希冀在死後的世界重生為王，手中握著翡翠。

古典期有許多都市繁盛一時，包含帕倫克在內的所有國家卻在約莫8世紀後半葉開始逐漸衰退，到了10世紀左右所有城市盡數成為棄都。古典期終結的原因為何？有人提出天文週期說、侵略說、環境及氣候變動所致，還有推測是貴族掌權導致王權弱化等等，不過具體原因尚無人知曉。話雖如此，王國之間的征戰為一大重要原因倒是無庸置疑。

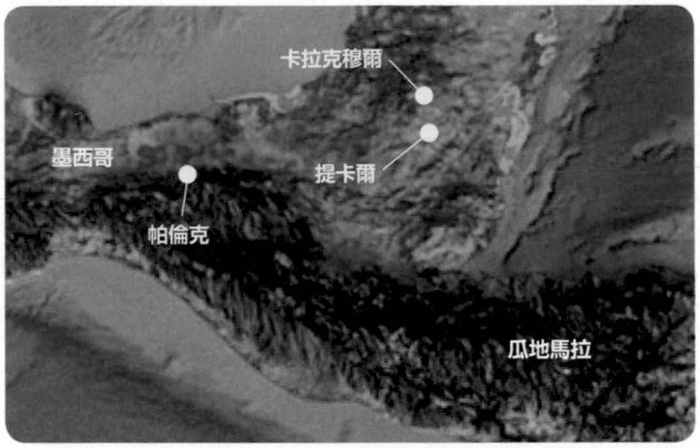
卡拉克穆爾
墨西哥
提卡爾
帕倫克
瓜地馬拉

古典期的諸強國

於1世紀左右建國的提卡爾國勢鼎盛，令周邊國家對其俯首稱臣。然而，後來勁敵卡拉克穆爾（Calakmul）開始崛起，一躍成為古典期最強盛的超級大國。帕倫克也在599年、611年遭到卡拉克穆爾攻打，國王因此死亡。或許這就是巴加爾之母之即位成為女王的原因。

帕倫克遺跡整體圖
紅女王神廟
碑銘神廟
宮殿
北建築群
歐圖倫河
太陽神廟
十字神廟
葉十字神廟

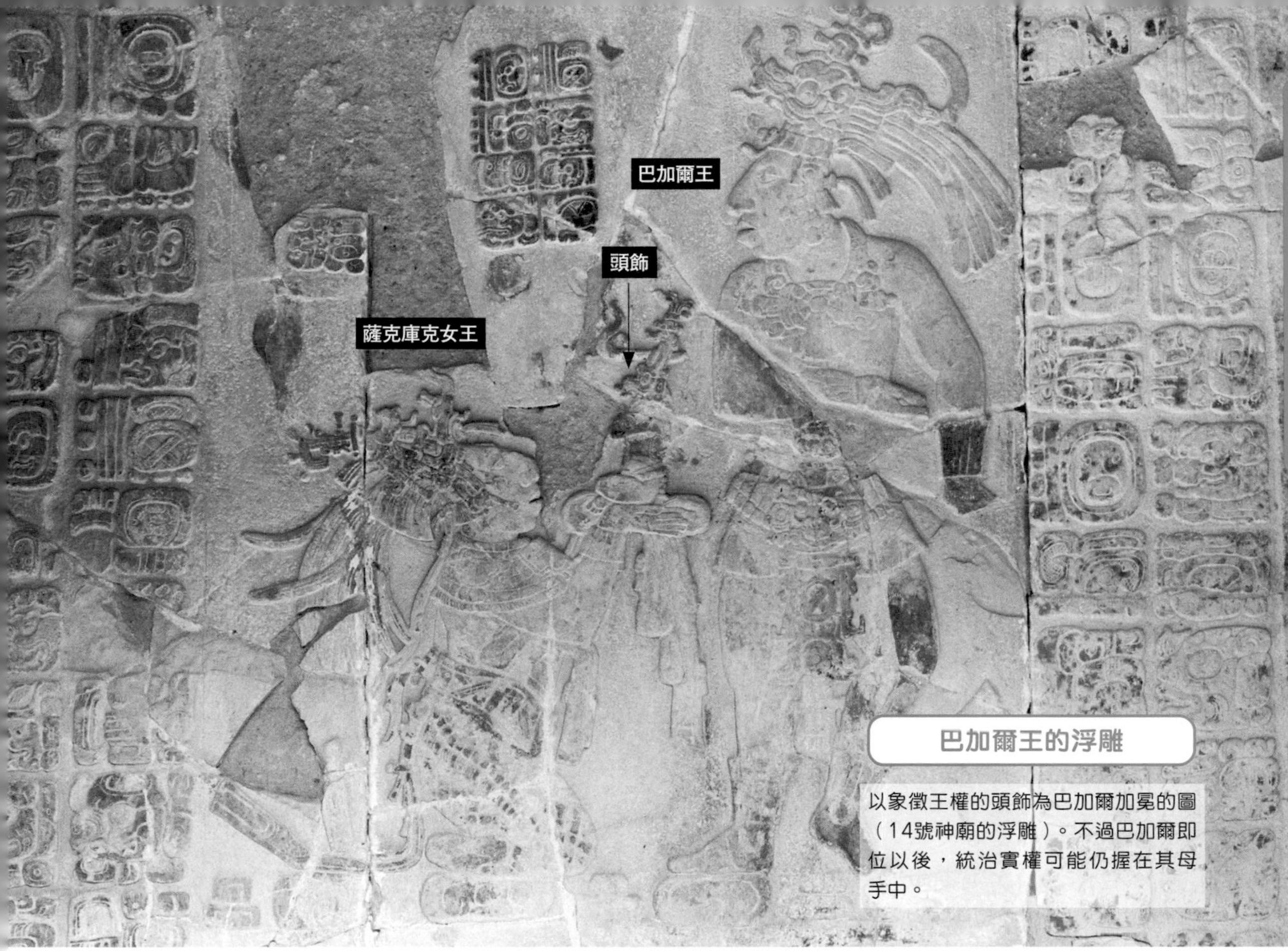
巴加爾王
頭飾
薩克庫克女王

巴加爾王的浮雕

以象徵王權的頭飾為巴加爾加冕的圖（14號神廟的浮雕）。不過巴加爾即位以後，統治實權可能仍握在其母手中。

石棺浮雕

巴加爾王的石棺（照片右）裝飾中，宛如在操縱太空船的情景相當引人注目，不過這是表現國王從地下世界重生的圖。從國王身下供盤延伸而出的是「世界樹」，古人深信它聳立於古馬雅世界的中心。

石棺

石棺的圖案

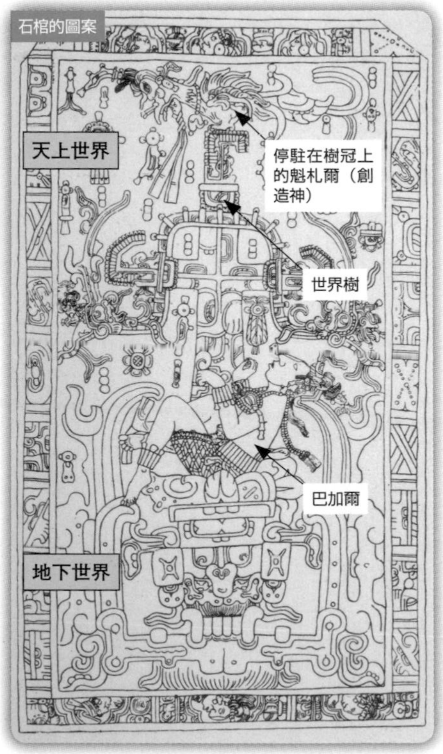
天上世界
停駐在樹冠上的魁札爾（創造神）
世界樹
巴加爾
地下世界

宮殿

碑銘神廟

宮殿（照片左）由迴廊、房間、廣場、階梯等構成，在大約1個世紀半的期間內反覆增加改建。墓室是在碑銘神廟（照片右）的地底發現。巴加爾王生前便以作為陵寢的神廟為首，進行宮殿等建築的擴建工事。墓室是在其子坎巴拉姆二世（K'inich Kan Bahlam II）的時代完工。這項發現推翻了過去認為「馬雅金字塔並非陵寢」的說法。

西元9世紀左右 墨西哥
在丘陵地建國的烏斯馬爾

西元800年左右，猶加敦半島中部的提卡爾、帕倫克等都市逐漸沒落，取而代之的是北部有好幾個國家崛起，其中之一便是烏斯馬爾（Uxmal）。

雖然猶加敦半島北部有許多平緩低地，但是以烏斯馬爾為首的諸國在高海拔丘陵地築城。也因此，這些國家被稱為「普克諸國」，即是源自於有丘陵之意的「普克」（Puuc）。

普克建築十分獨特。建造方法是將切割的石塊加以組合，再利用以石灰為基底的水泥固化而成。許多建築物的上層會以複雜的幾何圖案為裝飾，這些裝飾稱為「普克風格」。不過，具有獨創性的同時，也承襲了科潘等文明的工藝巧思（照片4）。

相較於中部的諸國，普克諸國可能沒有那麼重視國王的神聖性及絕對性，王權相對較小。所建的宮殿不僅僅是國王的住所，也是王公貴族用於商議的地方，也就是所謂的政府機關。然而，普克諸國的繁榮到了11世紀左右便走至盡頭。

普克風格

烏斯馬爾的遺跡留有不少普克風格的代表性建築。①罕見的橢圓形金字塔，底邊約為85公尺×50公尺，高約35公尺。特徵是稜角處呈現優美的弧度。建於8世紀前後，一直到11世紀的這段期間又經過多次擴建，才有了如今的規模。②遺跡為東西約600公尺、南北約1公里的建築。全盛時期可能有2萬5000人左右居住在此。③名為「修女四合院」（Nunnery Quadrangle）的建築。另外還有名為「總督宮」（Governor's Palace）的建築等，不過這些名稱都是西班牙人後來取的名字，實際上過去並沒有總督或是修女。④建物上層有普克獨特的馬賽克圖樣，同時還有雨神恰克（Chaac。也有人認為是山丘怪獸Witz）等雕飾，可見有受到中部馬雅諸國的影響。

①橢圓形金字塔
（魔術師金字塔）

②烏斯馬爾整體

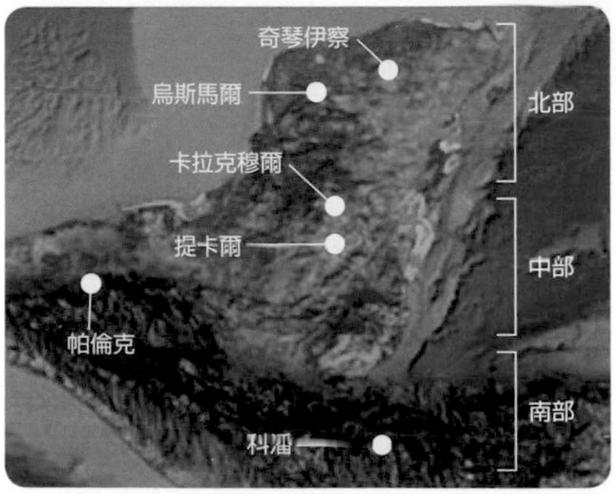
奇琴伊察
烏斯馬爾
北部
卡拉克穆爾
提卡爾
中部
帕倫克
南部
科潘

魔術師金字塔

烏斯馬爾的遺跡位於墨西哥梅里達市以南約78公里的叢林裡。不過，這座叢林不似中部地區是副熱帶叢林，而是由低矮灌木構成。卡拉克穆爾所在的中部在都市繁榮期間也有伐採叢林。照片上為馬雅傳說中，據傳是矮人（或魔女）在一夜之間蓋好的「矮人金字塔」（Pyramid of the Dwarf），或稱「魔術師金字塔」（Pyramid of the Magician）。上層有儀式用房間，以美麗裝飾點綴，具有普克獨特的平坦屋頂。

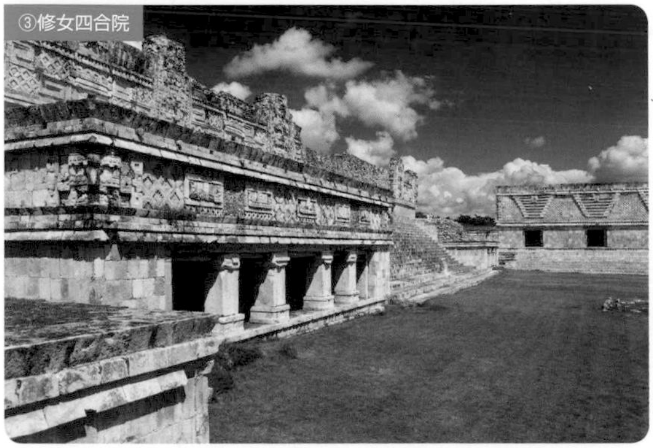
③修女四合院

雨神恰克
(山丘怪獸)
④幾何圖案

西元11世紀左右 墨西哥
憑藉海上貿易而繁榮的奇琴伊察

奇琴伊察（Chichen Itza）的意思是「伊察族之泉」。正如其名，這座都市是以水源地下泉（石灰阱：cenote※1）為中心建成。由伊察與普頓（Putún）族人在700年左右建國。

據說普頓人※2沒有國家，是進行海上貿易的通商民族；關於伊察的起源，尚有許多不明之處。可以確定的是奇琴伊察與烏斯馬爾一樣，是在王權至上的時代步入尾聲時崛起的國家。

政治上採用分權統治，國王與貴族會在名為「波波納」（Popol Nah，蓆屋）的會議場決定政策。這對領土不斷擴大的奇琴伊察而言，是非常合理的制度。不僅能讓所征服領土的首長一同參政，當國王因為進行遠征等而不在都內時，行政也不至於失靈。

由通商民族所建的國家形成了海上貿易網絡。他們控制了擁有貿易港口的都市，讓鹽、布匹等物從墨西哥灣，可可、銅鈴、翡翠等貿易品項從另一頭的宏都拉斯灣岸互通有無。而且不光是物品，連文化也互相交流。從奇琴伊察的建築及宗教，也能看出異文化交流帶來的影響。

然而，過了11世紀全盛時期以後，都市就因為人口過多、環境破壞以及參加會議的貴族內鬥等問題逐漸衰弱。最終，從奇琴伊察出走的人當中有一部分建立了馬雅潘（Mayapan），霸權也隨之轉移過去。

※1：由古語「ts'ono'ot」轉變而來的現代名稱。
※2：又稱為瓊塔爾人（Chontal）。

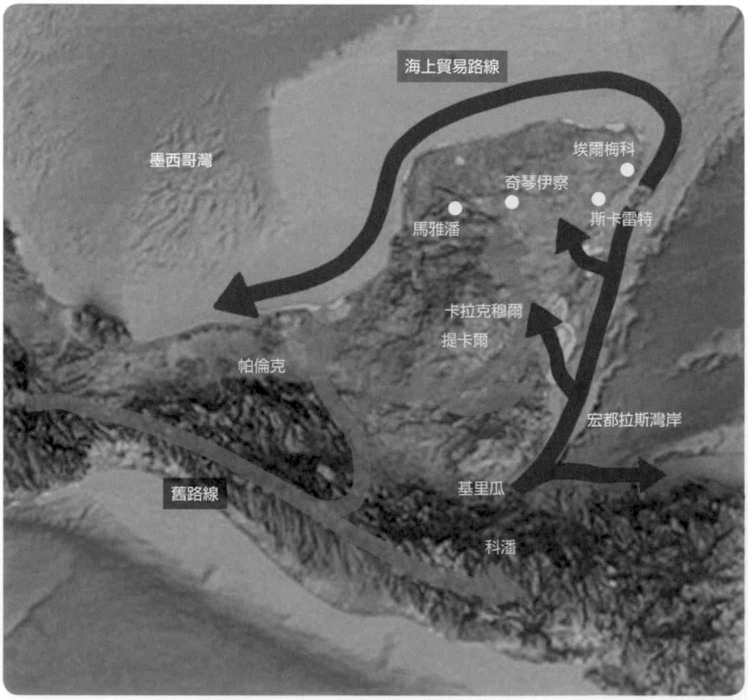
海上貿易路線
墨西哥灣
埃爾梅科
奇琴伊察
馬雅潘
斯卡雷特
卡拉克穆爾
提卡爾
帕倫克
宏都拉斯灣岸
舊路線
基里瓜
科潘

海上貿易路線

隨著航海及造船技術的發達，過去的陸路貿易逐漸轉往從墨西哥灣到猶加敦半島沿岸的海上貿易路線。埃爾梅科（El Meco）、斯卡雷特（Xcaret）等擁有港口的都市也受到奇琴伊察掌控。在港口卸貨的貿易商品會透過河川、陸路運往各地。奇琴伊察荒廢以後，海上貿易由馬雅潘等勢力接管。

陰影浮現出庫庫爾坎的身影
庫庫爾坎的頭部

每年兩次的「庫庫爾坎降臨」

神廟金字塔「卡斯蒂略金字塔」(El Castillo)的四面各有91級階梯，如果將登上神廟頂端的那一層也算進去，階梯數目就和一年(365天)一樣有365級。此外，每年在春分與秋分這兩天還會發生「庫庫爾坎(Kukulkan)降臨」的現象。當陽光照在階梯上形成陰影，就會與階梯下層庫庫爾坎(魁札爾科亞特爾)的頭部相連，進而浮現巨大的「羽蛇神」身影(照片)。原本魁札爾科亞特爾是墨西哥中部信仰的農耕神，不過文化互相交流之後也傳進了馬雅文明圈。

②石灰阱

①在奇琴伊察遺跡中心區域，南北的建築風格各不相同。南部的卡拉科爾(Caracol)、修女四合院等為普克風格，北部的卡斯蒂略金字塔等為托爾特克風格。②地下水湧出的地方稱為「石灰阱」。沒有河湖的該地是以石灰阱為中心構築都市。尤其奇琴伊察的「聖泉」(Sacred Cenote)是重要儀式場所，即使國家衰退以後，仍作為人們信奉對象而受到巡禮朝聖。③「卡拉科爾」是利用建築的門窗觀測太陽、月亮及金星的天文台。

③卡拉科爾

①奇琴伊察遺跡俯瞰圖

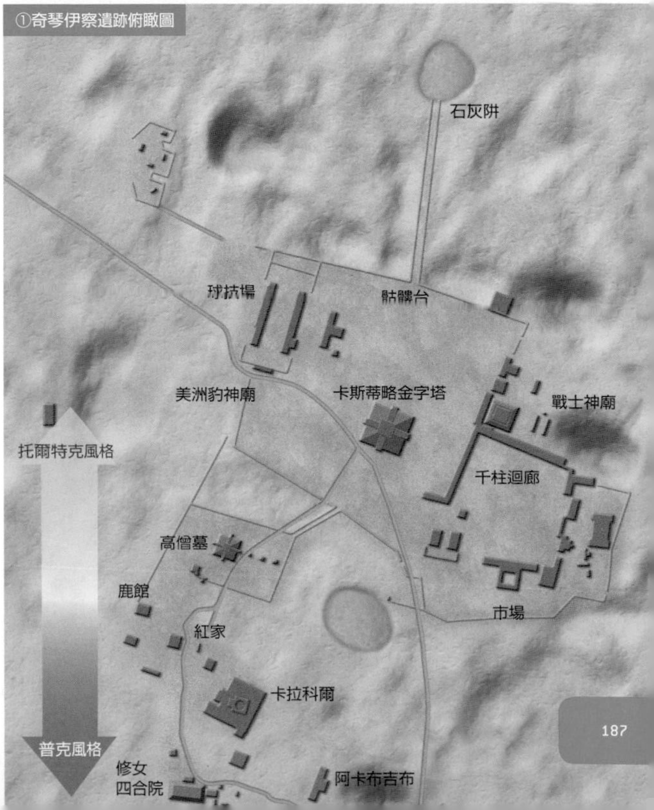
石灰阱
球抗場
骷髏台
美洲豹神廟
卡斯蒂略金字塔
戰士神廟
托爾特克風格
千柱迴廊
高僧墓
鹿館
紅家
市場
卡拉科爾
普克風格
修女
四合院
阿卡布吉布

西元前2500年左右 秘魯
安地斯文明最古老的遺跡

南美洲可能是從西元前1萬2000年左右開始有人類現蹤。最終沿著安地斯山脈，在海拔差約4500公尺、南北綿延約4000公里的狹長沿海地區，發展出繁榮的安地斯文明。

安地斯文明與古埃及文明等四大文明在同個時期誕生，直到16世紀印加帝國（Inca Empire）滅亡以前，應大致上有過九個文明及文化（第190頁）。

由於大陸獨特的地形與氣候，安地斯文明可概分成山地文化與海洋文化（下圖）。沿海地區的文化以卡拉爾遺跡（Caral）最具代表性，還有奇穆王國（Kingdom of Chimor）的昌昌遺跡（Chan Chan）等（第192頁）。建築物主要使用日曬磚（泥磚）建造。另一方面，山地文化如玻利維亞的蒂亞瓦納科遺跡（Tiwanaku），則是使用石頭的巨石文化（照片右下）。

卡拉爾遺跡位於秘魯首都利馬北方的蘇佩谷（Supe Valley），據傳這座都市是安地斯文明的起源，其歷史可追溯至西元前3000年至前1800年左右。1994年發掘時，出土了神廟群、圓形劇場、住宅等。蘇佩谷內除了卡拉爾之外，還發現了好幾座規模各異、分布在中下游流域的同時代遺跡。

安地斯文明的主要遺跡

南美洲的太平洋沿岸大致分成三種氣候地區：「海岸沙漠地帶」、「山岳地帶」以及「熱帶雨林地帶」。安地斯山脈東斜面再過去就是熱帶雨林地帶。該地區也有古文化存在，文化中心可能是沿岸及山區。

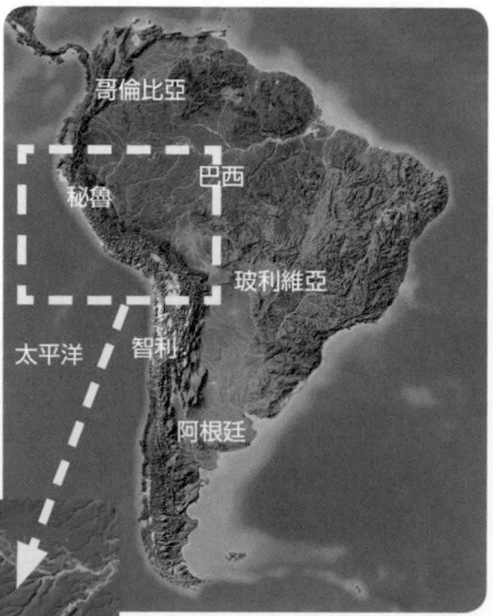
哥倫比亞
秘魯
巴西
玻利維亞
太平洋
智利
阿根廷

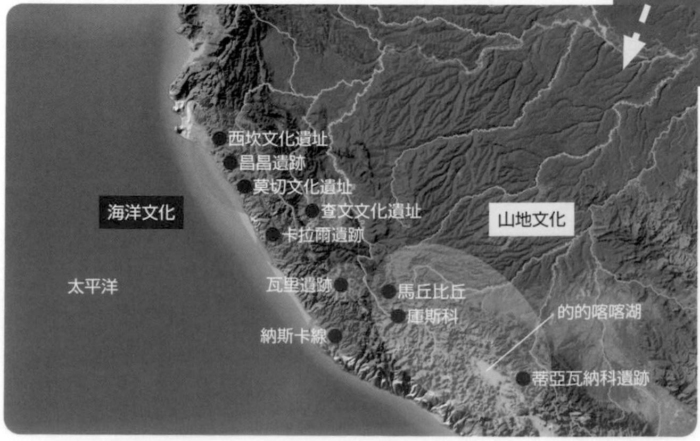
西坎文化遺址
昌昌遺跡
莫切文化遺址
查文文化遺址
卡拉爾遺跡
海洋文化
山地文化
太平洋
瓦里遺跡
馬丘比丘
庫斯科
的的喀喀湖
納斯卡線
蒂亞瓦納科遺跡

南美洲西部沿海地區受到秘魯洋流等的影響，形成廣大的亞他加馬沙漠。縱貫南北的安地斯山脈阻擋了來自海洋的風，至於另一側則有大片的叢林。

與四大文明同期繁榮的卡拉爾

一般認為，過去有大約3000人居住在卡拉爾遺跡。居民沿著蘇佩河發展，留下栽種菜豆、南瓜、番薯、玉米等作物的農業痕跡。此外，也有發現從厄瓜多地區引進的商品，可見當時或許進行過長途貿易。照片中後方的大神廟高約18公尺。

海拔約3800公尺處的蒂亞瓦納科遺跡

蒂亞瓦納科在玻利維亞的的喀喀湖附近。海拔約3800公尺，所處位置幾乎跟玉山差不多高。照片為由一塊岩石打造的「太陽門」（Sun Gate）。由七層基壇構成的金字塔等神廟集中在此，與其說是都市更有可能是宗教中心。

專欄 COLUMN 南美最古老的洞窟壁畫

位於巴西皮奧伊州的卡皮瓦拉山國家公園（Serra da Capivara National Park）內有南美洲最古老的洞窟壁畫，可能繪於1萬2000年前左右。照片為該遺址最具代表性的圖案── 並馳的動物親子。岩石壁畫是利用岩石的圓形凹陷處繪製而成。

西元前1000年左右 秘魯
查文文化的神廟遺跡

查文德萬塔爾遺跡（Chavín de Huántar）位於秘魯北部的山區，海拔約3150公尺。遺跡以新舊神廟為中心，多座石造建築遍布於四周約200公尺的範圍內。神廟地下有座「蘭松石像」（Lanzón），呈現具有獠牙和蛇髮的豹頭人身造型。

一般認為，這個時代是以祭祀為中心的社會。

遺跡當中出土了大量壺、缽等陶器，上面裝飾著美洲豹及蛇等圖案。此外，查文的祭祀還會使用致幻劑、法螺等物品。據信這些儀式是查文信仰的根基。在北部至中部的高地及海岸等地可以廣泛觀察到查文風格。

不過，大約在即將跨入西元的時期，動物之類的具體圖像開始消失，甚至連巨大的神廟建築也漸漸看不到了。取而代之的是遺跡當中開始出土武器，而且遺跡的數量也在增加。一般認為，或許是這個時期開始面臨人口增長、社會擴張等挑戰，導致集團之間也無可避免地發生衝突。

查文風格的時代終結以後，不同地區開始發展各自的文化，例如莫切（Moche）、納斯卡（Nazca）等。

查文德萬塔爾遺跡

整座查文遺跡都設有排水路。①圓形半地下式廣場的直徑為21公尺。廣場牆面嵌有板狀石雕，描繪了人類、美洲豹、猛禽的組合圖像。②置於舊神廟中央深處的蘭松石像。這座石像高4.53公尺，具有長牙與蛇髮，是查文德萬塔爾最重要的信仰對象。

①圓形半地下式廣場

查文遺跡的復原地圖

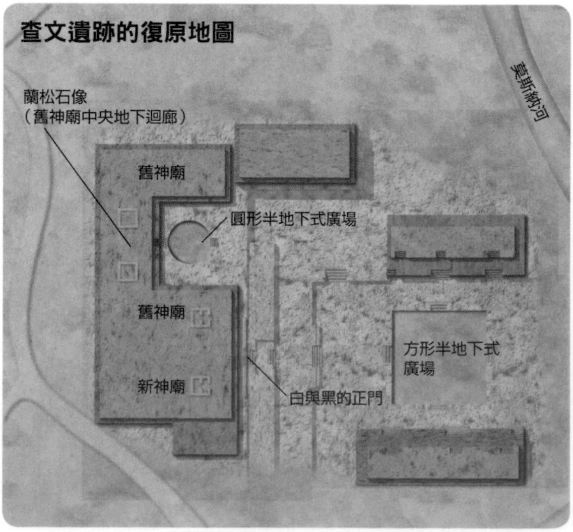
蘭松石像
（舊神廟中央地下迴廊）
莫斯納河
舊神廟
圓形半地下式廣場
舊神廟
新神廟
方形半地下式廣場
白與黑的正門

②蘭松石像

安地斯文明的主要文化、文明

文化、文明	主要遺跡
卡拉爾文化	卡拉爾
查文文化	查文德萬塔爾
納斯卡文化	納斯卡
莫切文化	瓦卡斯德莫切
蒂亞瓦納科文化	蒂亞瓦納科
瓦里帝國	瓦里
西坎文化	西坎
奇穆王國	昌昌
印加帝國	庫斯科／馬丘比

遍及整個安地斯的瓦里文化

安地斯文明應是在西元前1500年左右普及製陶技術。一般認為，安地斯文明在製作燒製器皿時不會使用「轆轤」一邊旋轉黏土一邊塑形，也因此造就了許多左右不對稱的陶器。器皿或以人類、動物等手繪圖案妝點得多采多姿，或在造型上下工夫。關於是否應視瓦里（Wari）為帝國眾說紛紜，不過瓦里風格在整個安地斯地區隨處可見，足見其影響之大。

納斯卡文化

雙壺嘴陶器

植物陶器壺

瓦里文化

駱馬壺

多彩人面壺

草創期到查文風格時代	地方文化發展	瓦里文化時代	地方國家時代	印加帝國

元前3000　西元前1000　0年　1世紀　5世紀　7世紀　10世紀　11世紀　12世紀　13世紀　14世紀　15世紀　16世紀

西元前3000～前1800年左右

西元前1000～前100年左右

西元前後～800年左右

西元前後～7世紀左右

西元前500左右～8世紀左右

6世紀～10世紀左右

750～1350年左右

1000～1470年左右

15～16世紀

西元11世紀左右 秘魯

納斯卡線與奇穆王國

西元1世紀至7世紀左右稱為「早中間期」(Early Intermediate Period)，各地區發展出獨特的文化。其中，又以留下「納斯卡線」(Nazca Lines)的納斯卡文化特別出名。

納斯卡線位處距離秘魯南海岸約40公里的內陸地區，描繪了幾何圖形、蜂鳥、蜘蛛、猿猴、鯨魚、樹木等超過200個各式各樣的圖案，且最大者可達300公尺以上。

納斯卡高原位於乾燥的沙漠地帶，地表的小石頭由於強烈日曬而氧化變黑。納斯卡線就是移除這些石頭，使偏白的地表露出繪成（照片右下）。近年來，又在納斯卡線上發現古人獻祭貝殼等「水邊相關物品」的儀式痕跡，有人推測納斯卡線可能曾是祈雨儀式的祭祀場所。

納斯卡時代應是在800年左右結束。其後，瓦里文化遍及整個安地斯地區，卻在10世紀衰退，各地區的文化再次興起。

奇穆王國便是其中之一。該國從11世紀持續繁榮到印加帝國崛起的15世紀左右，規模之大是其他印加前（Pre-Inca）※文明難以企及的。

※在印加帝國以前興盛的國家稱為「印加前」。

昌昌

奇穆王國的首都昌昌規模超過20平方公里，光是王宮就有10座。此外，王宮周邊有神廟群及貴族宅邸，也備有穀物倉庫等。

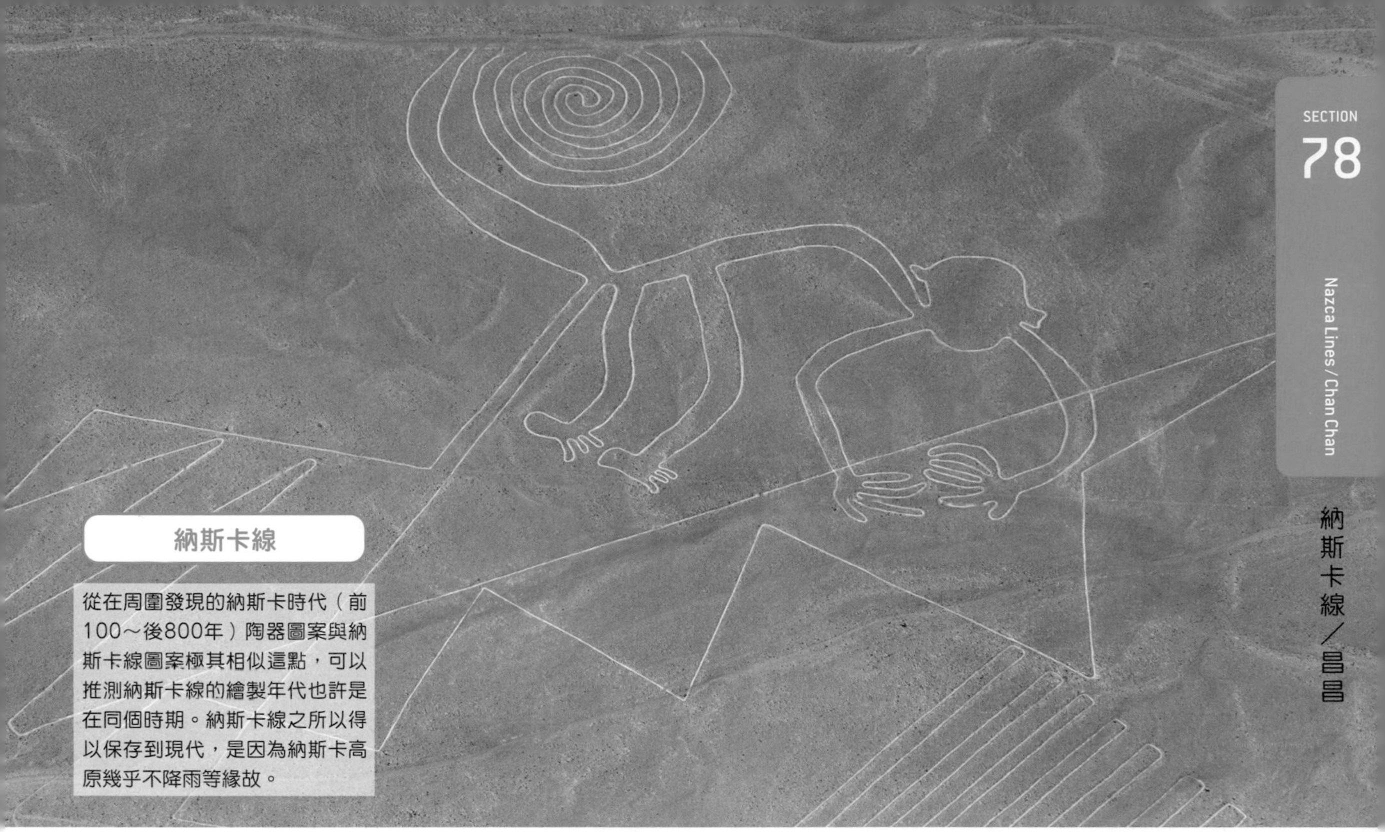

納斯卡線

從在周圍發現的納斯卡時代（前100～後800年）陶器圖案與納斯卡線圖案極其相似這點，可以推測納斯卡線的繪製年代也許是在同個時期。納斯卡線之所以得以保存到現代，是因為納斯卡高原幾乎不降雨等緣故。

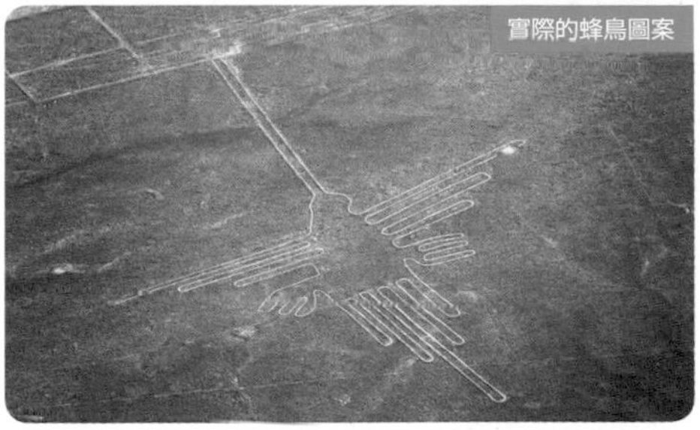
實際的蜂鳥圖案

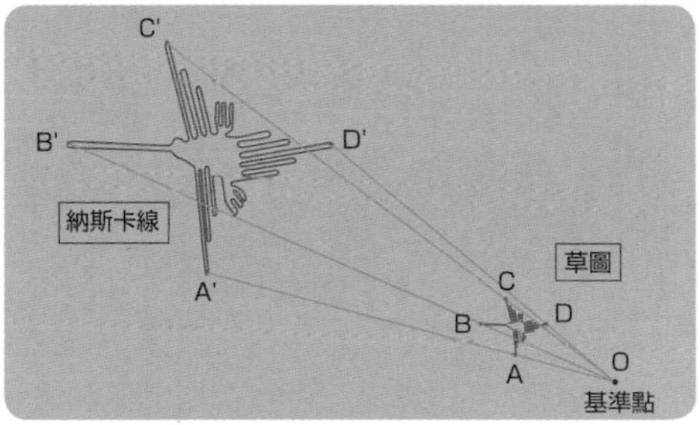
C'
B'
D'
納斯卡線
A'
草圖
C
B
D
A
O
基準點

奇穆王國的「雙頭蛇」

龍神廟（Huaca del Dragón）的牆面裝飾。一般認為，雙頭蛇代表天空、彩虹、銀河。Huaca是指神聖的場所。除此之外，遺跡還以魚、鳥等各種圖案妝點。

以前是如何繪製納斯卡線

首先畫出想要描繪圖案的小型草圖，在附近的A、B、C等位置打樁作為基準點。再根據想要放大的倍率，從這些點拉長繩索。將放大的各點相連，即可繪製巨大的圖案。據說以這個方法實際進行測試，大約1小時就能畫好100公尺左右的納斯卡線。不過，並未發現遺跡中有畫過草圖的痕跡。

納斯卡線

西元15世紀左右 秘魯

印加的天空之城馬丘比丘

印加帝國從1400年左右至1533年，統治著南美洲南北橫跨約4000公里的廣大地區。印加的原意是印提（太陽）之子，是國王的代稱。

印加帝國的首都為秘魯南部地區的庫斯科（第196頁）。馬丘比丘（Machu Picchu）位於安地斯山脈西南部海拔約2500公尺處。

「馬丘比丘」的意思是「古老的山峰」，古人使用馬丘比丘的期間約為100年。印加帝國的遺跡大多遭到西班牙人摧毀，不過這個地方在16世紀中葉就成了廢墟，直到1911年再度發現以前，都埋沒在草木中而倖免於難。總面積估計有5平方公里。除了神廟、宮殿之外，在相對平坦的北部還有住宅區，在地勢傾斜的南部則有大片梯田。

此地所能容納居住的人口估計最多約為750人，過去可能是印加國王與王室休憩的「私人領地」。

駱馬（大羊駝）

畜牧業與玉米酒「奇恰」

馬在美洲已經滅絕，古人在安地斯高地會馴養駱駝科的駱馬及羊駝等。此外，也有飼育天竺鼠以供食用。不過，似乎只有舉辦儀式時才會食用天竺鼠，而非將其視為日常糧食。農作物除了馬鈴薯之外，也有栽種藜麥及玉米。其中，玉米還會用於釀造「奇恰酒」（chicha）。據說統治階級會設宴招待貴族及戰士多到喝不完的奇恰酒，藉此提高自身威望。

串聯南北6000公里的「印加路網」

印加帝國的誕生傳說有二，分別描述首任印加國王曼科卡帕克（Manco Cápac）從的的喀喀湖或是從庫斯科東南部的坦普托科洞窟（Tampu T'uqu）誕生。印加帝國的國王一直傳承到了第13代。第九代國王帕查庫特克（Pachacuti）不僅是對道路、橋梁等公共建設加以整頓，還建立了驛站（tambo）及驛使制度。名為「印加路網」（Inca road）的交通網以印加首都庫斯科為中心，從現在的秘魯、玻利維亞一路延伸到智利、厄瓜多、哥倫比亞，全長綿延6000公里以上（照片）。國王的命令會透過「查斯基」（chasqui，驛使）以接力的方式奔馳此道，下達至各地。沿路設有驛站，除了供人休憩之外也具有儲物倉庫的功能。

馬丘比丘遺跡

遺跡是建於馬丘比丘（古老山峰）與瓦納比丘（Huayna Picchu，年輕山峰）兩峰山脊上的都市。當時的石造住宅都是茅葺屋頂。近前方是名為「安德內斯」（Andenes）的梯田。山裡也建有「印加路網」（照片右上），與其他的印加都市相連。

西元1533年 秘魯
引人覬覦的黃金之國印加

安地斯社會是以名為「艾柳」（ayllu）的社區組織為基本單位，由多個艾柳構成瓦馬尼（wamani），多個瓦馬尼構成蘇尤（suyu）。印加帝國以國王為首，其下分成四個蘇尤，由地方首長「庫拉卡」（kuraka）治理。

印加國王在一年一度的「太陽祭」（Inti Raymi）會大擺酒宴，廣邀國內各方首長前來參加，藉此重新穩固彼此的主從關係。此時，首長為了晉升至更高的地位，就會進獻黃金製品給國王當禮物。太陽神廟深處的廳殿牆面皆以厚重金板鋪設而成，包括日用品及祭祀道具也都是用黃金打造。

然而在1533年，印加帝國被西班牙征服者皮薩羅（Francisco Pizarro，約1478～1541）等人所滅。

1492年哥倫布發現新大陸以後，西班牙與葡萄牙簽訂條約，以確保擁有征服新大陸的優先權。「黃金」吸引了西班牙征服者前往印加帝國。當時的印加國王阿塔瓦爾帕（Atahualpa，在位：1532～1533）遭到征服者皮薩羅擄獲，因而提議：「如果你願意放了我，我會給你一整屋的黃金。」事後也真的將重達6噸的黃金交付皮薩羅。不過，征服者後來把這些黃金製品鎔鑄成金塊瓜分，並將其中一部分贈與了西班牙王室。

歷代國王木乃伊

印加帝國的首都庫斯科

庫斯科這個地名在克丘亞語（Quechuan）中意指「肚臍」。照片左是位於現在庫斯科市區內的武器廣場（Plaza de Armas），廣場正面有座基督教耶穌會教堂。這裡是舊市區的中心地帶，市內還留有印加帝國時代所建的石垣，稱作「十二角石」（Twelve Angled Stone）。據說經過精密切割的石塊與石塊之間，就連剃刀刀刃也插不進去。此外，馬丘比丘位於距離此處約100公里遠的地方。

庫斯科市區與武器廣場

十二角石

太陽神廟與歷代國王木乃伊

太陽神廟的想像圖。印加國王身為「太陽之子」而備受尊崇。印加擁有高超的冶金技術，太陽神廟深處廳殿的正面裝飾著巨大黃金太陽像，且所有裝飾品皆以黃金打造而成。兩側安置著歷代印加國王的木乃伊，據說受到的侍奉與生前無異。每逢祭祀或慶賀大典，木乃伊也會被抬至廣場享受招待食物及飲品的禮遇。古時認為木乃伊和活人一樣需要飲食。

歷代國王木乃伊

專欄 COLUMN 奇普（繩結）

印加社會沒有文字※。相對地，人們使用以駱馬毛編成的「奇普」（quipu，繩結）當作計算記錄工具，根據打結數目來記錄各地儲藏的糧食等物，以便向負責行政官員報告。奇普採用十進位法，能夠讀取奇普內容的人叫作「奇普統計官」（quipucamayoc）。近期研究結果顯示顏色與結數的組合或許也蘊含了一些資訊。

※克丘亞語中也有相當於「書寫」、「閱讀」的單字，說不定印加曾經有過文字。

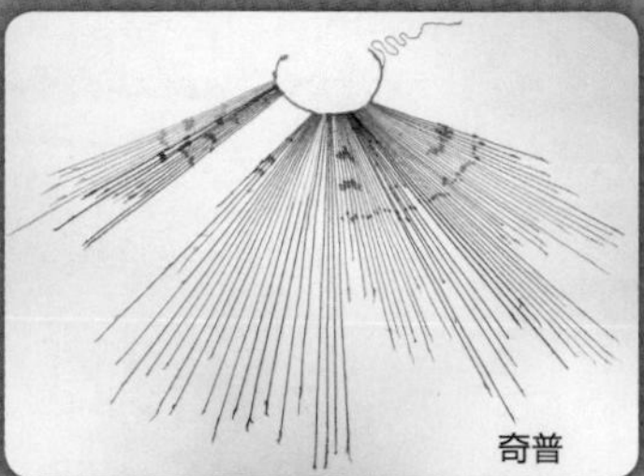
奇普

馬雅與阿茲特克都難逃覆滅

中美洲文明諸國也和阿茲特克一樣被西班牙人所滅。1519年，作為西班牙第三批考察隊出發的科爾特斯（Hernán Cortés，1485～1547）隊伍為了征服阿茲特克帝國展開殊死鬥。阿茲特克軍隊也進行反擊，但是卻不敵隨著西班牙人到來傳入的天花，導致未免疫的原住民集體感染。後來，首都特諾奇提特蘭（Tenochtitlan）在1521年淪陷。最後的馬雅王國塔亞薩爾（Tayasal）也在1697年遭到西班牙人攻陷。

阿茲特克文明是中美洲文明最後誕生的文明。首都特諾奇提特蘭曾經是特斯科科湖上的水上都市。

COLUMN

馬雅有「玉米神」

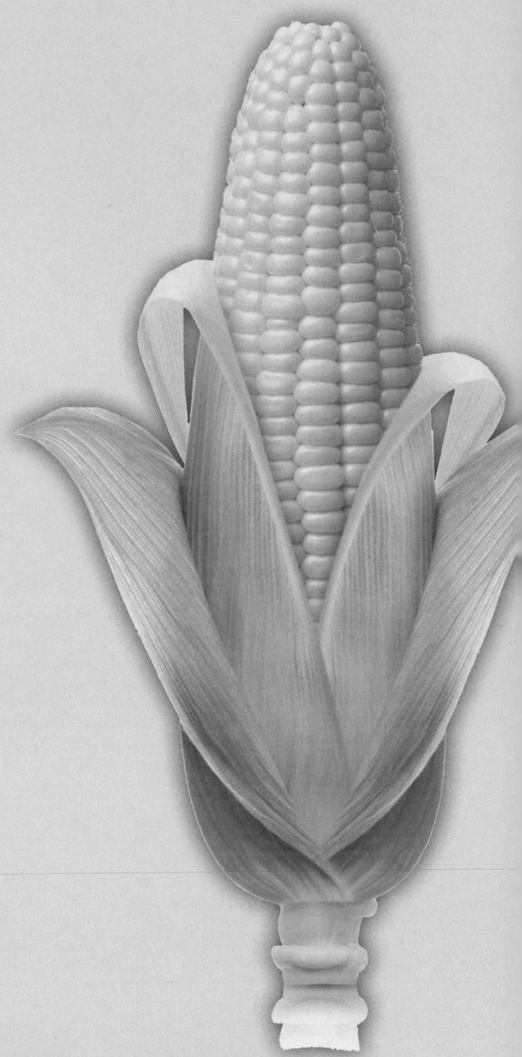

由於哥倫布發現新大陸，美洲原產的植物及嗜好品因而在歐洲廣為流傳。

其中，影響最大的當屬「玉米」。玉米不管在中美洲文明還是安地斯文明都很受重視，馬雅各種神祇當中也有「玉米神」。

玉米原種的穗粒遠比現今所見來得小，種子也不過數顆而已。經過多次品種改良，才在西元前1500年左右研發出像現在這樣顆粒飽滿的品種。野生種已經滅絕。玉米也經由中國（唐朝）傳入日本，所以早期稱其為「唐蜀黍」（蜀黍是高粱的日文名，因兩者外型相像）。

除此之外，南美原產的番茄、馬鈴薯、南瓜、辣椒、菜豆及酪梨等，現今我們餐桌上不可或缺的許多蔬菜也都是來自美洲。

用於儀式方面的辣椒可可

可可豆是巧克力及可可的原料。不過，當時的人們並不像現在這樣加入砂糖製成甜食食用，而會加入辣椒等配料飲用。再者，可可是相當珍貴的物資，主要用於儀式方面。

普及歐洲的嗜好品不只這些，香菸也是其中之一。菸草產生的煙會用作祭神供品，在締結和平儀式之際也會使用菸斗吸菸※。香菸如今在世界各地依舊廣受喜愛。

※中美洲文明的吸菸行為可能也是從原本用於儀式，到後來演變成日常習慣。

酪梨

南瓜

玉米

中美洲過去的主食是玉米而非小麥。因此，玉米在當地備受尊崇，衍生出各種形象的玉米神。根據居住在瓜地馬拉高地的基切族所著史書《波波爾．烏》（*Popol Vuh*）記載的馬雅創世神話，人類是用玉米粉揉製而成的生物。

盤腿坐姿的翡翠製玉米神像。祈禱再生而以紅色妝點。（科潘遺跡10J-45區域的出土文物）。

美洲原產植物

此處列舉幾個原產於美洲，後來普及到全球的主要植物。

可可

據說是西元前1500年左右在奧爾梅克栽培。此外在阿茲特克及馬雅，可可豆的價值足以充當貨幣。

菸草

菸草為南美原產的茄科植物，和茄子、番茄一樣會開出漂亮的花朵。將菸草葉風乾細磨之後可以製成香菸。

菜豆

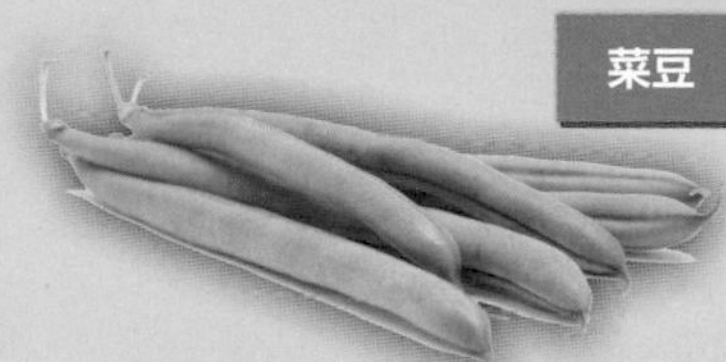

馬鈴薯

番茄

辣椒

Check!

基本用語解說

大月氏
月氏是春秋戰國到秦漢時期，活躍於中亞的遊牧民族。雖然一度將勢力擴張到占據蒙古高原西半部，卻在與匈奴的交戰中落敗，在北方的粟特地區創建大月氏國。進入西元1世紀後半葉以後，貴霜帝國取而代之。

世界遺產公約
保護有顯著普世價值的遺跡及自然地區等，以留存為目的而設立的公約。1972年經聯合國教科文組織會議通過。截至2023年9月，共有168個締約國，1199項世界遺產。

卡納克神廟
底比斯北部卡納克的神廟，供奉底比斯神明阿蒙神。於第12王朝的時代創建，經過好幾代增改建。卡納克神廟由多個神廟構成，其中又以阿蒙大神廟最為壯觀，由122根巨大圓柱組成，占地寬約100公尺、長約50公尺。路克索神廟與卡納克神廟之間曾以長達約2.7公里的「獅身人面大道」相連，於2021年修復完成。

古夫王
埃及第4王朝的第二代國王。在位時期為西元前26世紀，修建世界上最大的金字塔。

玄奘
唐代的僧侶暨譯經家，俗名陳褘。從中國長安出發、路經西域，前往印度取經並帶回中國。將旅途的見聞經歷集結著成《大唐西域記》。「三藏法師」原本是指「精通經、律、論三藏的僧侶」，用於稱呼從事翻譯工作的僧侶。不過，明朝長篇小說《西遊記》的主角以玄奘為原型，「三藏法師」成了其代稱。玄奘為法相宗的開山祖師。

瓦里文化
6世紀末～10世紀之間，主要以安地斯高地阿雅庫喬地區為中心發展的文化。瓦里境內盛產黑曜石，過去可能也有流通到其他地區。

伊西斯神廟
供奉古埃及神歐西里斯之妹暨妻子伊西斯女神的神廟，建於托勒密王朝時代（西元前305～前30）。建設之初位於菲萊島，不過為避免由於亞斯文高壩建設工程而遭到淹沒，移建至隔壁的阿吉奇亞島，該島嶼也跟著改名為菲萊島。

匈奴
西元前3世紀末至1世紀末左右，活躍於蒙古高原的遊牧民族。冒頓單于（在位：前209～前174）統合各部族、建立大帝國，與漢爭奪天下。然而，西元前1世紀半葉時發生內亂導致東西分裂。後來西元1世紀中葉左右又南北分裂，進入五胡十六國時代，南匈奴亦作為其中一股勢力割據一方。歐洲史上的匈人很有可能是匈奴的後代。匈人往西方移動，迫使受到威脅的哥德民族大遷徙。

各各他山
各各他（Calvary或Golgotha）在亞蘭語中意指「頭骨」。新約聖經記載該地是耶穌基督被釘在十字架上的場所。各各他山位於耶路撒冷，如今上頭建有聖墓教堂。

收復失地運動（復國運動）
8世紀左右，伊斯蘭帝國的統治勢力擴及伊比利半島（現在的西班牙周邊），基督教徒試圖奪回喪失的國土而加以反擊的運動。收復失地運動持續至15世紀末。

曲折金字塔
達蘇爾金字塔群之一。據說是古夫王之父斯尼夫魯王所建。整座建築從中間開始傾斜角度有變，因而得名曲折金字塔。上層的角度和紅金字塔一樣大約是43度。

西哥德人
日耳曼民族之一。過去住在多瑙河以北，4世紀以後便各分東西。東哥德人受到亞洲遊牧民族匈人統治，西哥德人則逃往羅馬境內，帶動了民族大遷徙。418年西哥德王國在伊比利半島誕生，711年為伊斯蘭帝國所滅。

亞里斯多德
古希臘哲學家，是拜入哲學家柏拉圖門下學院的弟子。與馬其頓王室有深交，在亞歷山大大帝還是王子的期間擔任過數年教師。

亞斯文高壩
創建埃及共和國的納瑟總統（Gamal Abdel Nasser，1918～1970）規劃興建的水壩。當時，推翻王政並引領埃及革命成功的納瑟總統，為確保灌溉用水與推動工業化的電力充足，擬訂在尼羅河上游興建水壩的計畫。亞斯文高壩在1970年完工。另一方面，為了籌措建設資金而將蘇伊士運河國有化，成為了引發第二次以阿戰爭的導火線。再者，由於水壩建設而深陷滅頂危機的阿布辛貝神廟交由聯合國教科文組織移建，為世界遺產公約成立的契機。

岩石圓頂
覆有聖岩的伊斯蘭風格神廟。據說先知穆罕默德就是從此岩前往天界（登霄：Mi'raj）。在鄂圖曼帝國時代修復成圓頂狀。

法蘭克王國
5世紀末，日耳曼人法蘭克族以北部高盧為中心建國。改宗為天主教，掌控住西歐大部分地區。843年國家分裂為東法蘭克（後來的德國）、西法蘭克（後來的法國）和中法蘭克（後來的義大利）。

南方古猿
最早期的化石人類，是一種猿人。學名「***Australopithecus***」在拉丁語中意指「南邊的猿猴」。能直立行走，生存年代應該至少在175萬年以前。1924年在南非發現。

哈索爾神廟
埃及東南部丹達拉的神廟，供奉哈索爾女神。建於托勒密王朝時代。

紅金字塔
大金字塔所在的吉薩高原以南約40公里處，達蘇爾金字塔群之一。由於外觀看起來偏紅，因而得名。由第４王朝的斯尼夫魯王（Sneferu，在位：約前2613～約前2589）所建。

哭牆
猶太人的聖地。古以色列南北分裂成猶大王國與以色列王國。猶大王國在586年被新巴比倫王國所滅，人民成為囚虜。自從西元前10世紀所羅門王興建以來到大希律王（在位：約前37～約前４）進行增改建，耶路撒冷聖殿共經過三次建設。西元70年，變成羅馬行省人民的猶太人群起反抗羅馬的統治，當時聖殿遭到羅馬軍隊摧毀。其後，135年猶太戰爭導致猶太人失去國家，離散各處。「哭牆」是耶路撒冷聖殿的遺構，視為緬懷聖殿、祈禱重建與復興的象徵。

埃蘭王國
伊朗高原西南部的古代地名。「埃蘭」在古巴比倫語中代表「東方」。受到美索不達米亞文明的影響，使用類似蘇美文字的「原始埃蘭文字」。從新石器時代起可能就有人居住在埃蘭王國的首都蘇薩。於西元前3000年左右建國。西元前1155年消滅了巴比倫第三王朝，成為東方最大的勢力。西元前640年為亞述帝國所滅。

基爾瓦
基爾瓦島位於現在的坦尚尼亞領土內。根據《基爾瓦編年史》所述，大概在10世紀半葉左右，一位逃離伊朗的王子抵達基爾瓦島並樹立了王朝。12世紀至15世紀之間，經營海上貿易而繁盛一時。辛巴威及坦尚尼亞出口黃金、象牙等，與亞洲交易棉匹布料等商品。貿易使得非洲與阿拉伯文化融入當地，島上有清真寺及王宮等建築。基爾瓦遺跡名列世界遺產。

崩塌金字塔
由三大金字塔建造者古夫王之父，第４王朝的斯尼夫魯王所建。應是古王國時期第３王朝的胡尼王（在位：約前2637～約前2613）開始動工，後由斯尼夫魯王接手。

莫切文化
西元前後至7世紀左右在秘魯北海岸興起的文化，名稱源自於流往秘魯北海岸的莫切河。特色是以寫實的人類、動物等為造型的陶器及工藝品。莫切遺跡中有「太陽神廟」與「月亮神廟」，農耕地有大規模的灌溉設施。一般認為，棄都的原因或許和氣候變遷造成的乾燥化有關。

荷馬
西元前８世紀左右的希臘敘事詩人，生卒年等不明。所謂的敘事詩，就是講述英雄傳說的故事。據說荷馬寫了講述特洛伊戰爭等的敘事詩《伊里亞德》，及可能更早之前所著的《奧德賽》。《奧德賽》描繪希臘傳說中的英雄奧德修斯（Odysseus）自特洛伊戰爭凱旋而歸的途中漂泊冒險，最終與妻子潘妮洛普（Penelope）重逢的故事。

階梯金字塔
位於開羅以南30公里處的薩卡拉，是最古老的金字塔。由古王國時期初的第３王朝法老左塞爾（Djoser，約前2686～約前2667）所建。薩卡拉從那時起便是王室及貴族死後的葬身之地，除了階梯金字塔之外，還留下多座金字塔及名為「馬斯塔巴」的大型墳墓。應是宰相印和闐（Imhotep，約前27世紀）負責設計、施工建造。關於此人還有許多不明之處，被後世奉為醫學之神。

道教
奉中國的思想家老子為教祖，以「道」為最高信仰。不僅提倡神仙思想（成為長生不老的仙人）、陰陽五行說（古代中國的宇宙觀），也有結合民俗信仰等。在5世紀左右發展成有組織的宗教團體。

圖坦卡門
埃及第18王朝的第12代國王（在位：約前1332～約前1323），在強力推行阿頓信仰的阿肯那頓（阿蒙霍特普四世）之後繼位，應是在年少時登基。他中止了阿肯那頓王極力宣揚的阿頓信仰，身為復興阿蒙信仰的國王聞名於世。根據推測，圖坦卡門王的墳墓應是倉促之間以非陵寢的小型墳墓改造而成，而非按照一般陵寢規格所準備的。

羅馬
羅馬有個建國傳說是由狼養育的雙胞胎兄弟「羅穆盧斯與雷慕斯」。吸吮狼奶的雙胞胎嬰兒青銅像名為「卡比托利歐的母狼」，為建國的象徵動物。羅馬之名源自於哥哥羅穆盧斯。羅馬早期是以數千人所居的山丘為據點發展，形成王政體制。6世紀末轉為共和體制，由元老院、執政官、公民大會共同商議，決定國家政策。不過，隨著領土擴張、征討事務繁重，讓國內政治紛亂而轉為帝國體制。即使施行帝政，羅馬的領土依舊過於遼闊，於是284年建立了四帝共治制，將帝國分成了東西兩邊並分設正帝與副帝。結果卻造成權力分散，395年分裂成東西羅馬帝國。西羅馬帝國於476年滅亡。此外，所謂的「神聖羅馬帝國」是對於962年至1806年間德意志國王諸領土的稱呼。東法蘭克（德意志）國王鄂圖一世（Otto I，在位：936～973）由教皇加冕為皇帝，西羅馬帝國由德意志國王繼承。

Index

索引

九畫

十畫

Staff

Editorial Management 木村直之
Editorial Staff 中村真哉，矢野亜希
Cover desigh 小笠原真一，北村優奈（株式会社ロッケン）
Design Format 小笠原真一（株式会社ロッケン）
DTP Operation 亀山富弘

Photograph

6-7 amheruko/stock.adobe.com
8-9 鈴木 革
18-19 鈴木 革
23 akira1201/stock.adobe.com
26-27 numan berk basar/EyeEm/stock.adobe.com
29 鈴木 革
31 ZENPAKU/stock.adobe.com
32-33 鈴木 革
35-36 鈴木 革
39 （コム・オンボ神殿）lophie/stock.adobe.com，（ナイロメーター）鈴木 革
40-41 Tomasz Czajkowski/stock.adobe.com, Myroslavai/stock.adobe.com
43 鈴木 革
44-45 （神殿）鈴木 革，（遠景）Alfredo/stock.adobe.com
46-47 （カルタゴ）鈴木 革，（ピラミッド）akira1201/stock.adobe.com
48-49 （クトゥービヤ・モスク）andibandi/stock.adobe.com，（アイット・ベン・ハドゥ）majonit/stock.adobe.com，（アルハンブラ宮殿）Antonio ciero/stock.adobe.com
50-51 鈴木 革
52-53 Fotokon/stock.adobe.com
54-55 tilialucida/stock.adobe.com
57 Brunbjorn/stock.adobe.com
58-59 （トロイ）鈴木 革，（アクロポリス）moofushi/stock.adobe.com
60-61 （デロス島）鈴木 革，（スパルタ像）anastasios71/stock.adobe.com，（三段櫂船）aerial-drone/stock.adobe.com
62～65 鈴木 革
67 nikhg/stock.adobe.com
70-71 （内部）Petair/stock.adobe.com，（外観）dimamoroz/stock.adobe.com
73 （内部）yorgil/stock.adobe.com，（外観）sborisov/stock.adobe.com
75 marcorubino/stock.adobe.com, lamax/stock.adobe.com
79 drhfoto/stock.adobe.com
80-81 （トーリア大聖堂）makasana photo/stock.adobe.com，（カタコンベ）Frankix/stock.adobe.com，（教会）nikhg/stock.adobe.com，（カタコンブ・ド・パリ）Jonathan Stutz/stock.adobe.com
83 242803146/stock.adobe.com
84-85 鈴木 革
86-87 scaliger/stock.adobe.com
88-89 鈴木 革
90-91 （ジックラト）frog/stock.adobe.com，（門）uerpa68/stock.adobe.com
92-93 鈴木 革
94-95 （宮殿）Borna_Mir/stock.adobe.com，（遠景）Dario Bajurin/stock.adobe.com
96-97 鈴木 革
98-99 （ゾロアスターシンボル，絨毯）鈴木 革，（アルゲ・バム）MehmetOZB/stock.adobe.com
100-101 （パルミュラ，ペトラ）鈴木 革，（模様）Valeriy Pavlov/stock.adobe.com
102-103 （マサダ）white_bcgrd/stock.adobe.com, michelangeloop/stock.adobe.com，（エルサレム）鈴木 革
104-105 鈴木 革，（城壁）nexusseven/stock.adobe.com
106-107 （モスク）鈴木 革，（広場）Dario Bajurinn/stock.adobe.com
108-109 （スパイス）鈴木 革，（コーラン）imagedb.com/stock.adobe.com，（コーヒー）BillionPhotos.com/stock.adobe.com
110-111 （トプカプ宮殿）RuslanKphoto/stock.adobe.com，（ブルーモスク）mehmet/stock.adobe.com，（遠景）Photo Scott/stock.adobe.com
112-113 TPG/stock.adobe.com
114-115 superjoseph/stock.adobe.com
116-117 ziggy/stock.adobe.com
118 ziggy/stock.adobe.com
123 top10top/stock.adobe.com
124-125 （九層楼）scotty/stock.adobe.com，（内観）youm/stock.adobe.com，（南区）ziggy/stock.adobe.com，（北区）Victor/stock.adobe.com
126-127 （龍門石窟）MRkringsak/stock.adobe.com，（仏像）BigGabig/stock.adobe.com，（老子岩）Wirestock/stock.adobe.com
128-129 （万里の長城）Li Ding/stock.adobe.com，（エルデニーゾ寺院）lefebvre_jonathan/stock.adobe.com
130-131 （ポタラ宮殿）Chris Redan/stock.adobe.com，（マニ車）wusuowei/stock.adobe.com，（経典）EnricoPescantini/stock.adobe.com
132-133 （メイン）hu/stock.adobe.com，（外観）rabbit75_fot/stock.adobe.com，（側面）bzebois/stock.adobe.com，（廟）bzebois/stock.adobe.com
134-135 出典：正倉院宝物
136-137 Stéphane Bidouze/stock.adobe.com
138-145 鈴木 革
146-147 （チャイティヤ窟）鈴木 革，（ジャイナ教石窟）Roman/stock.adobe.com，（カイラーサナータ寺院）saiko3p/stock.adobe.com
148-149 鈴木 革
150-151 （パラークラマの海）Yakov/stock.adobe.com，（蓮型池）ziggy/stock.adobe.com，（仏塔）Daniel Smolcic/stock.adobe.com
152-153 （正面）muratart/stock.adobe.com，（遠景・部分アップ）鈴木 革
154-155 鈴木 革
157 seqoya/stock.adobe.com
159 12ee12/stock.adobe.com
160-161 （締め殺しの木）hangingpixels/stock.adobe.com，（尊顔）鈴木 革，（プノンバケ

ン)Shariff Che'Lah/stock.adobe.com
162-163 (アーナンダ寺院)seqoya/stock.adobe.com,(遠景)Ikunl/stock.adobe.com
164-165 (ワット・プララーム)Mazur Travel/stock.adobe.com,(ワット・マハタート)R.M. Nunes/stock.adobe.com
166-167 (アフ・トンガリキ)takepicsforfun/stock.adobe.com,(モアイ)Amy Nichole Harris/stock.adobe.com
170-171 Matyas Rehak/stock.adobe.com
174-175 (オルメカヘッド,子どもの祭壇,双頭ジャガー,ティカルの面)鈴木 革,(ナイフ,ジャガー像レプリカ)William Richardson/stock.adobe.com,mardoz/stock.adobe.com,William Richardson/stock.adobe.com
176 鈴木 革
178-179 (石碑A)milosk50/stock.adobe.com,(祭壇Q)vladislav333222/stock.adobe.com,(球技場)Jordan/stock.adobe.com
180-181 (ケツァルコアトル神殿,死者の大通り)鈴木 革,(太陽のピラミッド,月のピラミッド)WitR/stock.adobe.com,Madrugada Verde/stock.adobe.com
182-183 鈴木 革
184-185 (ピラミッド,全景,尼僧院)鈴木 革,(雨神)JFBRUNEAU/stock.adobe.com
186-187 (ピラミッド,カラコル)鈴木 革,(セノーテ)htpix/stock.adobe.com
188-189 (岩絵)Marcio Isensee e Sá/stock.adobe.com,(カラル)Wirestock/stock.adobe.com,(ティワナク)diegograndi/stock.adobe.com
190-191 (土器)鈴木 革,(チャビン)robnaw/stock.adobe.com,A/stock.adobe.com
192-193 (ナスカ・ハチドリ,ナスカライン)鈴木 革,(ナスカ・サル)Daniel Prudek/stock.adobe.com,(チムー)MyriamB/stock.adobe.com,luciezr/stock.adobe.com
194-195 (マチュピチュ)Pajaros Volando/stock.adobe.com,(リャマ)donyanedomam/stock.adobe.com,(インカ道)Peto/stock.adobe.com
196-197 鈴木 革
198-199 (トウモロコシの神)中村誠一,(野菜)Molostock/stock.adobe.com,photolink/stock.adobe.com,Gresei/stock.adobe.com,yellowj/stock.adobe.com,k--k/stock.adobe.com,/WR.LILI/stock.adobe.com,gitusikstock.adobe.com,Valentina R./stock.adobe.com,Tim UR/stock.adobe.com

Illustration

10～15 羽田野乃花
16-17 sakura/stock.adobe.com
20-21 (地図)photorebelle/stock.adobe.com,(柄)frenta/stock.adobe.com
22-22 岡本三紀夫,中西立太
24-25 (下段地図)Newton Press,(右上地図)photorebelle/stock.adobe.com,
28 田中盛穂
30-31 (建設方法)奥本裕志,(ピラミッド内部)Newton Press
32～39 Newton Press
42-45 Newton Press
46 (地図)photorebelle/stock.adobe.com
49 (地図)mozZz/stock.adobe.com
50 (地図)photorebelle/stock.adobe.com
54 (地図)photorebelle/stock.adobe.com
56-65 Newton Press
66 (地図)mozZz/stock.adobe.com
68-79 Newton Press
80 (地図)mozZz/stock.adobe.com
82-83 高橋悦子
87 (地図)photorebelle/stock.adobe.com
88-89 (地図)photorebelle/stock.adobe.com,(遺跡全図)セット・スクエアー・ワン
90-91 (地図)photorebelle/stock.adobe.com,(時模様)frenta/stock.adobe.com,(空中庭園)Newton Press
92 木下真一郎
96 羽田野乃花
101 (遺跡地図)Newton Press,(地図)photorebelle/stock.adobe.com
102～105 (地図)photorebelle/stock.adobe.com
106 (地図)mozZz/stock.adobe.com
108-109 (時計他)羽田野乃花,(アラビア文字)Nyoman/stock.adobe.com
110 (地図)mozZz/stock.adobe.com
114 (地図)mozZz/stock.adobe.com
116～121 Newton Press
122-123 (地図)mozZz/stock.adobe.com,(シルクロード 地図)奥本裕志,(楼蘭)増田庄一郎
124-125 セット・スクエアー・ワン
126-127 (経典)四郎丸/stock.adobe.com,(地図)m＋n/stock.adobe.com
131-132 (地図)mozZz/stock.adobe.com
139-140 (地図)mozZz/stock.adobe.com
143 (イメージ図)目黒市松,(遺跡全図)セット・スクエアー・ワン
145 (地図)mozZz/stock.adobe.com
146 (地図)セット・スクエアー・ワン
147 (地図)mozZz/stock.adobe.com
150 (地図)セット・スクエアー・ワン
154 (オセアニア地図)Newton Press,(東南アジア地図)mozZz/stock.adobe.com
158 Newton Press
161 中西立太
166 Newton Press
168-169 (モアイサイズ,横姿)Newton Press,(移動の仕方)藤井康文
172-174 (地図)mozZz/stock.adobe.com
176-177 (地図)mozZz/stock.adobe.com,(エル・ミラドール)小林 稔
179 Newton Press
180 (地図)セット・スクエアー・ワン
182-187 (地図)mozZz/stock.adobe.com,(遺跡地図)セット・スクエアー・ワン,(石棺図)Archivist/stock.adobe.com
189 (地図)Arid Oceani/stock.adobe.com
193 Newton Press
197 奥本裕志

Galileo科學大圖鑑系列24
VISUAL BOOK OF THE ANCIENT RUINS

古代遺跡大圖鑑

作者／日本Newton Press
特約主編／王原賢
翻譯／蔣詩綺
編輯／林庭安
發行人／周元白
出版者／人人出版股份有限公司
地址／231028新北市新店區寶橋路235巷6弄6號7樓
電話／(02)2918-3366（代表號）
傳真／(02)2914-0000
網址／www.jjp.com.tw
郵政劃撥帳號／16402311人人出版股份有限公司
製版印刷／長城製版印刷股份有限公司
電話／(02)2918-3366（代表號）
香港經銷商／一代匯集
電話／(852)2783-8102
第一版第一刷／2024年1月
定價／新台幣630元
港幣210元

國家圖書館出版品預行編目資料

古代遺跡大圖鑑/Visual book of the ancient ruins/
日本 Newton Press 作；
蔣詩綺翻譯. -- 第一版. -- 新北市：
人人出版股份有限公司, 2024.01
面；　公分. --（伽利略科學大圖鑑；24）
ISBN 978-986-461-368-7(平裝)
1.CST：遺址 1.CST：文明史 1.CST：世界史

798.8　　112020863